U0904598

贯通历史隧道　开启伟大纪元

聚民族于统一　济苍生于危难

全面展示中华民族凝聚力第一读本

黄土地的诱惑

◎主编　陈载舸　萧承罡

广东省出版集团
广东人民出版社
·广州·

图书在版编目（CIP）数据

黄土地的诱惑 / 陈载舸，萧承罡主编. ——广州:广东人民出版社，2011.1

ISBN 978-7-218-06958-6

Ⅰ. ①黄… Ⅱ. ①陈… ②萧… Ⅲ. ①民族精神－中国－通俗读物 Ⅳ. ①C955.2-49

中国版本图书馆CIP数据核字(2010)第222701号

HUÁNGTǓDÌ DE YÒUHUÒ

黄土地的诱惑

陈载舸　萧承罡 主编

出 版 人：金炳亮

责任编辑：肖风华　张小云
装帧设计：友间文化
责任技编：周　杰　黎碧霞

出版发行：广东人民出版社
地　　址：广州市大沙头四马路10号（邮政编码：510102）
电　　话：（020）83798714（总编室）
传　　真：（020）83780199
网　　址：http://www.gdpph.com
经　　销：广东省出版集团图书发行有限公司（www.gdpgfx.com）
印　　刷：广州市穗彩彩印厂
书　　号：ISBN 978-7-218-06958-6
开　　本：787mm×1092mm　1/16
印　　张：21.25　　**字　数**：270千
印　　数：1-10000册
版　　次：2011年1月第 1 版　2011年1月第1次印刷
定　　价：38.00元

如发现印装质量问题，影响阅读，请与出版社（020-83795749）联系调换。

售书热线：（020）83790604　83791487　邮购：（020）83781560

写在前面

它从远古走来

中华民族从远古走来，
力量凝聚成它的豪迈。
——题记

悠悠远古，黄土风成——

从那个谁也说不出准确时间的遥远时刻开始，南行的大风卷起黄色的尘土，纷纷扬扬地撒向东半球中纬度的表层。年复一年，月复一月，日复一日，这些黄色尘土便在世界的东方积成峁，堆成梁，形成塬，汇成一大片黄土地，苍茫，丰厚，大气磅礴。

这片苍茫丰厚的黄色土地，是中华民族的发祥地；这种大气磅礴的自然环境，是培育中华儿女性格与精神的摇篮。

古往今来，这一片黄土地天人合一，魅力无穷。

古往今来，中华儿女为之凝心聚力，尽责竭能。

从部落纷争，到国家统一，从钻木取火，到飞人航天……中华民族走过了茹毛饮血、枪林弹雨，走过了筚路蓝缕、宵旰攻苦，也走过了高歌猛进、甘之如饴……

数千年的历史，记录着无以数计的故事。

数千年的历史，承载着无与伦比的辉煌。

相信对于远古炎黄联合、战国合纵连横、秦朝统一天下、盛唐宇内和同、近代全民抗战……你不会浑然不知。

相信对于先民的四大发明、昭君的出塞和亲、张骞的凿空之举、班超的久使西域、郑和的七下西洋……你不会完全陌生。

相信对于当下黄土地上的外商投资热、学子归国热、华侨华人寻根热以及举国上下合力抗灾……你不会视而不见。

……

然而，你可否意识到，当许多历史事件和风流人物都逐渐消失在岁月的流逝之中时，有一种力量却始终留存。是它，成就了中华民族的百折不挠，生生不息；是它，推动着中华民族与时俱进，不断前行。

这种力量不是别的，就是中华民族凝聚力。

中华民族凝聚力是一种“三位一体”的精神力量，它由民族整体对民族成员个体的吸引力、民族成员个体对民族整体的向心力、民族成员个体之间的亲和力三者构成。有了它，中华民族就能生存，统一，独立，发展。中华民族凝聚力与中华民族相生相伴，从远古走来的中华民族发展轨迹清晰地凸显出中华民族凝聚力的发展态势：

融合、统一、转型、复兴，团结凝聚，薪火相传……

凝重、浑厚、深沉、崇高，排山倒海，激越昂扬……

作为中华民族的一分子，你应该懂得什么是中华民族凝聚力，怎样去增强中华民族凝聚力。《黄土地的诱惑》正是一本生动形象地展示中华民族凝聚力，进而引导人们为之增强而奋斗的通俗读物。

中华民族凝聚力贯穿于中华民族发展的始终。认识中华民族凝聚力需要展示历史，但历史是故纸堆，它只有与现实相贯通才会鲜活；阐释中华民族凝聚力需要陈述理论，但理论是僵硬的，它只有与历史相融会才能灵动。有鉴于此，将史与论紧密结合，用历史事实展示理论观点，让读者在解读历史中明白道理，是本书的撰写原则与追求。

于是——

为了生动形象，本书将中华民族凝聚力的“内涵、功能与发展”、“生发基础”、“核心支柱”、“吸引力”、“向心力”、“亲和力”以及“中华民族离散力”和“中华民族凝聚力的未来走向”八个部分，依次描述为“奔流不息的河”、“生于斯长于斯”、“刚直的脊梁”、“黄土地的诱惑”、“向日葵情思”、“总有春风拂面时”、“逆向的浊流”和“丰满翱翔的翅膀”。

为了通俗易懂，本书每部分起首简要提示该部分有关中华民族凝聚力的主要范畴。每部分设若干观点，一篇文章展示一个观点。每篇正文前置关键词，以提示该篇观点和主要内容；文内插入相关图片和链接，以丰富该篇的内容或增加相关信息；篇后置“专家评点”，以细绎、点明、总结该篇观点。

为了突出理论与历史的渊源关系，体现理论对实践的指导意义，本书坚持“史论结合，论从史出”的写法，力求每篇文章用一段史实、一个事件或一串事例、一组材料来说明一个观点。因为，我们深知，中华民族凝聚力不是漂浮于海市蜃楼的空洞虚幻的玄学，而是坐实于社会生活的具体可感的现象。

社会生活是鲜活的历史。

历史是灵动的理论蓝本。

审视《黄土地的诱惑》，你会看到，中华民族是崇尚统一的民族。世界上没有哪一个国家像中国那样，在统一帝国分裂之后，又能重新走向更高的统一，并且如此反复多次，最终确立起“多元一体”的统一国家。

反思《黄土地的诱惑》，你会感到，中华民族凝聚力不可或缺。中华民族之所以在任何危机和灾难面前都能最大程度地上下同心，相濡以沫，众志成城，共克时艰，就是因为它具有强大的民族凝聚力。

凝聚最大力量，集民族于统一。

这已是被中华民族历史反复证明了的事实。

凝聚最大力量，济苍生于危难。

这也是被中华民族历史反复证明了的事实。

中华民族的历史隧道有多深？

上下五千年——

五千年的华夏文明，留下了五千年的不老传说。翻开《黄土地的诱惑》仔细阅读吧，你会发现，中华民族的生动史实正徐徐走来……

中华民族凝聚力的涵盖面有多宽？

纵横九万里——

九万里的携手并肩，创造出九万里的旷世绝响。翻开《黄土地的诱惑》慢慢品味吧，你会觉得，中华民族凝聚力的隽永理论在冉冉升华……

Benliu Buxi De He

1 奔流不息的河

Shengyusi Zhangyusi

 生于斯长于斯

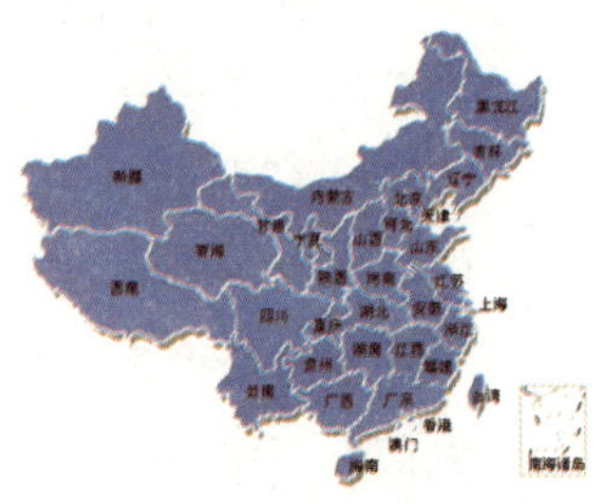

刚直的脊梁

黄土地的诱惑

Huangtudi De youhuo

7 逆向的浊流 *Nixiang De Zhuoliu*

8 丰满翱翔的翅膀 *Fengmanaoxiang De Chibang*

奔流不息的河

Benliu Buxi De He

长江流，黄河流，滔滔岁月无尽头。

天下兴亡多少事，莽莽我神州。

《九州方圆》主题曲唱得极是：在漫长的历史进程中，战争、灾难常与中华民族结伴而行。但是，中华民族不仅从来没有被击溃，而且愈挫愈奋。

这是为什么？

因为，中华民族具有众流归海的凝聚力。

以民族成员为载体的中华民族凝聚力是把中华民族成员结成统一整体并确保其生存、发展的内在动力。它以文化认同、民族认同和国家认同为根本。中华各族人民有了文化认同，便能体认和践履共同的生存方式和价值取向；

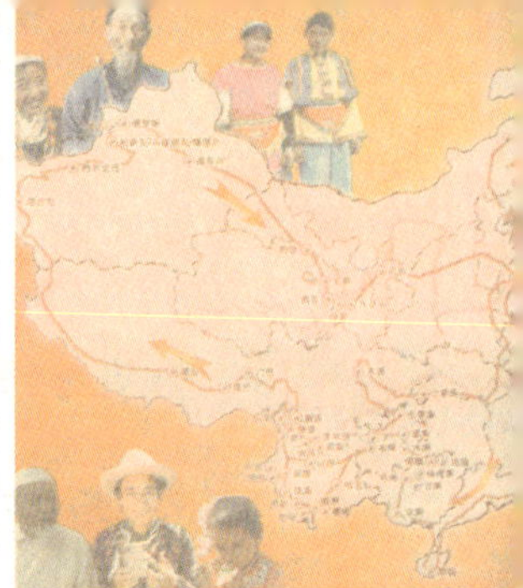

有了民族认同，便能滋养和强化民族意识和民族归属感；有了国家认同，便能激发和奉献对祖国的热爱与忠诚。

中华民族凝聚力与中华民族相生相伴，它经历了岁月悠悠的古代、内忧外患的近代和催人奋进的现代。在岁月的流淌中，尽管这一力量时强时弱，却始终如长江、黄河，奔流不息。每到关键时刻，它尤能发挥团结、统一和支撑的功能，将千千万万中华儿女凝聚一体，荡涤尘埃，破浪前行。

正所谓：

情悠悠，思悠悠，炎黄子孙志未酬。
中华自有雄魂在，江河万古流。

第一届政治协商会议筹备会常务委员合影（1949年7月）

同叩新中国的大门

关键词　中华民族凝聚力

同舟共渡　政治协商会议　民主联合政府

98分钟片长，172位明星，真实的故事，形象地演绎。中华人民共和国成立60周年献礼片《建国大业》以中国电影史上盛况空前的演员阵容，再现了中华民族史上空前凝聚的传世佳话——

1948年，中国共产党发表"五一宣言"，号召"各民主党派、各人民团体、各社会贤达迅速召开政治协商会议，讨论并实现召集人民代表大会，成立民主联合政府"。由此，共产党与党外人士同舟共渡的事件层见叠出。

■ 宋庆龄的感慨

北平（今北京），对于宋庆龄来说，是一块不堪回首的伤心之地。因为，孙中山先生病逝于此。

然而，新中国需要这位国民党革命委员会的发起人和领导者。在中共的诚恳相邀和殷殷期待下，宋庆龄决意由上海北上。为此，中共中央指示：一，请中华全国民主妇女联合会副秘书长曾宪植负责解决宋庆龄在北平的住处问题。二，请中共中央办公厅机要秘书室主任叶子龙通知伍云甫（中共中央办公厅行政处处长），召集有关方面会商并办理宋庆龄出发前的准备工作。三，请叶子龙通知中国人民革命军事委员会铁道部部长滕代远、副部长吕正操"注意"宋庆龄北上时所需专车及安全等问题。

1949年8月28日，在邓颖超、廖梦醒等人的陪同下，宋庆龄乘火车抵达北平，毛泽东、朱德、周恩来等50余人前往车站迎接。宋庆龄感慨万千：“我们一定都记得，二十四年前，中山先生曾怎样欢愉地迎接十月革命，热烈地主张和中国共产党合作。二十四年后的今天，他的愿望终于实现了。”

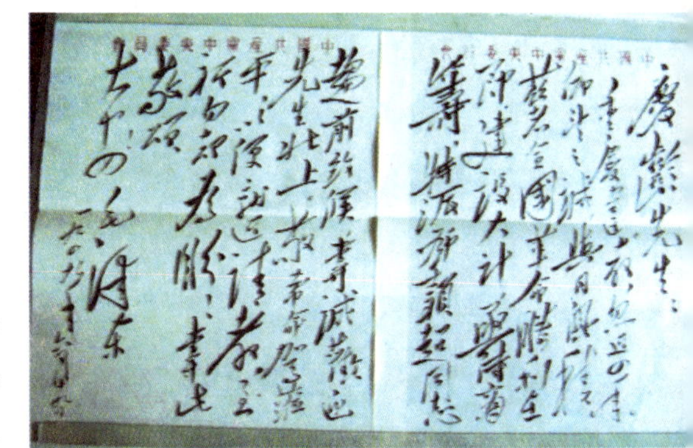

中国共产党中央委员会

庆龄先生：

重庆违教，忽近四年。仰望之忱，与日俱增。兹者全国革命胜利在即，建设大计，亟待商筹，特派邓颖超同志专程迎候先生北上。敬希命驾莅平，以便就近请教，至祈勿却为盼！专此。敬颂

大安！

毛泽东

一九四九年六月十九日

1949年6月毛泽东写给宋庆龄的邀请信

■ 诚请洪门“大佬”

诚请各方人士共同叩开新中国的大门，中共想到了中国致公党创始人、闻名遐迩的洪门“大佬”司徒美堂。毛泽东亲自写信邀请侨居美国的司徒回国参加政协会议，其情其诚令83岁的司徒心情十分激动，他决定立即动身回国。消息传开后，致公党和安良堂的弟兄意见有分歧；定居美国的孔祥熙登门劝阻，要他“慎重考虑”。司徒力排众议：“忠诚爱国、义气团结、侠义除奸乃我洪门精神。现今举国民主进步团体及代表会聚北平，与中共共商建国大计，如此国家大事，我洪门焉有逃避不参与之道理？”

1949年8月9日，司徒离开侨居近70年的美国，飞往香港。为确保他安全顺利北上，中共香港分局按照周恩来的指示，将司徒秘密安排在与中共地下党人有关系的外国轮船上，并让中共负责同志随行，派精明强干的人员担任保卫。

9月21日，这位银须冉冉、精神矍铄的洪门“大佬”出现在中国人民政治协商会议第一届全体会议上。

■ “知北游”之娱

1949年2月28日，悬挂着葡萄牙国旗的“华中号”驶离香港。乘本次航轮者是应中

“知北游”部分成员船上合影

共中央之邀、参加新中国筹建活动的在港民主人士和文化人士陈叔通、马寅初、包达三、张伯、柳亚子、郑佩宜、胡墨林、叶圣陶、张志让、宋云彬、郑振铎、傅彬然、沈体兰、邓裕志、王芸生、徐铸成、曹禺、赵超构、刘尊棋、冯光灌、郭秀莹、吴全衡、方瑞、包启亚。这是中共香港分局数批秘密护送北上人员中的一批。

这批文化人满面春风，怡然自乐，在船上举行了晚会，节目有评剧清唱、民歌、粤唱、讲古、魔术和集体游戏等。叶圣陶出了一个谜语，谜面为“我们一批人乘此轮赶路”，打一《庄子》篇名。宋云彬猜出谜底：《知北游》。由此，“知北游”便成为从香港到北平秘密旅程的雅称。

数批“知北游”都是民主人士和文化人无限憧憬和满怀激情的光明之行，因为，一个具有强大民族凝聚力的盛会正在等待着他们，一个史无前例的伟大事业正在召唤着他们。

人民日報

中國人民政協全國委員會舉行第一次會議

毛澤東當選全國委員會主席

周恩來李濟深沈鈞儒郭沫若陳叔通當選副主席 李維漢任秘書長

建議中央人民政府定十月一日爲中華人民共和國國慶紀念日

歡迎南下大軍

上海百萬人大示威

打開粵北門戶直薄廣州 我軍解放要地曲江仁化

湖南相繼解放衡陽耒陽

隴西連克五城殘匪兩萬投降

我軍肅清甘境殘匪準備進入新疆

1949年9月9日下午三时，中国人民政治协商会议第一届全国委员会举行第一次会议，选举产生了本届全国委员会的主席、副主席、常务委员和秘书长（主席：毛泽东；副主席：周恩来、李济深、沈钧儒、郭沫若、陈叔通；秘书长：李维汉）

国旗如是诞生

1949年8月，为了能在开国大典时升起中华人民共和国的第一面国旗，国旗图案的遴选工作在紧张地进行着。一天，张治中试探着问毛泽东的意见。

“我同意一颗星一条黄河的那种，你觉得如何？”毛泽东说。

“我反对。中间一条杠，把红旗劈为两半，不成了分裂国家了吗？而且也容易让人把这条横杠当成孙猴子的金箍棒而不是黄河。”张治中实话实说。

“这样吧，这个问题我还想找些人再座谈一下，你也来。”

张治中似信非信，自己这个代表国民政府谈判未果的首席代表难道还会被中共重视？

在9月25日的座谈会上，应邀出席的张治中没有料到，自己的看法居然得到了与会者大多数人的同意，毛泽东也表示赞同。最终，国旗审阅小组以比较一致的意见确定了五星红旗图案。具有民族凝聚含义的（大星代表中国共产党，四个小星代表工人、农民、小资产阶级及民族资产阶级；五颗星相互连缀，象征中国人民的大团结；每颗小星各有一个尖角正对大星中心，代表人民向心于党）中华人民共和国国旗由是诞生。

……

1949年9月21日，中国人民政治协商会议第一届全体会议开幕。出席这次盛会的有各民主党派、人民团体、人民解放军、各地区、各民族和华侨代表662人。这是中华民族一次空前的团结盛会。

中国共产党振臂一呼，便云集事成。这是因为：中国共产党“顺民心”的纲领和“倡民意”的行为所具有的吸引力，使得全体中华儿女对其产生了极大的向心力，使得大家能团结亲和、共襄盛举。

于是，第一届中国人民政治协商会议召开了。

于是，各族人民共同当家作主的新中国诞生了。

于是，中华民族日渐强大……

相关资料

中国人民政治协商会议第一届全体会议代行全国人民代表大会职权，决定新中国的名称为中华人民共和国，国都为北平（1949年9月27日改名北京），中华人民共和国纪年采用公元，国庆节为10月1日，国旗为五星红旗，国歌暂为《义勇军进行曲》；选举出中央人民政府委员56人，毛泽东为中央人民政府主席，朱德、刘少奇、宋庆龄、李济深、张澜、高岗为副主席。

专家评点

民族凝聚力是一种把全体民族成员结成统一整体并确保其生存、发展的内在力量。吸引力、向心力、亲和力，是民族凝聚力的重要组成部分。第一届中国人民政治协商会议的召开和中华人民共和国的成立，真实地诠释了中华民族凝聚力的内涵及其重要意义。作为一项基本的政治制度，中国共产党领导的多党合作和政治协商制度，是凝聚中华各族人民力量的重要保障。

《当代中国凝聚力大典》书影

北魏孝文帝拓跋宏画像

一个历史话题的结论

关键词　文化认同
北魏孝文帝　移风易俗　华夏文明

北魏孝文帝拓跋宏的改革，是一个传为美谈的历史话题。这个历史话题留下了一个毋庸置疑的历史结论：中华儿女认同华夏文明。

北魏的前身是北方游牧民族鲜卑族主政，鲜卑是我国古老的民族之一。关于鲜卑的族源，文献记载纷纭，但大多认为鲜卑是炎黄的子孙。如《魏书·序纪》说鲜卑拓跋氏是黄帝少子昌意之后裔；崔鸿《十六国春秋·前燕录》说鲜卑慕容氏实际上是黄帝后人；《周书·文帝纪》说鲜卑宇文氏为炎帝之后。也有学者认为，这些说法都是鲜卑族"入主中原"后的假托。无论哪种说法，我们都可从中看出鲜卑族对华夏文明的认同与向往。

论鲜卑族对华夏文明的认同与向往，当首推北魏孝文帝拓跋宏。

拓跋宏自小由祖母冯太后抚养，冯太后是汉族人，知书达理，开明果断。在执掌北魏大权的20多年里，她参照汉族的文化制度，颁布了许多重要的改革措施。在她的引导下，拓跋宏受过良好的汉文化教育，因而对汉文化很是崇拜，他认为要巩固北魏的江山，一定要吸收中原文化，以改革落后习俗。

北魏定都平城（今山西大同市东北）时，平城气候恶劣，地处偏僻，粮食不能满足需求。拓跋宏认为"此

间（指平城）用武之地，非可文治，移风易俗，信为甚难”。为了有利于实行汉化计划，排除本部族的各种阻拦，他把国都从平城迁到当时中原文化比较繁荣的洛阳。

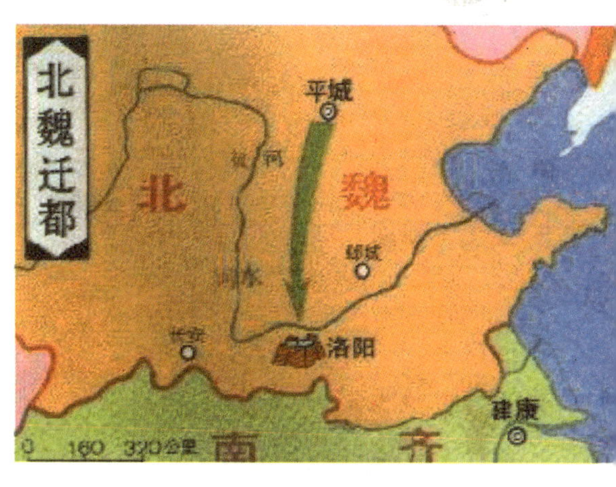

迁都洛阳以后，孝文帝拓跋宏开始大规模改革，重点是改变鲜卑族内迁者原有的生活习俗，促进鲜卑人积极接受汉文化——

一、穿汉服。拓跋宏令改制汉人衣冠，经能工巧匠六年完成，无论男女均需改穿汉服。太和19年（495年）12月，拓跋宏在光极堂会见群臣时“班赐汉冠服”，这是改鲜卑官服为汉官服的具体执行措施。

二、说汉话。拓跋宏诏令：不得以“北俗之语言于朝廷，若有违者，免所居官”。他称鲜卑语为“北语”，汉语为“正音”，说：“今欲断诸北语，一从正音。”规定30岁以上的鲜卑官吏，在朝廷上要逐步改说汉语，30岁以下的鲜卑官吏在朝廷上则要立即改说汉语。如有故意说鲜卑语者，降爵罢官。

三、娶汉女。拓跋宏下令禁止鲜卑同姓内部通婚的陋俗，自己带头积极推行鲜卑贵族与汉族大姓通婚：以范阳卢氏、清河崔氏、荥阳郑氏、太原王氏之女充后宫，又以陇西李冲之女为夫人；其众多兄弟和一些鲜卑贵族亦娶汉家女为妻为妾。通过异族间的通婚关系，促成血脉融合，使鲜卑族和汉族紧密结合起来，进一步凝聚了鲜卑人与汉民。

四、承汉源。为把始祖追溯至黄帝，将鲜卑族一变而为华夏支脉，公元496年，拓跋宏下令改鲜卑贵族原有的姓氏为汉姓，并按汉族门第定等级。如拓跋氏改姓元氏，是最高的门第等级；丘穆陵氏改姓穆氏，步六孤氏改姓陆氏，贺赖氏改姓贺氏，独孤氏改姓刘氏，贺楼氏改姓楼氏，勿忸于氏改姓于氏，纥奚氏改姓嵇氏，尉迟

名词点击

汉服，即汉民族的服饰。早在商周时代，汉服已形成了较为完整的服饰体系，广泛沿用于华夏民族的社会生活之中，并具其功用性，有礼服、朝会服、从戎服、婚礼服、丧服以及皇家服饰、官吏服饰、军士服饰、贫民服饰、宗教服饰、乐舞服饰之分。几千年来，汉服文化影响深远，不仅在我国各少数民族，而且在日本、朝鲜、越南等民族服饰中都能或多或少地找到汉服的某些元素。

中华民族凝聚力研究丛书
《儒家文化与中华民族凝聚力》

氏改姓尉氏，这八姓贵族的社会地位等同于汉族贵族门第；其他等级稍低一些的鲜卑贵族姓氏亦改用汉姓，其等级与汉族一般士族相当。直到今天，以“慕容”为姓的鲜卑族后裔大都说自己是汉族人。

此外，孝文帝还采用汉族的官制、律令，学习汉族的宗法、礼制，积极创办学校，教鲜卑人学习汉族文化，从更深的文化层次改造鲜卑人，表现出对华夏文明的积极认同。

其实，在中华民族史上，表示认同汉族的不只是鲜卑人，许多少数民族都宣称自己是炎黄后裔。如，刘渊本系匈奴人，他建立后汉政权时却认汉人刘邦为太祖；北宋时建立辽的契丹，也自称是炎帝的子孙；建立西夏的党项人自称是北魏拓跋氏之后，自然也是黄帝后裔；女真人金章宗完颜璟也认为自己与汉人有着亲戚关系，他曾下诏要求各地对伏羲、神农、轩辕、颛顼、尧、舜、禹等汉族始祖和帝王三年一祭。满族入主中原以后，将汉文的经典史籍大量译成满文；清圣祖精通汉语，并亲自主持编撰《音韵阐微》等文化典籍。实际上，在清朝两百多年间，大部分满族人基本上已经汉化，满族文学家辈出，早期具有较高文学成就的《饮水集》就是满人纳兰性德所著；现当代誉满文坛的作家老舍、京剧艺术家程砚秋、书画家启功也都是满族人。

当然，中华文化是竞相发展的众多民族文化汇聚而成的“多元一体”，中华民族发展史上汉人“胡服骑射”之类现象就是明证。因而，认同中华

《中华民族多元一体格局》书影

文化，也应认同中华文化中的各民族文化。不过，“习胡服，求便利”的事实恰恰说明，先进文化向落后文化传递、落后文化向先进文化靠拢的文化发展规律不可逆转；中原文化向周边辐射、扩展，周边各族文化向中原内聚、融会的整体互动格局不会改变。认同先进的中原文化，就是认同中华文化。

文化认同，是民族凝聚力的生发源。比如，认同炎黄二帝为中华民族的共同祖先，认同黄河、长城、龙为中华民族的标志，认同汉语汉字为中华民族通行的语言文字，认同礼义廉耻、忠孝悯悌为中华民族的传统美德，认同爱国主义、自强不息等为中华民族的精神支柱……这些蕴含于中华民族文化最深层的基因，强化了中华儿女的文化认同与民族意识，促成了中华民族的融合与凝聚。

中华儿女认同华夏文明，这一历史结论道明了一个现实需要——

强化中华文化认同，增强中华民族凝聚力。

辅助阅读

关于文化认同，它所回答的一个重要问题是“我们是谁”。撰著《我们是谁》的美国政治学家亨廷顿认为，文化认同对于大多数人来说是最有意义的东西。不同民族的人们常以对他们来说最有意义的事物来回答“我们是谁”，即用“祖先、宗教、语言、历史、价值、习俗和体制来界定自己”，来表示自己的文化认同。

专家点评

文化认同，是人们在民族共同体中长期共同生活所形成的对本民族的肯定性认知行为，是凝聚民族共同体的精神纽带。任何一个民族的凝聚力的形成与发展都建立在文化认同的基础之上。文化认同，是民族认同与国家认同的基础。在全球化趋势迅速发展的时代，民族的文化认同不仅仍然需要，而且已经成为综合国力竞争中最重要的“软实力”。

中原文化是一块强力磁铁

九曲回肠的黄河

黄水·黄土·黄皮肤

关键词 民族认同
黄河 黄土 黄（皇）帝 黄龙

黄河，这条长5400多公里、流域面积达79万余平方公里的大河，在中华大地蜿蜒流淌。它，宛如一个巨大的“几”字，又恰似中华民族那独具魅力的神龙图腾。

地质结构学里，有“黄土风成”之说：在亚洲内陆的沙漠戈壁，遍地沙石在骤冷骤热的严酷环境中被支解粉碎，形成粉末。内陆盛行的西北气流，经年累月地把它们吹向东方，粗沙落于蒙古高原，粉末随风飘落到今天的甘肃、陕西、山西、青海、宁夏、河南一带。经千百万年的移走堆积，终于形成了一个北起长城、南至秦岭、西抵日月山、东达太行山的黄土高原。

这是一片无与伦比的黄土高原，它的面积广达41万平方公里；覆盖厚度在100米以上。那条从巴颜喀拉冰峰雪山中发源的大河，经黄土高原后变成了黄色的泥河。这条黄色的泥河孕育了一个黄皮肤的民族。黄水、黄土、黄皮肤，奇妙的自然令人产生奇妙的联想——这个黄色人种的肤色是黄河染成的。

更为奇妙的是，这个民族又把自己最早的祖先叫做黄帝。

《淮南子》说：“中央土也，其帝黄帝，其佐后土，执绳而制四方。”这就是说，黄帝是管理四方土地的中央首领，而土地是黄色的，故名“黄帝”。这似乎表明，黄帝被尊为中华民族的始祖，与黄河流域的土地

和农业文明有关。

据史料记载，中华民族的主体民族——汉族，其先世主要来源于先秦时期的华夏族。华夏族，是源于上古时期的炎黄氏族集团。传说炎、黄原系亲兄弟，为有熊氏族男子与蛇氏族女子婚配所生，因他们分居两地，遂发展为两个不同的部落。黄帝部落最初在今陕西北部一带，炎帝部落在今陕西渭水上游一带。后两个部落相继迁至黄河中下游地区，并与当地的“夷”部落融合。

当时的社会强凌弱，众凌寡，各氏族部落间经常互相攻伐。黄帝部落因势力较强，遂迫使各部落相继臣服。炎帝为争夺部落联盟权力，与黄帝大战于阪泉之野，终为黄帝所败。黄帝不久又挥师北上，在涿鹿大败蚩尤，尽服其众，成为各地诸侯“共主”。随后，黄帝讨东夷，征南蛮，从而确定了华夏集团在中华民族与中国文化中的主流代表地位。后历经战国一统而为中华民族。

黄土具有黏性，适合筑屋；黄土物质丰富，适合耕种。于是，先民们在这片黄土地上开凿窑洞居住，种植五谷度日。上古传说，神农氏教民稼穑。神农就是炎帝，也就是火神，他所传授的实际上是焚林垦殖。5000多年前，炎黄二帝的部落兴盛起来，华夏先祖的足迹踏遍了黄土地。在随后的日子里，中国第一个王朝夏兴盛于此，立国800年的周朝源起于此，而横扫六合、一统天下的秦帝国也勃兴于此。

黄河，不仅孕育了中华民族的远祖和古代文明，也孕育了中华民族源远流长的崇拜图腾——龙。

龙，这个具有驼头、鹿角、兔眼、鲶须、蛇项、蜃腹、鱼鳞、虎掌、鹰爪的神异动物，为什么会成为中华民族的图腾呢？

有人说，我们的祖先从撕裂云层的闪电里，看到金蛇狂舞伴随风雨交作，于是，他们创造了龙的形象。也

名词点击

民族认同是一个复杂的结构，它包括个体的民族自我认同、民族归属感，还包括个体对所属民族群体的积极评价以及对群体活动的参与情况等。在当代，中华民族的民族认同可大体分为三个层面：一是共同的民族渊源，二是共同的民族文化，三是共同的国家——中国。

凡遇一他族而立刻有“我中国人”之一观念浮现于脑际者，此人即中华民族一员也。

——梁启超

有人说，为了镇住世界上这条最暴戾、最任性的黄河，人们设想了一个神异的镇神——龙，一条与黄河一样颜色的金龙。

这，是一个大河流域民族的想象，也是一个大河流域民族的现实。

正如马克思所认为的那样，大河流域民族的全部文明就建立在渴求于水的生存需要和与水搏斗的历史命运的两难基础上。民族的心理和行为，因此而充满了两难选择。龙，正是这两难选择的产物。基于此，中国人赋予龙双重的象征：自然主宰（降水——神权）和社会主宰（降人——皇权）。

因为，对于一个生活在大河流域、以农业为主的古国来说，其命脉在于水的灌溉和水患的防范。人们的生产和生活离不开黄河，却又常常要面对黄河泛滥的威胁。而水，正是被龙王爷所把持。因而，在中华大地的角角落落，遍布着数不清的龙王庙。人们恭恭敬敬地供奉着龙，把它捧上权力的巅峰，祈求它能使风调雨顺，能带来五谷丰登。

由是，秦汉之后，希望江山社稷世代相传的中国皇帝们看中了“龙”这一主宰万物的象征，将之引入皇权政治。于是，历代帝王都自命为真龙天子，使用器物也以龙为装饰、以龙来命名。皇帝要穿龙袍，登龙庭，住龙宫，睡龙床，生龙子。龙，成为君临天下的皇帝威严的象征。以致元朝末年，一个相貌丑陋的和尚（朱元璋）想当皇帝，也不得不编造出其母吞食龙蛋而生下他的故事来。

老百姓呢，虽非真龙天子，却也想做龙的传人，也想沾点儿“龙”的祥瑞之气：正月十五舞龙灯，二月初二龙抬头，端午节时赛龙舟；生个儿子“望子成龙”，生个女儿则想嫁个“乘龙快婿”，连戏曲中的随从或兵卒也称之为“龙套”……

上下几千年，龙已渗透于中国社会的各个方面，成为一种文化的积淀和传统。龙，成了中国的象征、中华民族的象征、中国文化的象征。对每一个炎黄子孙来说，龙的形象是一种标志、一种意绪、一种血肉相联的情感。“龙的子孙”、“龙的传人”、“龙的国度”，这些称谓常令中华儿女激动、自豪、奋发。丰富多彩的龙文化除了在中华大地上传播承继外，还被远渡海外的华人带到了世界各地。直至今日，在世界各国的华人居住区或中国城内，最多和最引人注目的饰物仍然是龙。

黄河的吟诵、黄土地的眷念、神龙的崇拜，似乎可以证明，我们民族深深镌刻着古老文化的印记；中华儿女的民族认同由此开始延续。

专家点评

民族传统文化，包括该民族有史以来存在过的种种物质的、制度的和精神的文化实体和文化意识。民族认同基于民族文化认同。对民族传统文化的认同，就是对该民族的认同。黄河文化、黄土文化、黄龙文化情结，是中华儿女民族认同的一种重要表征。民族认同，则是民族凝聚力不可或缺的生发基础。

歌词精选

黄河！
你是中华民族的摇篮。
五千年的古国文化，
从你这发源。
多少英雄的故事，
在你的身边扮演。
啊，黄河！
你伟大坚强，
像一个巨人，
出现在亚洲平原之上。
用你那英雄的体魄，
筑成我们民族的屏障
……

——光未然
《黄河颂》

古老的东方有一条龙，
她的名字叫中国。
古老的东方有一群人，
他们全都是龙的传人。
巨龙脚底下我成长，
长成以后是龙的传人。
黑眼睛黑头发黄皮肤，
永永远远是龙的传人。

——侯德健
《龙的传人》

陈嘉庚

中国之星在闪耀

关键词 国家认同
华侨 救国 报国 立国

1964年11月9日晚，南京城上空繁星满天。

紫金山天文台的科学家们正在进行小行星照相观测。突然，有人在直径40厘米的双筒折光望远镜里发现了一颗新的小行星。1990年3月11日，国际小行星中心和小行星命名委员会将这颗小行星命名为“陈嘉庚星”。

陈嘉庚，这位能够和牛顿、爱因斯坦、莎士比亚、孔子、老子、张衡、祖冲之等一样，永远与日月同辉、与天地共存的华侨领袖，曾被毛泽东主席誉为“华侨旗帜、民族光辉”，被陈毅副总理赞为“杰出的爱国主义者”，被华侨事务委员会主任廖承志称为“在海外闪烁着中华民族的光辉”。原因何在？

因为他——

■ 纾难救国

20世纪30年代，日本帝国主义发动全面侵华战争，中华民族面临危亡。针对汪精卫等人的妥协方案，陈嘉庚在国民参政会上提出了“在敌寇未退出国土以前公务人员任何人谈和平条件者当以汉奸国贼论”的提案，狠狠抨击了国民党对敌妥协派。1937年，南洋华侨筹赈祖国难民总会（简称“南侨总会”）在新加坡成立。南洋各属各埠的筹赈会加入南侨总会者达80多所，各属各埠的筹赈会又设分会千百所。被推选为南侨总会主席的陈

嘉庚号召华侨们“精诚团结，集思广益，俾能加紧出钱出力，增强后方工作”。在其号召下，南洋华侨踊跃捐款，从1938年至1940年3年总计不下30亿元。在国内机工及汽车奇缺的情况下，南侨总会还派出华侨机工3200余人回国支援，并捐赠汽车310辆。

矢志报国

闻名遐迩的“橡胶大王”陈嘉庚始终不忘报效祖国。辛亥革命时期，他在新加坡参加中国同盟会，募集巨款赞助孙中山的革命活动；北伐战争时期，他以新加坡山东惨祸筹赈会会长之职，把华侨团结起来，培养和训练了一批爱国筹赈骨干分子；抗日战争时期，他领导南洋华侨以财力、物力、人力支持国内的抗战；解放战争时期，他积极投身于反蒋反美的民主运动；新中国成立后，他历任中央人民政府委员、中华全国归国华侨联合会主席，孜孜致力于凝聚广大侨胞力量，实现祖国的统一大业。陈嘉庚以毕生精力团结华侨矢志报国的夙愿，在其厦门大学筹办《通告》中可见一斑：“民心不死，同脉尚存，以四万万之民族，决无甘居人下之理。”

兴学立国

陈嘉庚认为“教育为立国之本，兴学乃国民天职”。1913年，他便在家乡创办了集美小学，至1927年共建小学、中学、师范、水产、航海、商业、农林等十几所学校，统称为集美学校，当地也由贫穷的渔村成为闻名全国的学村。后来，他又创办了全国第一家独资兴建的厦门大学，所建高楼大厦不许一幢以自己的名字命名。晚年的他，则将大部分的精力放在对集美学校和厦门大学的扩建和充实上。1950—1961年，他个人拨给集美学校的补助款达500万元。他一生在海内外兴办、资助

相关链接

位于福建省厦门市的集美学村，是集美各类学校及各种文化机构的总称，也是风景荟萃的游览区。原集美学村包括厦门水产学院、集美航海学院、集美师范专科学校、福建体育学院、集美财经专科学校、集美归国华侨学生补习学校、中国语言文化学校、集美中学、集美小学、集美幼儿园等学校，还包括福南大会堂、图书馆、体育馆、音乐厅、游泳池、电影院、医院、航海俱乐部等设施。其规模之宏大、体系之完整、设备之完美，属国内罕见。国家教委1994年10月批准，原集美航海学院、厦门水产学院、福建体育学院、集美财经高等专科学校和集美师范高等专科学校等五所高校合并组建为集美大学。

纽约华侨上街游行声援国内抗战

的学校达100多所，累计费用达1亿美元。几十年来，陈嘉庚为祖国培养了大批人才，他倾资兴学、培育人才的可贵精神，为世人所称道。

救国、报国、立国，这就是陈嘉庚精神，贯穿始终的是爱国主义。爱国，这是陈嘉庚先生一生恪守的信念和行为准则。

事实上，在中华民族史上，爱国华侨数不胜数。他们也许没有陈嘉庚这样声名显赫，但爱国之情却同样炽热。我们姑且不论华侨在各个重要历史时期为祖国革命所作出的巨大贡献，也不述华侨在客居海外的人生历程中如何情牵故里，义维桑梓；在这里，我们仅以新中国成立之初华侨知识分子的贡献为例——

新中国成立之初，百废待兴，许多华侨知识分子放弃国外优越的生活工作条件，怀着拳拳报国之心，冲破重重阻力，回国参加新中国建设。回国后，他们或振兴科研，或投资建厂，或兴学助教……据统计，新中国成立后的前5年间，华侨归国者近18万人；从1949年8月到1955年11月，由西方国家归来的高级知识分子多达1536人，其中从美国回来的就有1041人。他们中间包括李四光、华罗庚、钱学森、老舍、吴阶平、汪德昭、邓稼先、吴仲华等著名科学家和作家。获“两弹一星功勋奖章”的23位科技专家中，有21位是海外留学归国的。第一个回到新中国的彭桓武教授，不仅是我国核物理理论、中子物理理论以及核爆炸理论奠基人，还亲自领导并参加了核潜艇、原子弹、氢弹的理论研究和设计工作。当年，已是爱尔兰国家科学院院士的他，义无反顾地从爱尔兰启程时说：“回国是不需要理由的。”爱国华侨的回国，缓解了新中国成立初期各类人才短缺的艰难，奠定了新中国在国际舞台上展示国力的最初基础。

物理理论学大师彭桓武院士

贡献钱财、贡献物资、贡献智慧、贡献力量……为了祖国，无数华侨都像陈嘉庚一样，似闪耀在浩瀚宇宙

的中国之星。

中国之星何以闪耀着爱国之光？

一言以蔽之：中国之“星”有中国之“心”——认同祖国。

华侨对祖国怀有特殊的感情，这种特殊感情来自国家认同。国家认同，通俗地说，就是体认自己的祖国和确定应该为祖国奉献自己的忠诚与努力。一切的爱国皆源于对国家的认同。

认同祖国，奉献祖国，这实际上是海内外亿万中华儿女的共同情结。

专家评点

服膺于中华民族凝聚力的侨众凝聚力包括祖宗之国的吸引力、侨众对祖国的向心力、侨众之间的亲和力及爱国侨领的感召力，其不竭源泉是中华儿女认同祖国、向心祖国、热爱祖国、奉献祖国的爱国传统。这种传统是增强中华民族凝聚力的题中应有之义，它影响了一代又一代海外赤子，使得他们的心永远与祖国在一起。

1959年9月，党和国家领导人
刘少奇、周恩来、朱德等接见归国留学生

资料回放

1931年11月26日，菲律宾163个华侨团体及侨胞3000余人在马尼拉举行全菲华侨救国代表大会，决定通电南京政府：立即以武力收复失地，并彻底抵制日货，惩办奸商。大会庄严宣告：救国兴邦属人民本务，号召全国同胞行动起来，“自救自拔，为实行‘国家兴亡匹夫有责’的国民责任”而努力。

据广东省侨务委员会统计，抗战期间，仅从东南亚、美洲、澳洲等地回国参战的粤籍华侨多达4万余人。其中许多华侨青年冲破艰难险阻，不远万里，投奔革命圣地延安及其他抗日根据地。

秦始皇画像

“一统”之制

关键词 古代中华民族凝聚力的发展
秦始皇　郡县制　车同轨　书同文

公元前221年，咸阳，秦皇宫。

君臣聚议的朝会在此召开。

这年，是秦国先后灭掉韩、赵、魏、楚、燕、齐六国完成统一大业的历史性年份，也是秦王政踌躇满志地以“始皇帝”自称的第一年。然而，39岁的秦始皇并没有飘飘然而高枕无忧，他清楚地看到，统一之初，百事待举，怎样治理四宇归一的泱泱大国，是一个迫在眉睫的难题。正因为此，他不敢懈怠，多次召集重臣上朝聚会，以求治国安邦的良策。

这是一次例行的朝会，议题是国家的政制安排。丞相王绾率先献策：“当下诸侯刚刚消灭，各国遗民多怀亡国之痛，谋反之心，特别是燕、楚、齐三地远离咸阳，恐难驾驭，皇帝宜将几位皇子封到那里去为王，如此可奏藩屏咸阳之效。”此议一出，满朝赞成附和之声不绝于耳，大有一锤定音之势。王绾主张的是古已有之的分封制。在这种政制下，被封皇子有自己的领地，王位世袭，在封国内拥有统治权，对中央只有定期朝贡和提供军赋、力役等义务；位处中央的皇帝在诸侯领地内则没有直接的治权。秦始皇虽然对这种“国中有国”的政治方案了然于胸，却不以为然。他环顾左右，将目光锁定于廷尉李斯。

李斯，字通古。其人以深明大义、敢于直谏见称。

面对众口一词的分封制主张，他并未随波逐流，而是力排众议，据理力争。他说："周武王建立周朝的时候，就封过不少诸侯。到后来，这些诸侯却像冤家一样互相残杀，周天子也没法禁止。所以，与其沿用分封制，莫如力行郡县制……"郡县制以郡、县两级为地方行政区划。其最大的特点是，郡守和县令都由皇帝直接任免，并不得世袭。这就从根本上削除了中央和地方的对立，有利于防止地方割据分裂。

山西省平遥古城是自公元前221年实行"郡县制"以来一直延续至今的"县治"之所

李斯的见解与秦始皇的想法不谋而合。于是，秦始皇断然决定把全国分为36郡，郡下再分县，并且直接任命郡县长官。国家的政事，不论大小，都由他一人决定。据说，郡县制推行后，他每天要看各地送来刻于竹简上的奏章重达100多斤，由此可见权力高度集中的程度。而旨在强化中央集权的郡县制有利于维护政治安定和促进经济发展，从而为中华各族人民在统一的国家内维系和发展相互之间的凝聚力，提供了重要条件。

如果说郡县制有利于促进古代中华各族人民对政治文化的认同，那么，秦朝实施的"四大同"（即车同轨、度同制、书同文、行同伦）则有利于促进各族人民在物质文化和精神文化方面的认同。并且，这些认同无一不是维系和发展民族凝聚力的纽带。

秦皇古驿道的车轨

所谓"车同轨"，就是规定所有车辆两轮的间距要相等。

在秦朝统一前的战国时期，各地的车辆形制各异，大小不一。与之相应，车道也有宽有窄。国家统一后，车辆在不同的车道上行走，便出现了诸多不便。比如，当时的主要交通工具是牛车和马车，如果大车遇上小道就难免动弹不得。所以，秦始皇规定"舆六尺"、"车同轨"，即车辆两轮间的距离是六尺，他认为"六"是吉祥数字。与"车同轨"配套的是修筑天下道路。于是，很快形成了以咸阳为中心而遍及全国的多条"驰道"、

秦制铜钱

“直道”，构成了一个四通八达的交通网络。这样，车辆往来便利，既强化了中央对各地的控制，也密切了各地的联系和融合。

所谓“度同制”，就是统一度、量、衡标准。

在秦朝统一前的战国时期，各国的货币制度和度量衡制度很不一致。秦统一后，规定货币分金质和铜质两种：黄金称上币，以镒（秦制20两为1镒）为单位；铜钱为下币，以半两为单位。金币主要供皇帝赏赐，铜币才是主要的流通媒介。规定以原秦国的度、量、衡为单位标准，并在原秦国商鞅颁布的标准器上再加刻诏书铭文，或另行制作相同的标准器刻上铭文，发至全国依照执行，禁止使用与标准器不同的度、量、衡。在田制上，规定6尺（合今230厘米）为步，240步为一亩。该亩制以后沿用千年而不变。显然，度同制有利于各族人民在统一的国家内加强物质生产和流通领域的交往。

所谓“书同文”，就是写书信或文章时用相同的文字。

秦统一前，各地的文字并不同一，这既妨碍了各地经济、文化的交流，也影响了中央政令的有效推行。为了改变“文字异形”的状况，秦始皇命令李斯等人进行文字的整理、统一工作。李斯以原秦人通用的大篆为基础，吸取齐鲁等地通行的蝌蚪文的优点，创出一种形体匀圆齐整、笔画简略的新文字，称为“秦篆”，又称“小篆”，作为官方规范文字，同时废除其他异体字。

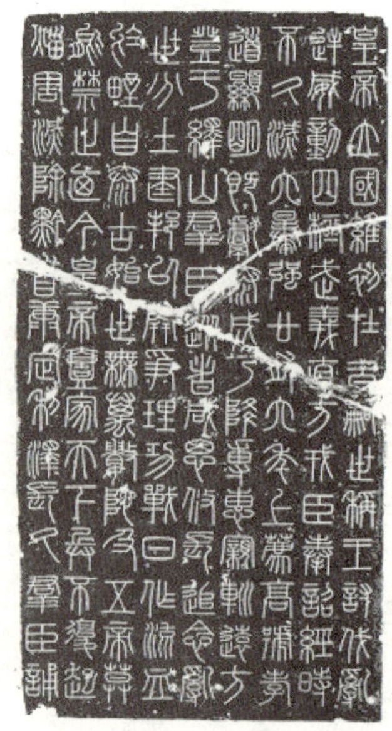

峄山刻石
（前219年李斯书小篆）

此外，一位叫程邈者又推出了“隶书”新体，打破了古体汉字的传统，奠定了楷书的基础，提高了书写效率。

文字是一个民族文明形成的标志，也是民族凝聚力形成的要素。秦始皇下令统一和简化文字，是对中国古代文字发展、演变的一次总结，也是一次大的文字改革，为中华文化共同体的形成奠定了坚实的基础。

所谓“行同伦”，就是国家提倡并要求人民共同遵守的精神信仰和行为规范。在这方面，秦王朝也给予了相当的重视。公元前219年，秦始皇令人在泰山所刻的石上记下“男女礼顺，慎遵职事，昭隔内外，靡不清净，施于后嗣”，强调男女之间要界限分明，以礼相待，女治内，男治外，各尽其责，要给后代树立好的榜样。当然，汉代以后，由于儒学取得了“独尊”的地位，儒家倡导的伦理道德和行为规范，实际也成了国家提倡的精神信仰。统一的精神信仰和行为规范，是中华各族人民能在漫长的历史长河中不离不弃地凝聚在一起的重要因素。

相关链接

毛泽东曾多次评价秦始皇。在他看来，秦始皇是个厚今薄古的专家；认为在中国历史上，真正做了点事的是秦始皇。他还写道：“劝君少骂秦始皇，焚坑事业要商量。祖龙魂死秦犹在，孔学名高实秕糠。百代都行秦政法，《十批》不是好文章。熟读唐人《封建论》，莫从子厚返文王。”可见，毛泽东对秦始皇是持肯定态度的。

专家评点

秦朝统一六国，标志着多元一体的中华民族开始形成。从秦王朝统一后到鸦片战争发生前，中华民族凝聚力的发展，是与封建社会大一统的中央集权制度相伴相随的；在政治、经济和文化层面，传承着车同轨、度同制、书同文、行同伦的基因，其中包括：对统一国家的取向、对共同文化的追求、对本位民族的认同等。这也是中国古代民族凝聚力历久弥坚的基本原因之所在。

中华民族凝聚力研究丛书
《秦汉中华民族凝聚力研究》

“转型”之梦

关键词 近代中华民族凝聚力的转型
林则徐　洪秀全　康有为　孙中山

孙中山手书同盟会纲领

1905年7月30日午后，日本东京，内田良平宅。

中国同盟会筹备会议在这里召开。

出席会议者共79人，包括孙中山、黄兴等来自国内10省革命志士76人，另有宫崎寅藏等日本志士3人。

会议在严肃、紧张、热烈、活跃的气氛中进行。

首先，孙中山以会议主席的身份发表演说达一小时之久，随即他提议行将成立的革命党当定名为“中国革命同盟会”。接着，大家就名称问题各抒己见。有人提出，应定名为“对满同盟会”，因为革命党以反对满清政府为职志。孙中山回应说：“革命党宗旨不专在反满，而在于废除专制，创导共和，即使满族人同情革命，也可以允许其加入革命党。”孙中山的意见获得了大家的赞成。有人又提出，革命党应保守秘密，鉴于此，不必明用“革命”二字。经讨论再三，革命党以“中国同盟会”为名遂成定论。这次会议还一致通过了孙中山拟定的同盟会纲领，即“驱除鞑虏，恢复中华，创立民国，平均地权”。就在会议即将结束之际，室后木板猝然坍倒，声如裂帛。孙中山应声道：“这就是满清政府垮台的预兆！”话音刚落，全场即腾起了经久不息的掌声和欢呼声。

从中华民族凝聚力的视角看，成立同盟会，是促使传统凝聚力的“转型”之举。在孙中山及其同志看来，

近代以降，时移势易，与封建专制主义相伴相随的中华民族凝聚力已经风光不再，以至于芸芸四万万国人如同“一盘散沙”。诊治的唯一办法是：向西方学习，以新型民主国家取代专制的清王朝，进而筹谋中华民族凝聚力的新组合和新提升。至于转型的样板，则是当时政治制度最为先进的美国。这一点已经再清楚不过地反映在同盟会的纲领上，其中的“创立民国”一语，就是要在中国建立美国式的新型民主共和国。

孙中山（前排左起第五人）与同盟会成员合影

其实，近代以降，几乎各大阶级的有识之士都曾与“转型”之梦结缘。在孙中山之前，林则徐、洪秀全、康有为等均堪称典型代表，并且一一展示出各自的愿望或主张，大有你方谢幕我登场之势。

林则徐，近代中国开眼看世界的第一人。他在《四洲志》原本中就曾这样介绍美国：“这个国家不设立国王，仅设总领（指总统），国家的大政操之舆论，而不是由国王专断独行，所言必定施行，有害必定上闻，真是事简政速，令行禁止，治理得相当不错。”后来，他的好友魏源也说：“这个国家举凡议事、听讼、选官、举贤，都从基层开始，大家说行就行，大家说不行就不行，总以多数人意见为准，真是很周到的啊！”

林则徐塑像

不难看出，林、魏对美国政制的凝聚力赞誉有加，并且深信不疑。然而，由于阶级和时代的局限，林、魏都不可能否定自己赖以安身立命的封建清朝，更不敢公然向封建的“皇权”挑战。所以，他们以美国为样板的转型之念，只能是转瞬即逝的思想火花。

相形之下，作为农民阶级的代表，洪秀全比林、魏

洪秀全塑像

走得更远。他的“转型”行动起步于创立拜上帝会。他向人们宣传：“上帝是唯一的真神，我是上帝的儿子，是受上帝差遣来到人间传道的。” 又说：“天下的男女都是上帝的子女，都是平等的兄弟姐妹。”这就否定了一切神仙皇帝，使自己获得了教主的地位，也倡扬了平等，使广大农民获得了极大的满足和思想解放。无怪在洪秀全发动太平天国起义不久，就有数十万之众凝聚在他的周围。

但是，定都天京之后，情况发生了急剧的变化。洪秀全一面声称自己为“万民之主”、“真命天子”，一面又大搞特权、纵欲腐化。这表明，他作为农民小生产的代表，不能抵御地主阶级意识形态的侵蚀，走不出皇权主义的怪圈，不能固守最能凝聚人心的平等信条，进而使拜上帝会只留下一副矛盾百出、不攻自破的迷信外壳。于是，曾几何时，富于凝聚力的拜上帝会迅速瓦解，终于导致了太平天国运动的失败。

洪秀全谢幕后，康有为则做了堪称精彩的表演。1895年5月，《马关条约》墨迹未干，康有为即联合各省应试的举人千余人发动了著名的“公车上书”，提出了“拒和、迁都、练兵、变法”的四大救世主张。在他看来，前三项主张还只是“权宜应敌之谋”，而关键的“变法”则是“立国自强之策”，当然也是凝聚人心之道。究竟怎样变法呢？他后来直白地向光绪皇帝提出了“设议院以通下情”的方案，表达出要在中国建立英国式资本主义制度的主张。这当然远比洪秀全的说教正规，也获得了社会强烈而积极的反响。

然而，康有为不免流于少女般的天真。这是因为，“设议院”意味着削弱或剥夺皇权，这无异于与虎谋皮，必然要遭到皇权主义者的疯狂反击。实际上，在

1898年的“百日维新”期间，貌似开明的光绪皇帝没有只字肯定“设议院”的主张，而凶残的慈禧太后，更是通过血腥的政变彻底粉碎了康有为的美梦。

改良首领康有为

康有为的悲剧从反面刺激了孙中山，这也是孙中山创建同盟会，领导辛亥革命，试图通过暴力革命推翻清朝统治的重要原因之一。孙中山的努力兼具成功和失败的两个方面。说他成功，是因为他领导的革命，确实取得了推翻清朝、结束封建帝制在中国统治二千多年之久的丰功伟绩；说他失败，是因为辛亥革命并没有凝聚中华民族赢得反帝反封建的胜利，以至于中华各族人民依旧在三座大山的压迫下痛苦地呻吟。

转型为何如此之难？难道转型只能是无法企及的梦想？转型的前途又在何方……

中华民族的有识之士不能不为之愁肠百结。

专家评点

近代，既是中国社会转型的过渡时期，也是中华民族凝聚力转型的过渡时期。从民族凝聚力的视角看，这一时期的关键问题是，否定旧有的凝聚核心，构建新型的凝聚核心，进而在新型核心的指导下实现民族凝聚力的新组合和新提升。当然，林则徐、洪秀全、康有为和孙中山的努力并非徒劳，他们为中华民族成功构建新型的凝聚核心积累了宝贵的经验。

阅读延伸

五四运动前后，中国工人阶级以独立的姿态登上了政治舞台，开始成为一支强大的、最富有革命性的新的社会力量。在此基础上，中国共产党应运而生。后来的事实证明：正是中国的工人阶级（通过共产党的领导），使中华民族凝聚力实现了与时俱进的转型与提升。

《中山路》书影

2009年国庆时矗立在天安门广场的56根“民族团结柱”

“复兴”之路

关键词　当代中华民族凝聚力的提升
共产党　毛泽东　邓小平　改革开放

2009年10月1日，中华人民共和国一个甲子的纪念日。

从1949年到2009年，当代新中国从满目疮痍、百废待兴中起步，经过60载的沧桑巨变，已发展成繁荣富强、高歌猛进的东方大国。中华各族人民不能不由衷地庆贺祖国母亲的60华诞。

北京，天安门广场。

60只大红灯笼烘托出喜庆、祥和的气氛；56根巨型“民族团结柱”展示出民族大家庭和谐、凝聚的状态；60响齐鸣的礼炮与海内外每一个中华儿女的心跳同频……

60年前，毛泽东主席在这里向世界庄严宣告：中华人民共和国成立了！中国人民从此站起来了！在近代中国饱受欺凌、苦痛的中华民族从此挺起胸膛，迈进了实施民族复兴伟业的新纪元。从此，封建制度和充当民族凝聚力核心的封建帝王及其官权体系已寿终正寝，取而代之的是与时俱进的当代政党制度和伟大的中国共产党；各族人民，特别是广大劳苦大众，挣脱了备受剥削和压迫的枷锁，获得了空前的大解放。这一变局，不仅标志着中华民族凝聚力已成功转型，而且锁定了“民族复兴”的发展方向。

在当代中国，政党制度负有协调全社会各利益群体

乃至全民族关系的使命，包括民主党派在内的各政党，是政党制度的责任主体，所以，当代中国政党特别是执政的中国共产党，在全部社会关系乃至中华民族内部所有关系中具有不可取代的责任主体的地位。事实证明，中国共产党是当之无愧的“责任主体”，早在新中国成立之初，就展示出了协调关系的非凡能力。这充分揭示在中国共产党主持推出的《中国人民政治协商会议共同纲领》之中。

毛泽东主持开国大典

《共同纲领》规定“中华人民共和国为新民主主义即人民民主的国家，实行工人阶级领导的、以工农联盟为基础的、团结各民主阶级和国内各民族的人民民主专政”。这就第一次在确切意义上给各族人民以国家主人翁地位和真正民主的权益，从而使中华民族凝聚力的提升和发展获得了空前广泛的社会基础。《共同纲领》强调“中华人民共和国境内各民族一律平等，实行团结互助……使中华人民共和国成为各民族友爱合作的大家庭”。这不仅为56个民族在民族大家庭内和谐共处和团结凝聚提供了坚强的保证，也昭示中国共产党与各社会群体的关系处于极佳状态。

历史告诉我们，如果一个民族的凝聚核心和核外群体的关系处于极佳状态时，那么，这个民族将释放出难以估量的巨大凝聚力。这一规律在新中国成立后的前六七年间得到了雄辩的证明。在那段时间里，刚刚走出半殖民地半封建社会阴影的中华民族，迅即赢得了医治战争创伤、恢复国民经济、土地改革、清匪反霸、镇压反革命、三反五反、三大改造、实施第一个五年计划和抗美援朝战争等一系列胜利，创造了极其罕见的人间奇迹。如果没有超强民族凝聚力的支撑，这只是不可思议的神话。

然而，中华民族凝聚力的发展从来就不是一帆风顺的，即便在当代中国也有过事与愿违的波折。由于

名词点击

“以人为本”的内涵：把实现好、维护好、发展好最广大人民的根本利益作为党和国家一切工作的出发点和落脚点，尊重人民主体地位，发挥人民首创精神，保障人民各项权益，走共同富裕道路，促进人的全面发展，做到发展为了人民、发展依靠人民、发展成果由人民共享。这是新时期、新阶段增强中华民族凝聚力的重要方针。

改革开放的总设计师邓小平

一度对新时代、新国情的误读，对实事求是思想路线的偏离，错误地坚持在社会主义条件下的“以阶级斗争为纲”，在中华大地上发生了1957年那场被严重扩大化了的反右派斗争，随后又出现了被称为“文化大革命”的十年动乱。这就使“打横炮、伤自家”这类令人痛心的事件屡有所闻，导致了弱化民族凝聚力的严重后果。

庆幸的是，1976年10月，中国共产党一举粉碎了“四人帮”，由此结束了十年动乱。1978年12月召开的中共十一届三中全会，果断地否定了“以阶级斗争为纲”的思想路线，及时地将全党工作的重点和各族人民的注意力转移到现代化建设上来。这是一个极其伟大的转折，由此，中华民族凝聚力的发展进入了以经济建设为中心的改革开放新时代。

作为改革开放的总设计师，邓小平从深层解决了什么是社会主义和怎样建设社会主义的关键问题，使“社会主义”和“爱国主义”两面大旗成为凝聚海内外中华儿女的坚强纽带。江泽民提出的“三个代表”重要思想，使作为中华民族凝聚力核心的中国共产党进一步强化了对全社会的吸引力。胡锦涛提出的“以人为本”为重要内容的科学发展观，使受惠于发展成果的各族人民由衷地提升了对中国共产党的向心力和对兄弟民族的亲和力。……所有这些，都成为当代中华民族为实现伟大复兴而奋斗的巨大动力，也促成了记录中华民族凝聚力获得空前发展的一系列盛举——

香港回归政权交接仪式（1997年7月1日）

1997年7月1日，中国恢复对香港行使主权，同时，香港的华人成为中国公民，并恢复其中国人的身份。由此，使在英国殖民统治下近百年之久的香港同胞回到了祖国民族大家庭的温暖怀抱。

1999年12月20日，中国对澳门恢复行使主权，澳门回归祖国。这是继香港回归之后，在祖国统一大业中中华民族凝聚力显为增强的又一盛事。

2008年8月8日，北京奥运会隆重开幕，中华民族百年奥运梦圆。这次无与伦比的盛会，承载着中华民族大为增强的自尊心、自信心和自豪感，成为中华民族凝聚力发展史上的华彩乐章。

澳门回归政权交接仪式（1999年12月20日）

2010年5月1日，第41届世界博览会在上海隆重开幕，中华民族百年世博梦圆。这次盛会总投资达450亿元，创造了世界博览会史上最大规模的记录，成为彰显中国国力和中华民族凝聚力的又一经典。

……

完全可以断言，标志民族复兴和民族凝聚力发展的盛事将不绝于书，乐章将此伏彼起，经典将屡屡再现。

举世瞩目的北京奥运会开幕式（2008年8月8日）

专家评点

新中国成立60多年来，中华民族的亿万儿女谱写了中华民族凝聚力从转型到崛起的辉煌篇章。在庆祝中华人民共和国成立60周年之际，胡锦涛强调：我们将坚定不移坚持“和平统一、一国两制”的方针，保持香港、澳门长期繁荣稳定，推动海峡两岸关系和平发展，继续为实现祖国完全统一这一中华民族的共同心愿而奋斗！这展示了中华民族复兴和民族凝聚力发展的光明前途。

2010年上海世博会中国展馆

青海省玉树县结石镇南贝纳沟内的文成公主庙

文成公主与松赞干布

公主庙的见证

关键词 团结功能
文成公主庙 玉树 民族团结

公元7世纪初，中原地区经过数年的战争，唐高宗李渊、唐太宗李世民父子以长安为都城，于618年建立了中国历史上空前强盛的大唐帝国。大唐成为当时东亚地区文明的中心，对周边民族部落产生了强大的吸引力，许多民族部落纷纷与唐朝修好示和，促进了各民族的融合与交流。

此时，一代英主松赞干布也称雄雪域高原，他完成了对一些小国的兼并，定都逻娑（今西藏拉萨），建立了统一的吐蕃王朝，并积极谋求与唐建立密切关系。他曾两次派能言善辩的大相禄东赞出使长安，向唐皇求亲。公元641年，唐太宗同意了松赞干布和亲的请求，答应把宗室女文成公主嫁给他。于是，文成公主在唐蕃专使及众侍从的陪同下，踏上了漫漫的唐蕃古道。在她途经的玉树县，至今挺立着一座藏式文成公主庙。这座纪念民族团结友好使者的古老庙宇见证了中华民族沧桑的历史，也见证了中华各族人民兄弟情深的现实——

2010年4月14日清晨7点49分。长江、黄河和澜沧江三江并流的源头地动山摇，里氏7.1级地震骤然发生，美丽的藏族歌舞之乡——青海玉树藏族自治州玉树县瞬间化为废墟……

废墟下，一位藏族孩子被重重埋压。废墟旁，孩子母亲的哭声撕心裂肺。

手挖，铁棍砸，武警青海玉树支队直属大队战士谢宇和战友们奋力抢救，屋顶瓦砾不时砸在他们身上。当谢宇抱着孩子刚要冲出来的时候，余震袭来，一块带钉的木板掉下，谢宇勾头含胸，用自己的身体紧紧护住孩子，带钉的木板狠狠地砸向他的后脑勺。孩子安然无恙，他却倒下了……

几乎在同一时间，各地救援力量以最快的速度向灾区集结，各种救援物资以最快的速度向灾区运送，各族群众以各种方式向灾区人民献出爱心——

汉族同胞来了。看，河南户外运动唯一的、也是官方认可的李连杰壹基金救援联盟成员——河南户外救援队，在第一时间获得青海省有关部门的批准后，于4月14日下午就派出第一梯队与第二梯队赶赴灾区。

回族同胞来了。看，来自青海省湟中县大才乡回族共产党员马宝祥组织了一支农民工救援队赶赴灾区，还自筹资金购买了2箱药品、100箱方便面、4顶帐篷分发给受灾各族同胞。

羌族同胞来了。看，汶川地震重灾区茂县的6位羌族村民每人凑了3000元钱，租了一辆大货车，带着村民捐赠的帐篷、棉衣、棉被和食物驶向玉树。救援队队长何国兵说：“我们深切地体会到灾难的苦痛。玉树地震了，对民族兄弟我们不能袖手旁观。”

维吾尔族同胞来了。看，新疆医科大学第一附属医院骨科大夫阿德力·阿布都热西提和同事们17日赶到了灾区。他们顾不上休息，立即来到青海省交通医院，对伤员进行会诊、治疗。

各民族的志愿者来了。看，由4名回族、2名汉族和1名藏族同胞组成的青海黄南藏族自治州、河南蒙古族自治县的“老兵志愿者”到达灾区后，立即抢救伤员，运送物资，帮助灾民……在废墟前，在灾民安置点，在医疗救治中心，处处活跃着这7位退伍军人的身影。

镜头重现

2010年4月20日晚，由中宣部、民政部、国家广电总局、中国红十字会总会、中华慈善总会联合主办的“情系玉树　大爱无疆”抗震救灾大型募捐活动在北京隆重举行，著名艺术家才旦卓玛、李谷一、韩红、孙楠、张也等登台献艺。募捐活动结束时，现场共募集到各类款项21.75亿元人民币。

“情系玉树　大爱无疆”抗震救灾募捐义演：舞蹈《心手相连》

中华民族多元交流示意图

地震灾情牵动全国人民的心——在中国各地，各族儿女出钱、出力、捐物、献血……他们以各种的方式表达对受灾同胞的深情关切。

地震灾情牵动着香港、澳门、台湾同胞的心——香港各界自发捐款捐物，至4月20日下午捐赠总额就近2000万港元；澳门各界积极捐款捐物，通过各种方式驰援玉树；台湾红十字医疗队也紧急赶赴灾区。

地震灾情牵动着海外侨胞的心——截至4月21日，部分侨商和海外侨胞通过国务院侨办“侨爱工程”等各种渠道支援青海玉树灾区的捐赠金额已达1.54918亿元人民币，捐赠物资价值逾100万元。远在巴黎北郊的法国外籍兵团退伍华人战友会组织该会中文学校的华裔子弟们为中国青海玉树地震灾区捐款。孩子们把自己平时节省下的零用钱装进信封，投进捐款箱，然后在写着“抗震救灾 玉树加油”的横幅上留下充满着无瑕爱心的签名。

源源不断的人流汇向玉树，他们是哪个民族，无法一一知晓；源源不断的钱物汇向玉树，它们来自何方，无暇一一分辨。但所有的人都心心相连，所有的物都如春风送暖。来自全国人民的关爱，来自各族人民的深情，汇成一股强大的民族力量，在青海玉树聚集……

在救灾现场，人们常会看到这样的标语：“维护民族团结人人有责”“藏汉一家亲”……在网友自发捐赠的救援物资包裹上常有这样的字眼：“因为有爱，我们紧紧相连”、“56个民族之心相聚高原；56个民族之力凝聚高原”……不离不弃，生死相依，玉树废墟上绽放出中华民族大团结的格桑花。

4月21日的《澳门日报》社论《玉树救灾谱写民族团结新篇》说，玉树震灾面前，各族同胞手挽手，肩并

肩，团结互助，谱写了一曲曲民族团结、合力抗灾的动人之歌。

中央民族大学藏学研究院院长班班多吉说：“直面灾难，我们更为切身地感受到，在56个民族的中华民族大家庭里，大家都是亲兄弟、亲姐妹。”“祖国各地心向玉树、情系灾区的每一个行动、每一句祝福、每一份奉献，都是中华民族凝聚力、向心力的最好诠释。”

中国藏学出版社总编辑马丽华说：“不同民族对玉树灾区所表达出来的发自内心的关切，是潜移默化的结果。在灾难来临的关键时刻，这样的潜移默化集中显现出来，迸发出强大的民族凝聚力。各民族合力抗震救灾，是中华民族优秀传统数千年结晶的集中迸发和中华民族精神的集中检验。而建立在深厚的历史文化传统之上的中国民族政策，造就了危急关头展现出的强大民族向心力。”

长期研究民族问题的中央党校教授胡岩说：“这是国家力量的体现，也是一个民族自信的表现，同时也是民族凝聚力的最好注解。”

地震过后，千年文成公主庙依旧傲然挺立，它见证了中华民族凝聚力团结功能尽显的昨天和今天，也将见证中华民族凝聚力团结功能强大的明天。

专家评点

中华民族凝聚力的团结功能是一种能够把全国广大人民群众、中华各族儿女的心灵、思想、智慧、力量凝聚在一起的黏合剂。青海玉树是少数民族的聚居地，在地震灾难中展现出来的各民族的团结，是千百年来中华民族大团结历史的延续，也是中华民族凝聚力团结功能的展示。

资料点击

1951年元旦，云南省普洱专区26个民族的代表与地方党政军领导人剽牛喝咒水后宣誓立碑签名。碑文誓词：“我们二十六种民族的代表，代表全普洱区各族同胞慎重地于此举行了剽牛，喝了咒水，从此我们一心一德，团结到底，在中国共产党的领导下，誓为建设平等自由幸福的大家庭而奋斗！此誓。”云南普洱民族团结誓词碑是新中国民族团结进步事业发展的见证。

云南普洱民族团结誓词碑

隋炀帝杨广

隋炀帝为何能再造统一

关键词 统一功能
大一统 反对分裂 统一的多民族国家

众所周知，第一次统一中国的是秦始皇。但自东汉末年始，中国又出现了分裂状态。而改变这种状态，再造统一的是年仅20岁的隋炀帝杨广。

公元588年10月，年仅20岁的杨广被拜为隋朝兵马都讨大元帅，统领51万大军，在东起山东、西至四川的横亘数千里的长江沿线上，分八路南下，向富裕、强盛的陈朝发动进攻，揭开了统一中国的序幕。而当时统治南方的南陈末代皇帝陈后主，自恃长江天险，不以为然："东南是个福地，从前北齐来攻过三次，北周也来了两次，都失败了。这次隋兵前来，还不是一样送死，没有什么可怕的。"他每天照样在建康（今江苏南京）耽于酒色，终日游宴后庭，不问政事，使得上下离心，人神共愤。

隋军在杨广的指挥下，纪律严明、英勇善战，所向披靡，一举突破长江天堑。对百姓则秋毫无犯，对陈朝库府资财，"一无所取"，博得了江南人民广泛的赞扬，"天下皆称广以为贤"。据史料记载："江南父老，素闻其威信，来谒军门，昼夜不绝。"第二年春，隋军攻克建康城后，如饿虎般扑向皇宫。陈后主手足无措，后带着张贵妃、孔贵人逃到后殿，藏入一口枯井中，终被隋军俘虏，当了15年阶下囚后病死洛阳。唐人杜牧《泊秦淮》诗云："烟笼寒水月笼沙，夜泊秦淮近

酒家。商女不知亡国恨，隔江犹唱后庭花。”说的正是陈后主荒淫奢侈，自制《玉树后庭花》诸曲，与妃嫔、狎客相唱和而亡国的故事。

至此，杨广完成了中国的统一大业，结束了三四百年的战乱时代，也结束了上百年来分裂的局面，成为中国历史上最年轻的一统天下的帝王。从此，中国进入了和平强盛的时代。607年，启民可汗来朝入贡，尊隋天子圣人可汗。608年，倭国主多利思比孤第三次遣使入贡。609年，吐谷浑等西域诸邦向隋帝国称臣进贡，隋置西海、河源、鄯善、且末四郡，进一步促成了甘肃、青海、新疆等大西北成为中国不可分割的一部分。影响中原王朝1500余年的天朝体系就此开始，隋迅速成为东亚乃至世界最强大的帝国。

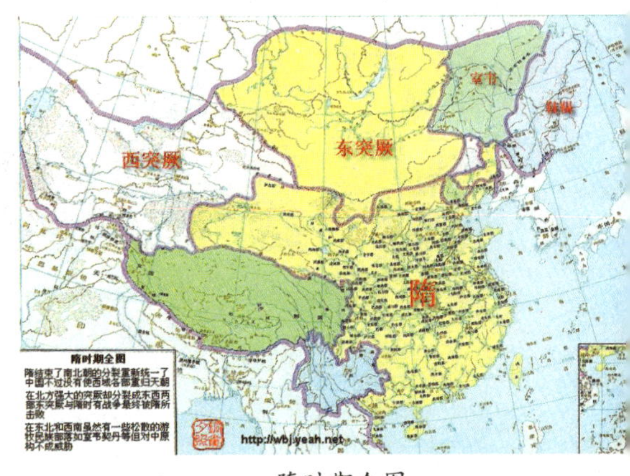

隋时期全图

隋朝用兵统一全国前后不到半年时间，就“使六合之中，观如晓日；八纮之内，若遇新晴”，可以说是顺应天时、符合历史发展潮流的。隋朝的统一，在中华民族历史上有着深远的影响，它使社会发展步入正轨，使广大人民群众的生活得以安定，同时，为社会生产力的发展创造了条件。这有利于民族大融合的进一步实现，更有利于全国统一的政治制度和文化意识的形成。

隋朝西京大兴城（即后来的长安城）

年轻的隋炀帝为何能再造统一？

因为，南北经济、文化的大发展和民族的大融合，使陆续内迁的匈奴、鲜卑、羯、氐、羌等少数民族，通过与汉族四五百年的交往，经济生活和语言、风俗、习惯等已趋同汉族，统一的因素得到了长足的酝酿，实现统一已是历史发展的必然趋势。而这一趋势，是当时中华各族人民的迫切要求，是中华民族凝聚力统一功能在发挥积极作用，这是隋朝能实现统一的原动力。

纵观古今中外，我们会发现，世界上没有任何一个国家像中国那样在统一帝国分裂后，经过一个时期的南北对峙或东西对立，能重新走向更高的统一，并且如此反复两三次，最终确立统一的多民族国家。现代历史学家、国学大师钱穆说：“我认为中国五千年来，传统相承所建立的和平统一的民族国家，这是人类所稀有的杰出伟大的贡献。”在中华民族分裂统一交替的表象之下，明显存在着不可阻挡的统一因素与凝聚力量，这就是中华民族凝聚力的统一功能使然。这一重要功能始终协调不同民族之间的矛盾和冲突，能整合中华民族多元一体的格局，使之更加牢固和稳定。

大运河是流动的文化，是中华民族文化身份的象征（右图为大运河杭州段）

有学者做过这样的统计：从夏代到辛亥革命以前的约4000年中，完全大分裂的时期约有650年左右，仅占中国古代年代总数的15％左右。如果以秦始皇统一以后的2100年计算，则分裂的时期共约100年，仅占5％左右；再加上汉末、唐末军阀混战与“五胡十六国”的百数十年，则也是15％左右。

为什么几千年来，统一始终是中华民族历史的主流呢？因为几乎所有的民族都盼望统一，争取统一，“大一统”的文化价值观在各民族心中烙下了永远的记忆。正如伟大的革命先行者孙中山所说：“中国是一个统一的国家，这一点已牢牢地印在我国的历史意识之中，正是这种意识才使我们能作为一个国家而被保存下来。”中国历史上作过“统一”努力的除汉族外，还有匈奴、突厥、鲜卑（北魏王朝）、氐（前秦王朝）、契丹（辽朝）、蒙古（元朝）和女真（金朝与清朝）等。无论是

汉族还是少数民族，都以建立的中央政权为中华正统，都把实现多民族国家的统一作为最高目标。在中华民族的词典里，维护或者恢复国家统一，反对分裂一直被视为民族大义的最高表现。谁要在维护或恢复国家统一，反对分裂的斗争中立了大功，谁就成为爱国志士、民族英雄而流芳百世。反之，谁要是破坏统一，制造分裂，谁就成为民族罪人而遗臭万年。这就是为什么几千年来中国始终是一个统一的多民族国家的主要原因，这也充分证明了中国的统一是各民族团结凝聚的结果。

正因为有这种“大一统”观念，中华民族所凝聚起来的力量就有了统一的功能；正因为有中华民族凝聚力的统一功能，中华民族历史上任何一段分裂局面都会被新的统一局面所代替。而每一次新的统一，都进一步激发并强化了中华民族的生机与活力，从而使中华民族的统一得到进一步的巩固和扩展。

专家评点

中华民族凝聚力能对中华各民族成员的心理、情感、思想文化乃至民族性格进行调适、会通，从而将其整合、统合为求同存异、和而不同的有机统一整体。这便是其统一功能。这个功能在祖国统一的伟大事业中发挥着巨大的作用。

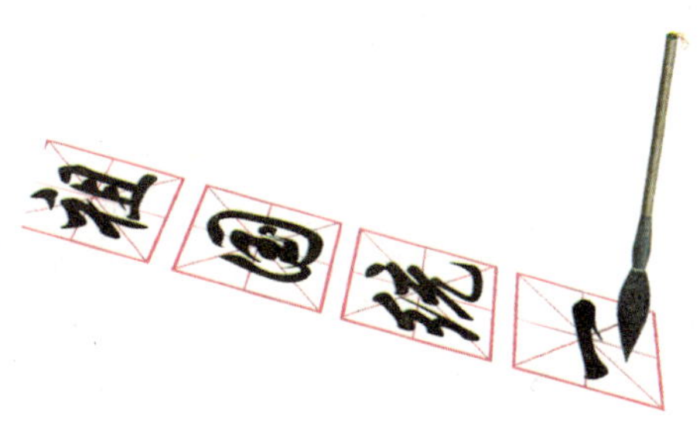

观点重现

把我国各民族维系于统一的大家庭中而又世代传承的纽带，主要有三个：一是国家的长期统一；二是各民族相依共存的经济文化联系；三是近代以来各民族在抵御外来侵略和长期革命斗争中结成的休戚与共关系。

——江泽民

中华民族凝聚力中有一种整合功能、统合功能或叫做统一功能。正如《中华民族凝聚力论纲》所分析的：“任何一个国家，都通过其凝聚力对社会起调适、整合作用”。“民族凝聚力就具有这种在心理和思想文化层面进行调适和整合的功能。”比起世界上其他民族，中华民族凝聚力具有无比强大的统一功能，它不仅使“一统河山”成为几千年来中华民族的群体意识，而且促使各民族融合，成为“多元一体”。

——孔庆榕、张磊《中华民族凝聚力学》

人民英雄纪念碑

"切扶大厦之将倾"

关键词 支撑功能
隆吐山抗英 自主保台 反库仑独立 抗日御侮

1840年，这是中华民族史上一个特别沉重的年份——

西方资本主义的入侵迫使中华民族开始一步步陷入半殖民地半封建社会的深渊，中华儿女在深受封建主义压迫的同时，又惨遭西方列强的蹂躏。于是，外患日亟，国贫民困，亡国大祸迫在眉睫，中华民族多元一体格局面临着严重的解体威胁。血与火，生与死，先进与落后……这些尖锐对立的现实问题，无情地摆在了中华民族每一个成员面前。

中华民族往何处去？道路只有两条：要么成为一盘散沙，丧失生存权利，沦为世界资本主义的奴隶；要么迅速凝聚起来，挣脱侵略者的锁链，自立于世界民族之林。

"寇深矣！祸亟矣！同胞们，起来！"中华儿女选择了后者。正如孙中山先生所说："方今列强环列……蚕食鲸吞，已效尤于接踵，瓜分豆剥，实堪虑于目前。有心人不禁大声疾呼，亟拯斯民于水火，切扶大厦之将倾。"在中国近代史上，各种反帝反封建斗争此伏彼起，一浪高过一浪——

1886年，英国蓄谋从锡金等国武装入侵西藏。西藏爱国军民识破了这一阴谋，在隆吐山等地建防设卡，进行自卫。1888年2月，英国侵略者悍然向隆吐山的西藏

守军进攻。西藏爱国军民奋勇反击，用落后的武器多次打退敌人的反扑。后因寡不敌众，隆吐山等地相继失守。西藏军民义愤填膺，积极反击，誓死不屈。隆吐山抗英战斗，是西藏人民为了保卫祖国神圣疆土、保卫家园的正义斗争，在藏族发展史上据有重要的地位。

西藏亚东的曲美辛古纪念碑和留有英军弹孔的城堡遗址

1895年签订了中日《马关条约》，台湾要割让给日本。台湾民众闻知后，纷纷上书清廷，表达了反对割台和誓不臣倭的坚强决心。5月15日，以丘逢甲为首的地方绅士集议台北筹防局，发表公开通电，宣布自主保台。21日，丘逢甲等士绅再次聚议，推唐景崧为总统，丘逢甲为全台义军首领，刘永福为大将军，更改官制，制国旗，决定成立“台湾民主国”。25日，台湾民主国成立，年号“永清”，以示永远臣服清朝。民主国成立后，又以台湾绅民的名义致电清政府：“台湾绅民，义不臣倭，愿为岛国，永戴圣清。”所有这些表明：台湾虽改省为国，但与祖国大陆血肉相连，仍是中国领土不可分割的一部分。

北洋政府统治时期，沙俄、日本加紧了侵略、吞并蒙古的图谋，积极扶植和支持一些蒙古王公贵族搞“独立”活动。哲里木盟十旗王在1912年和1913年两次举行东蒙王公会议，讨论赞助五族共和，拥护民国，反对外蒙古“独立”等事宜。1913 年初，在归绥召开了西蒙王公会议，内蒙古西部22部34旗王公一致决议联合东蒙，反对库伦“独立”。会后，乌兰察布盟和伊克昭盟各旗札萨克联合发出通电，指出“数百年来，汉蒙久成一家”，“我蒙同系中华民族，自宜一体出力，维持民

相关资料

位于广东梅州市蕉岭县文福镇淡定村的“心泰平草庐”，是我国近代著名抗日保台英雄、卓越教育家丘逢甲的故居。此“草庐”乃丘逢甲内渡后，在原有祖屋的基础上重修扩建而成。1895年，内渡后的丘逢甲一心报仇雪耻，念念不忘收复台湾。他捏土为香，面对台湾，立下“十年如未死，卷土定重来”的誓言。1896年，坐西向东、面对台湾的“心泰平草庐”建成。正堂名“培远堂”，横匾为清末翰林温仲和所书，两侧对联“培栽后进　远继先芬”为丘逢甲本人所撰，表现了他立志教育兴国的伟大抱负。

《民国史纪事本末》书影

国”。内蒙古各族劳动人民更表现出了高度的爱国主义精神，以“独贵龙”等形式投入了反分裂斗争，旗帜鲜明地反对蒙古“独立”。各族人民经过不断努力，终于迫使北洋政府发布命令，正式取消外蒙古“独立”和呼伦贝尔“特别区域”。

1937年，日本帝国主义发动侵华战争，中华民族再一次被逼到了亡国灭种的边缘。中华儿女被迫发出了最后的吼声：“起来! 不愿做奴隶的人们! 把我们的血肉, 筑成我们新的长城! ”全国各民族、各阶层、各党派和海外侨胞汇聚在中国共产党领导的抗日民族统一战线的旗帜下，凝聚成一座牢不可破的钢铁长城。中华民族空前团结，民族凝聚力空前增强，并经过长达八年的气壮山河的民族自卫战争，最终彻底打败了日本帝国主义，赢得完全的胜利。

“中华民族的各族人民都反对外来民族的压迫，都要用反抗的手段解除这种压迫。”（毛泽东语）所以，一旦中华民族遭遇到外来的压迫和侵略时，各族人民就要联合起来，一致对外；一旦中华民族面临危亡之际，各族人民就会共同担负起挽民族“大厦之将倾”的重任：郑成功驱逐荷兰殖民者，有台湾各族人民的配合；抗击沙俄对我国的侵夺，有东北、西北各族人民的参与；左宗棠收复新疆，得到了新疆各族人民的支持……从三元里抗英到镇南关抗法，从莫那鲁道的雾社山胞起义到抗日战争中的回民支队，在中华民族反击外来侵略的斗争中，各族儿女都在携手并肩，协力支撑中华大厦。

帝国主义亡我之心不死，却终未成功；中华民族大厦虽曾被动摇，但终未倾倒。这全得助于中华民族凝聚力的强大支撑功能。正因为中华民族凝聚力有强大的支撑功能，中华儿女得以在最艰苦严峻的历史条件下，为捍卫祖国的统一与领土的完整、为争取民族的独立与解放而努力奋斗，使帝国主义列强灭亡中国的企图化为泡

影。在这一过程中，中华各族人民认同祖国的观念得到了强化，彼此之间的亲和力得到了增强，民族整体的向心力也得到了提升。由此，中华民族多元一体格局在血与火的考验中获得了巩固，中华民族凝聚力随之也开始了从近代向现代的转型。

中华民族凝聚力是一股强大的力量，正是这股强大的力量，一次又一次地将亿万中华儿女结成不惧任何高压的柱石，支撑着中华民族战胜一次又一次的人祸天灾，从昨天走到今天，从今天迈向未来。

众志成城

专家评点

中华民族经历了太多的苦难和灾祸，却始终生生不息、繁衍发展。这是因为她有着坚忍不拔、自强不息的民族精神，有着在艰难困苦面前同舟共济、共克时艰的强大民族凝聚力的支撑。中华民族凝聚力的支撑功能有两层含义：一是其核心支柱——中华民族精神本身具有支撑的功能；二是它通过将中华民族儿女凝聚在一起的办法，将中华民族支撑起来。

伟大祖国的钢铁长城

延伸阅读

中华人民共和国国歌原名《义勇军进行曲》，是著名戏剧家田汉于1935年2月为电影《风云儿女》创作的主题歌，由人民音乐家聂耳谱曲。因其表达了千百万群众抗日图存的强烈愿望和中华民族与敌人血战到底的英雄气概而成为时代的最强音。2004年3月14日，十届全国人大二次会议通过的宪法修正案明确表示“中华人民共和国国歌是《义勇军进行曲》。”这是一首熔铸了磨难与奋进、折射出历史与现实并激励着中华民族不断进取的英雄之歌。

生于斯长于斯

Shengyusi Zhangyusi

中华大地，56个民族共有的土地，56个民族共有的家园。中华民族生于斯，长于斯；中华民族凝聚力亦生于斯，长于斯。共同的血缘、地缘和社会演进，左右着中华民族凝聚力的消长。

血脉、地缘，是中华民族凝聚力生成的自然因素。血缘亲情、故土情结，是联结海内外中华儿女牢不可破的天然纽带。物质文化、制度文化、精神文化是中华民族凝聚力生发的社会因素。其中，物质文化（如经济制度和经济生活）是中华民族凝聚力产生和发展的物质基础；制度文化（如政治文明和政治核心）是中华民族凝聚力产生和发展的必要条件；精神文化（如文化传统、民族精神）是中华民族凝聚

中央日報
號外
最後勝利今日蒞臨
日本投降覆文發出
天皇聽從盟國統帥命令

力产生和发展的前驱先导。

正因为自然因素和社会因素的交相作用，中华大地上才有了一个个血浓于水的感人故事。随着时代的发展，制约民族凝聚力的社会因素，则将愈益显示其巨大作用。

故而，我们不仅要传承以血缘、地缘为纽带的凝聚力，更要致力于推动物质文化、制度文化、精神文化与时俱进，以不断强化增强中华民族凝聚力的社会因素。

唯有如此——

中华儿女才能情系于斯，力凝于斯。

唯有如此——

中华民族才能于斯振兴，于斯腾飞。

谱牒，紧紧凝聚后人

关键词 血缘基础
姓氏 族谱 民族凝聚

2009年9月24日，大成桥畔，旌旗猎猎；曲阜孔庙，庄严肃穆，隆重的续修《孔子世家谱》揭谱典礼仪式在这里举行。

上午8时整，来自世界各地的孔子后裔代表、政府官员及专家学者1000余人身着正装、佩戴儒巾，在孔庙万仞宫墙外伫立。半小时后，在两名提炉、两名挑灯和两名引赞的引导下，队伍伴着典雅的古乐，穿过万仞宫墙城门，经金声玉振坊，直至圣时门前。圣时门缓缓打开，队伍步入孔庙，沿中轴神道前行，穿弘道门、大中门、同文门后，分两纵经奎文阁东西掖门进入大成殿院内，在杏坛两侧肃立。

9时整，《孔子世家谱》续修告成颁谱仪式开始。主持人宣布“启户”，祭孔礼乐响起，64名乐舞生跳起八佾乐舞，主祭人恭读祝文。乐舞毕，山东省有关官员及专家学者共同为大成殿外供案上覆盖着大红绸缎的全套《孔子世家谱》揭谱。主祭人孔德墉向国家图书馆、台北中央图书馆、曲阜市人民政府赠谱，并向曲阜孔府文物档案馆捐赠孔子世家谱续修档案……

由于孔子的重要地位，《孔子世家谱》又被称为“全国谱”，用于记载从孔子时代至今孔氏族人的传承脉络，它是世界上传承时间最长、最广泛的家谱，2005年作为“世界最长家谱”列入吉尼斯世界纪录。孔氏家

曲阜孔庙万仞宫墙前等待入场的孔子后裔

族分别在明天启年间、清康熙年间、乾隆年间和20世纪30年代的民国时期进行过四次大的续修。首部孔子家谱当为司马迁《史记》中的“孔子世家”，记录了十几代孔氏后人。明以后，按惯例，世家谱30年一小修，60年一大修。不过，由于种种原因，这个“中国第一家”的谱牒，只大修过四次。康熙年间孔氏家谱共收孔子后裔近两万人；乾隆年间的孔氏家谱增至十万余人；民国时期，家谱由孔德成主持编修，始于1930年，成于1937年，当时收录56万人，被称为“民国谱”。

而今这部续修而成的新版《孔子世家谱》共80册，总人数约200万，43万页，约2000万字。新谱在录入孔氏族人时，首次打破了性别、民族、国籍的限制，将女性收入谱中，在许多边远地区的孔氏族人经过数百年来与少数民族共居通婚、相互融合而入少数民族者亦入谱中，流寓海外已入居住国国籍的孔氏后人也予以收入。统计显示，新谱中至少包括14个少数民族的后裔、约20万女性以及近5万名港澳台及海外孔子后裔，是一部“延时之长，族系之明，纂辑之广，核查之实，体例之备，保存之全，堪称存世谱牒之冠”的传世之作。

作为“全国谱”的《孔子世

资料回放

2008年8月14日上午，中国国民党主席吴伯雄回到祖籍地福建省永定县下洋镇思贤村祭扫祖墓。看到乡亲们打出“同宗同祖同心声，隔山隔海难隔情”的横幅，吴伯雄很是感慨：“我们客家有慎终追远的传统精神，回乡祭祖就是这种传统的体现，现在台湾已有三分之一的客家乡亲到大陆祭祖寻根。这次我回到永定，确实有了回家的感觉，两岸同属中华民族，血缘的力量、文化的力量，让我们维系在一起。”正是有感于此，其夫人戴美玉欣然题词：“回家的感觉”。

新续修的“天下第一家谱”《孔子世家谱》

家谱》续修告成，为儒家学说以及社会学、历史学、民族学、地方史等各项研究提供了珍贵史料，同时也为孔氏族人以及广大台湾同胞、海外侨胞的寻根认祖，为中华民族的凝聚建立起重要的桥梁。

《中国家谱总目》

每一个姓氏都拥有自己的血缘先祖，家谱是人们用以记录自己与祖先之间关系的文字。2009年7月出版、共1200万字的《中国家谱总目》，收录了中国家谱52401种，608个姓氏，较完整地揭示了海内外收藏的中国56个民族姓氏家谱的基本情况和存世的中国家谱姓氏状况。

姓氏是一个家族群体的血缘标记，家谱是以姓氏相区分的家族档案。族谱是中华民族以血缘关系为根据，记载家族世系繁衍状况和重要人物事迹的特殊方式。同宗同源，存续相依。一本家谱，能把全世界同姓后人世世代代紧密联系在一起。因此，对于中华儿女来说，谱牒十分重要，其重要性对于海外华侨华人尤为突出。近代以来，成千上万的华侨华人虽离乡背井，流寓海外，客籍他国，但随身带去的家谱无不被当作寻根觅祖、慎终追远的最可靠、最永久的依凭，无不被当作敦睦友谊、团结互助、克服和排除外来侵害以生存异域的重要精神支撑。

20世纪70年代末以后，随着我国国门的打开，生活在世界各地的华侨华人通过各种途径与方式，热情地表达自己寻根问祖的意愿，有的还组成寻根团队前来问祖，进而带动了港台同胞归乡寻根热潮。在此之中，他们所依凭的大多都是家谱。修族谱，续族谱，拜祖认宗，对祖宗的追忆、对亲人的眷恋，会潜移默化地积淀成一种爱家乡、爱祖国的情愫，凝结成一种深沉的故土意识，这种与生俱来

的深厚意识对中华民族的向心和凝聚作用是不可低估的。

在中国人心里，家是最小国，国是千万家。因而，中国社会贯穿着一种温和的伦理情感，它使得社会关系变成一种具有家庭色彩的感情联系。这种联系由近及远，延至天下，使人与人之间通过感情联系凝聚为一个亲密的整体。因而，家谱所维系的不仅仅是一个人，一个姓氏，一个家族，而且是整个中国，是整个中华民族；家谱所维系的不仅仅是中国和中华民族的过去、现在，而且是中国和中华民族的未来。

诚然，对于中华民族而言，一本家谱，只是一条江河，一束枝叶。然而，“千条江河归大海，千枝万叶一条根”。这种江河与大海、枝叶与根的关系，是一种血缘关系，归属关系。血缘，归属，是凝聚中华各家庭、各民族的强韧纽带，是中华民族凝聚力生发的初始基础。

专家评点

中国人崇敬祖宗、重视血缘的传统由来已久。在早期，血缘是氏族部落成员之间相互联系的纽带，以后又成为宗族、宗法关系的基础，它对形成全民族的心理凝聚和血缘上的认同具有不容忽视的作用，并对中国社会产生深远影响。姓氏寻根者所追寻的是自己的姓氏之根和血缘之系，并最终都与中华人文始祖炎黄二帝紧紧联系在一起，自称是炎黄子孙，自认是他们的传人。这就充分表明，血缘是一种源于自然、凝聚中华民族的初始基础。

活动剪影

2009年5月17日下午，由福建省台办、福建省文化厅、福建省文物局主办的首届海峡论坛•闽台姓氏族谱和涉台文物展暨宗亲恳亲会在厦门市博物馆隆重开幕。本次展览共汇集族谱5759册、2687部，涵盖141个姓氏，创海内外涉台族谱展览规模之最，部分明清时期旧谱更是首度展出。高氏、颜氏、谢氏、苏氏等10个姓氏的两岸宗亲代表在开幕式上对接交换了族谱，约1000余名台胞嘉宾参加了展览和恳亲活动。此次族谱展足以见证了闽台割舍不断的血脉亲情。

闽台姓氏族谱吸引了两岸许多民众

由汉俚联姻说开去

关键词　民族融和

族际联姻　血缘渗透　民族认同

一顶八抬大轿，在迎娶队伍的簇拥下，抬到了凌霄山紫霞洞口。出洞迎接的土著俚人一改往日赤身的原始陋习，全都穿上染成藏青色的夏布新衣，衬托着黝黑的脸孔和古铜色的皮肤，越发显得壮实健硕。南蛮王龙鹏亲自走出洞门，大群俚人排列在洞口的旷地两侧，欢迎送亲队伍。

陈昊骑着秦始皇恩赐的御马神驹，胸前戴一朵大红花，头上戴一顶大礼帽，显得春风满面。当蛮王岳丈龙鹏上前时，陈昊连忙翻身下马，向岳丈大人行礼参拜。霎时，锣鼓齐鸣、唢呐频吹。“咚咚锵、咚咚锵”的锣鼓声，高亢激越的唢呐声，长音短韵，抑扬顿挫，从紫霞洞口顺风传送，响彻凌霄山。

送亲队伍在土著俚人热情洋溢的恭请陪同下，进入紫霞洞。洞内松脂火把燃烧，光明透亮。洞顶露出细长细长的一线天，阳光从缝隙中照射下来，星星点点地洒在洞内的地面上，也斑斑驳驳地洒在人们的身上……

以上是“新浪读书”网《乾坤日月》中描写南蛮汉人与土著俚人首次联姻的热闹场面。

南蛮汉人与土著俚人联姻，令人不禁想到了我国的族际婚姻。

人类历史的发展证明，任何一个民族都是在与周边其他民族的长期交流、相互吸收中逐渐形成的人类群体，是民族融合的产物。民族的发展变化、民族力量的消长嬗变、旧民族的消失、新民族的产生，都与不同民族间的融合密切相关。在此之中，因族际婚姻而形成的民族血缘渗透是一条重要途径。中华民族是由多个民族组成的族群共同体，其发展过程经历着民族的分化与融合。因族际婚姻而促成民族的融和是一种亘古通今的社会现象。

从中华民族发展史看，通过族际血缘渗透促成民族融合一般有三种情况：

其一，少数民族与汉族通婚从而融化为汉族。远在夏商周三代和春秋战国时期，华夏族与周边各少数民族的联姻就普遍存在。西周统治者就有许多娶羌族、狄族和戎族女子为妻的。春秋战国时期，各诸侯国的统治者与周边各少数民族常结为秦晋之好。秦汉以后，当中央政府将“和亲”作为调控民族关系的法宝时，汉族与少数民族间的联姻关系更为普遍。北魏孝文帝不仅提倡鲜卑人与汉人通婚，而且自己带头将汉女纳入后宫，又为自己的弟弟娶中原汉族女子为妻。各族间的通婚和文化交流，使得许多少数民族融进了华夏族。

其二，汉族与少数民族通婚从而融于少数民族。这是中华民族史上早已产生并长存不绝的传统。虽中原王朝都拒绝“披发左衽”的“夷化”，但囿于实际需要，他们又不得不接受“胡服骑射”的方式，实现某种意义上的“夷化”。在中华民族的历史长河中，汉人“夷化”现象时有发生。南北朝、唐代、元代、清代都有为数众多的汉人与羌、蒙、满、藏等少数民族成员通婚并融于少数民族。北魏时期，少数民族的汉化虽是主流，但部分汉人的鲜卑化却是一种客观存在，北齐时的高欢统治集团，就是已经鲜卑化了的汉人贵族。

满族婚庆

名词点击

胡服骑射，指学习少数民族（胡人）的短打扮服饰，同时也学习他们的骑马、射箭等武艺。《战国策·赵策》云：“今吾（赵武灵王）将胡服骑射以教百姓。”经赵武灵王推行后，胡服成为中国军队中最早的正规军装，以后逐渐演变改进为后来的盔甲装备。胡服骑射，减弱了华夏民族鄙视胡人的心理，缩短了二者之间的心理距离，增强了胡人对华夏民族的归依心理，进而推进了民族融合，增强了民族凝聚力。

其三，各少数民族之间相互通婚从而相互融合。中国历史上的许多少数民族往往是由若干个民族融合而成的，先后崛起于北方的匈奴、鲜卑、契丹、女真（满族）、蒙古等许多民族，就是吸收融入了众多的少数民族以后发展起来的。而在此之中，通婚联姻是一条主要途径。十六国时期建立夏的匈奴铁弗部就是所谓“北人谓胡父，鲜卑母为铁弗”。

在这三种族际血缘渗透形式中，少数民族与汉族通婚居多。我国第五次人口普查的数据显示，55个少数民族的族际婚姻人数为895.21万人，其中，与汉族通婚的人数占到81.58%。目前，汉族与其他55个少数民族都有通婚关系，有45个少数民族与汉族的通婚占其族际婚姻的第一位，有48个民族与汉族的通婚率超过了5%，有35个民族与汉族的通婚率超过了10%，有5个民族与汉族的通婚率超过了50%，有6个民族与汉族的通婚数超过了其族内通婚数。

族际通婚率	民族数量（个）	各民族的族际通婚率
70% 以上	6	高山（86.96%）、鄂伦春（86.19%）赫哲（84.13%）、俄罗斯（83.20%）、塔塔尔（76.20%）、锡伯（75.25%）
70%—50%	6	鄂温克（67.92%）、达斡尔（56.08%）、京（54.28%）、乌兹别克（52.92%）、畲（52.40%）、仫佬（51.76%）
50%—30%	9	独龙（46.06%）、满（43.86%）、仡佬（42.51%）、裕固（40.98%）、蒙古（41.02%）、珞巴（39.77%）、毛南（33.68%）、普米（32.83%）、土（31.56%）
30%—20%	15	怒（29.90%）、阿昌（29.36%）、布朗（28.08%）、水（27.86%）、保安（27.82%）、瑶（26.46%）、白（25.72%）、侗（25.17%）、土家（25.07%）、纳西（23.96%）、苗（23.88%）、拉祜（22.98%）、基诺（21.70%）、羌（21.43%）、布依（20.21%）
20%—10%	13	彝（19.34%）、傣（18.95%）、门巴（17.42%）、德昂（15.69%）、景颇（15.55%）、壮（14.58%）、哈尼（14.25%）、撒拉（13.94%）、佤（13.92%）、黎（13.88%）、傈僳（13.77%）、回（13.28%）、东乡（10.84%）
10% 以下	7	朝鲜（8.44%）、塔吉克（99%）、藏（7.71%）、柯尔克孜（5.15%）、哈萨克（2.21%）、汉（1.58%）、维吾尔（1.05%）

中华各民族的族际通婚率（第五次人口普查数据）

族际婚姻的比率和状况是衡量任何一个社会中人们之间的社会距离、群体接触的性质、群体认同的程度、人口的同异质性以及民族融合情况的一个敏感性指标。也就是说，不同民族群体之间通婚联姻的范围大、比率高、状况好，群体认同的程度就高，力量凝聚的强度就大，民族融合的状况就好。从当前我国族际通婚率可以看出，少数民族对汉族有较高的认同度，中华民族凝聚

力较强。

另外，还有一种与血缘渗透有联系的民族凝聚方式不容忽视。那就是，在中华民族的发展史上，许多少数民族都认定自己和汉族有着共同的祖先，这种现象被称之为“血缘外倾化”或“拟制血缘共祖”。通过同、异质文化的碰撞，拟制血缘共祖群体逐渐形成了以炎黄为先祖的定式观念（有曰“拟制观念”）。这一观念，也是中华各民族团结凝聚的精神来源。

诚然，在复合民族中，民族认同的要素中不一定都存在血缘关系，在中华民族的发展史上，民族融合也往往表现出不同的形式和特点，有通过武力征服这种强制手段的（一般称为“民族同化”），有通过经济文化的杠杆作用的（一般称为“民族融合”）。而通过族际婚姻，强化血缘渗透这一主要途径，促进汉族与少数民族以及少数民族之间在政治、经济、文化等方面的相互交流和吸收，强化了民族共祖的认同，增进了民族力量的凝聚，是被反复证明了的事实。

1999年发行的“56个民族大团结”邮票都是“鸳鸯配”

专家评点

民族凝聚力生发的重要基础是民族认同，民族认同的一个重要表征是血缘渗透，血缘渗透的一个重要现象是族际婚姻。中华民族所具有的在自然或拟制的血缘基础上建立起来的同宗共祖观念，是一种强韧的民族认同意识，是一条能使中华各族凝聚为有机整体的精神纽带。有了它，中华民族就有了强固的聚合性，就有了推动各民族大团结的内在动力。

八路军副参谋长左权

过去吃过草，准备还吃草

关键词 民族精神
抗日战争 爱国 不屈 团结

“过去吃过草，准备还吃草。”这是左权将军一句表达其贫贱不移意志的热血名言，它诞生于抗日战争时期。

“起来！不愿做奴隶的人们！把我们的血肉，筑成我们新的长城！中华民族到了最危险的时候，每个人被迫着发出最后的吼声。起来！起来！起来！我们万众一心，冒着敌人的炮火前进！前进！前进！进！”这是《义勇军进行曲》在呐喊，它也诞生于抗日战争时期。

耳边响起这些名言与呐喊，思绪便回到抗战时期，心情便久久难以平静。一个孱弱、贫困、爱好和平的民族，为什么能战胜强横、暴虐、骄奢的侵略者？这个早已有了的答案在重重地叩击着人们的心扉。

有人做过统计，七七事变前，日本的工业总产值就达到60亿美元，而中国只有13.6亿美元，其差距比是4.4∶1。日本陆军在数量上虽少于中国，但其训练有素，武器精良；日中空军军力比是8∶1，海军军力比是13∶1。可见，日本的军事力量占有明显优势，如果单从经济实力和军事力量去看，中国是明显处于劣势的。但是，八年抗战的结果众所周知：现代化程度低、积贫积弱的中国战胜了现代化程度高、既富又强的日本法西斯。

“中国最终能战胜日本，民族的觉醒和团结是关键。”军事科学院研究员岳思平指出了贫弱的中国最终战胜在经济、军事力量方面比自己强大数倍的日本帝国

主义的原因。

的确，当再次回首、仔细体味之后，我们发现，中国之所以能够取得抗战的最后胜利，中华民族的民族意识之所以在全体中国人之中形成、觉醒，乃至达到空前高涨的程度，其根本原因不是别的，是中华民族具有伟大的民族精神。这种精神，正是凝聚我们民族力量的重要支柱。

铮铮誓言，诉说着民族英雄的爱国精神——

“为国家民族死之决心，海不清，石不烂，决不半点改变！”“我这样死得好，死得光荣，对国家、对民族、对长官，心里都平安。”49岁的国民革命军第33集团军总司令张自忠，在殉国前给官兵的信中这样书写。

“为了民族国家的利益，过去没有一个铜板，现在仍然是没有一个铜板，过去吃过草，准备还吃草。”牺牲时年仅37岁的八路军副参谋长左权，在给母亲的信中这样表示。

“衅将不免，吾辈首当其冲，战死者光荣，偷生者耻辱，荣辱系于一人者轻，而系于国家民族者重。国家多难，军人应马革裹尸，唯一死报国。”抗日名将佟麟阁这样叙说。

“此次抗战乃民族国家生存之最后关头，抱定牺牲决心，不能成功即成仁。”牺牲时年仅39岁的国民革命军第9军军长郝梦龄在战地写给妻子的遗嘱中这样陈词。

……

浴血抗争，展现了中华民族的不屈精神——

抗战期间，中国军民战死或被杀死者达2100万人，受伤者达1400万人。

淞沪会战，守卫宝山的姚子青营与数倍于己的敌军拼死战斗，全部壮烈殉国。

资料回放

抗日名将杨靖宇送别战友的一首自编歌曲，表达了驱逐日寇必胜的雄心：

穿上征袍擐盔甲，
志强男儿保国家。
今日相聚要开怀，
共商大计闯天下。
共君一席话，
明日各天涯。
纵然惜别总有时，
相约再会在松花。
先建根据地，
军民共一家。
同仇敌忾抗日寇，
联合义勇把敌杀。
三江出奇兵，
辽东跃骏马。
白山黑水齐出动，
复兴我中华。
祝君捷报传，
盛于五月花。
振臂高呼我必胜，
鸭绿江边饮战马。

中央日報 號外

最後勝利今日屆臨
日本投降覆文發出
接受無條件投降之條款
天皇聽從盟國統帥命令

报道日本投降的《中央日报》号外

台儿庄战役，藤县守军122师师长王铭章以下全体阵亡。

赵一曼在日寇面前，坚强不屈，英勇就义。

东北抗联8位女战士在抗击敌人到最后一刻时，不甘被俘受辱，投江而死。

杨靖宇在冰天雪地里，弹尽粮绝，战斗到最后。

八路军班长马宝玉等5人为掩护主力部队安全转移，将日军吸引在狼牙山顶峰之下，战斗到最后，纵身跳下悬崖。

冀中敌后深南县王家铺村，日寇在一次“扫荡”中抓捕村民20多名，用枪逼着他们说出八路军的隐藏处。但他们宁死不屈，守口如瓶。敌人一连杀掉14个人，也没有一个人吐露真情。

……

众志成城，谱写了中华民族的团结精神——

国难当头，国共两党以民族利益为重，摈弃前嫌，再度握手，化干戈为玉帛，共纾国难，并联合一切抗日的阶级、阶层、政党、团体、爱国人士、少数民族、港澳台同胞、海外华侨，组成了抗日民族统一战线。“父送子，妻送郎，兄弟相争把兵当”……社会各界的抗日热情，汇成浩浩荡荡的抗日洪流。

在重庆，70名青壮僧人组成“僧伽救护队”，冒着烈火浓烟，脚踏碎片瓦砾，奔走于断垣残壁之间，救助遇难同胞。

在武汉，台儿庄大捷的喜讯传来，社会名流、职员工人、黄包车夫踊跃捐款捐物，连乞丐也慷慨捐款，支持抗战。

台港澳同胞和远在海外的爱国华侨与华人，有的捐款捐物，有的回国奔赴前线，支援抗战。到1940年底，南洋各地区的华侨抗日救亡团体就达400多个。许多华侨还以不同方式为祖国捐飞机、坦克、汽车、药品等物资超过3000批。

……

美国在华军事观察员史迪威不无感慨道："我想他们能打赢这场战争了！"

凝聚中华，全民抗战

日本侵略者用铁蹄肆意蹂躏我神州大地，却不可能击垮以爱国主义为核心的中华民族精神。正是这种伟大的民族精神，激发了中华儿女"爱利国者，恶害国者"的民族意识和"天下兴亡，匹夫有责"的民族责任。于是，中华民族地不分南北，人不分老幼，前赴后继，共赴国难，创造了半殖民地弱国打败帝国主义强国的奇迹，为"落后"战胜"先进"作出了最好的注解。

1945年9月9日，侵华日军总参谋长小林浅三郎（右）在南京向中方代表何应钦（左）呈递投降书

优秀的民族精神是中华民族凝聚力之源，是所向无敌之宝。

专家评点

对于中华民族凝聚力而言，中华民族精神是一种作用发挥得最持久、最稳固的因素。因而，它是中华民族凝聚力的核心和灵魂。没有这个核心和灵魂，中华民族凝聚力就无从谈起。这是一个被抗日战争证实的结论，也是一个被现当代无数社会实践证实的结论，还将是一个被中国未来发展证实的结论。

运送救灾物资的车队

把希望带给人们

关键词 领导核心

汶川地震　指挥　动员　重建

2008年5月12日14时28分，四川汶川。

没有一丝的预兆，没有一丝的迹象，灾难的降临竟是这样猝不及防，灾难的惨烈竟是这样动地惊天——里氏8级、烈度9.5、震深19公里的毁灭性打击波及绵阳、绵竹、都江堰、北川、青阳、成都、重庆、甘肃等地，上万间房屋倒塌损毁，6.9万人不幸丧生。到处是断壁残垣，到处是悲风戚雨，严重受灾地区高达10万平方公里，直接经济损失高达2万多亿元。

面对突如其来的灾难，党和政府迅速作出反应——

地震发生当晚，中共中央总书记胡锦涛立即主持召开政治局常务委员会会议，全面部署抗震救灾工作：迅速成立抗震救灾总指挥部，以全面负责抗震救灾工作；命令中国地震局、国家减灾委、民政部、解放军总参谋部、四川省委省政府、成都军区等采取紧急救援行动；要求民政部从西安中央救灾物资储备库紧急调拨救灾物资支援灾区抗震救灾，保护人民生命财产安全……

灾害发生后一个多小时，国务院总理温家宝便登上了前往灾区的飞机。在接下来的日子里，嗓音嘶哑的温总理往返于废墟之上的形象通过媒体传遍了各个角落。人们不会忘记，这位66岁的总理，在震后挽救生命最宝贵的72小时中，6次召开国务院抗震救灾指挥部会议，9次辗转视察7地灾情，他关心的始终是救人。“只要有一

线希望，就要用百倍的努力”，温总理用这句在灾区反复念叨的话语，证明党中央和政府始终要把希望带给人们，绝不轻言放弃。

党和国家其他领导同志也是如此：吴邦国表示，全国人大常委会将全力支持抗震救灾工作；贾庆林提前结束对欧洲四国的访问回国迅速投入救灾；李长春鼓励新闻媒体为抗震救灾提供强大精神动力；习近平欢迎并感谢来自世界各国人民的致意与支援，并表示中国人民有信心有能力夺取抗震救灾的胜利；抗震救灾副总指挥李克强连续主持召开会议部署抗震救灾保障工作；贺国强表示，对敷衍塞责、玩忽职守、推诿扯皮、临危退缩的干部，要严肃处理；周永康来到发生重大险情的宝成铁路隧道塌方路段指导抢险……

灾难发生后，党中央和国务院坚持全民族参与和对外开放相结合的方略，实现最广泛的社会动员，凝聚一切社会力量，集中一切社会资源，全力以赴支持抗震救灾。在党和政府的周密部署和全力动员下，国家拨款80多亿元人民币支援灾区，11万多解放军武警官兵日夜奋战救人，近400支专业救援队伍、上万医务工作者、数十万志愿者紧急奔赴灾区。各省市积极为灾区提供人力、物力、财力、智力等各种形式的支援，有钱出钱，有物出物，有力出力，有血献血，全国上下爱心涌动，人们纷纷伸出援助之手。

映秀镇居民安置点上一场别开生面的“记者招待会”

震后，胡锦涛总书记等中央领导多次亲临灾区，在

外域视角

美国红十字会中国分会的地区代表拉姆齐·拉茨曾实地考察过汶川地震灾区。他说，在汶川灾区没有看见任何一个无家可归的人。“如果拿汶川地震同海啸或者其他大型自然灾难相比的话，这样高效率的灾后重建工作真的很少见。不论是重建计划还是重建组织工作都进行得非常好，任何一位到过当地的国际友人都对中国政府给予了极高的评价。”拉茨认为，中国进行灾后重建工作有许多优势，第一个就是“中国政府确实是一个很强大的中央政府，它有能力保护支持自己的人民，我认为就是这一点才使中国的震后重建工作如此成功。”

联合国人道事务协调办公室发言人伊丽莎白·比尔斯在接受新华社记者专访时说，面对如此规模的灾害，“世界上任何国家政府都不可能做得更好”。

帐篷里，在板房中，在满是瓦砾的受灾现场，与灾区群众和各级干部共商重建事宜。由下而上，再由上而下，几经反复，一个重大的决策形成了：对口支援——19个省市各拿出地方财政的1%支援19个重灾县，三年完成。于是，中国开始了有史以来最大规模的灾后援建行动：山东—北川，广东—汶川，北京—什邡，上海—都江堰……19个省市组成的10万援建大军迅速开赴四川、甘肃、陕西的19个重灾县，摆开了19个对口支援的战场。

《中国共产党与当代中华民族凝聚力》书影

……

在这场大灾难中，党和政府情为民所系、利为民所谋，始终与人民群众同呼吸、共命运，始终注重把希望带给人民，充分体现了为民的宗旨，表现了亲民的情怀，树立了爱民的形象，向世界展示了中国领导人的强大吸引力。

在这场大灾难中，党和政府反应快、决策快、行动快，从中央领导、政府机构，到新闻媒体、普通民众，大家各司其职，各尽所能，全力以赴，表现出空前的同心同德、团结互助，向世人展示了中华儿女的强大凝聚力。

在这场大灾难中，党和政府表现出前所未有的指挥能力、动员能力、重建能力，赢得了全国人民和国际社会的普遍好评，彰显了执政党和政府凝聚全民族力量的中流砥柱地位。

2008年6月26日 人民网民意调查结果显示：94.81%民众满意党和政府抗震救灾表现。其中，对党和国家领导人在抗震救灾中的表现，受调查者普遍表示了高度赞扬，90%的受访者表示满分是多少就给多少。调查显示，得分最高的前四个因素是：在第一时间做出反应并赶赴抗震救灾前线；迅速有效的应急反应和指挥部署；冒着余震的危险夜以继日地安抚灾区人民；情况危急时刻和看望灾区人民时的动情言语。“中国领导层感知灾

难的能力以及几乎在同一时间展开大规模救援行动的魄力赢得了前所未有的支持和同情。”（路透社撰文言）

虽然，汶川大地震震痛了四川，震痛了国人，但也使党和政府释放出了比以往任何时候都要强大的吸引力和感召力，进而赢得了各族人民的高度信任。事实无可辩驳地证明：领导核心是决定民族凝聚力强弱的关键。

专家评点

本届中央政府有着强大的内聚力、高超的驾驭力和真诚的亲民力，所以，它就像一块巨大的磁石，具有对全体中华民族成员的极大感召力和吸引力，使得广大中华儿女能自觉地认同它，坚决地拥护它，热心地支持它。一个自觉的、罕见的全民族的大援助热潮就源于此。足见，一个为民所信任的领导核心是民族凝聚力得以生存和发展的重要基础，有了它，就一定会有强韧的民族凝聚力。

灾后重建的四川什邡市东岳村新貌

震后北川新县城

汶川映秀老街震后新貌

《贞观政要》书影

同耶？不同

关键词　开明政治
唐太宗　任人唯贤　广开言路

众所周知，隋炀帝杨广与唐太宗李世民，一个是千夫所指的独夫民贼，一个是万人敬仰的贤君明主；一个是遗臭万年的亡国之君，一个是流芳千古的开国皇帝。对于李世民，留下来的有关记载与评论99%都是赞扬和歌颂。对于杨广，关于他的记载却大多都是斥责和诟骂。

其实，唐太宗李世民与隋炀帝杨广在许多方面是极为相似的。第一，他俩都是英武将才，都曾一统中华；第二，他俩都是通过“夺嫡”手段登上皇位的；第三，他俩都对父皇不忠不孝；第四，他俩都广开四边，拓展中华版图；第五，他俩都令北方的突厥族胆战心惊，俯首称臣；第六，他俩都颇具文采，都有名篇千年流传；第七，他俩都亲征高丽，均无功而返；第八，他俩都通过“谶语”屠杀大臣；第九，他俩都有过服食“仙丹”的荒唐经历；第十，他俩都英年早逝，寿年相当。

同耶？不同！尽管唐太宗与隋炀帝之间有这么多的相似之处，但人们对他俩的极度褒扬与贬斥，足以说明他俩定有不同之处。

那么，他俩的那个“不同”究竟在哪里？

在于是否开明。

唐太宗不只是能容忍谏臣魏征的犯颜直谏，也能容忍在他身边敢提意见的其他人，如房玄龄、杜如晦、李

勣、长孙无忌、李靖等。他在位20多年，敢于进谏的官员不下30人，其中魏征一人所谏前后200余事，数十万言，皆切中时弊，对改进朝政很有帮助。他十分注重人才的选拔，严格遵循德才兼备的原则。他认为只有选用大批有真才实学的人，才能达到天下大治，因此他求贤若渴，曾先后5次颁布求贤诏令，并增加科举考试的科目，扩大应试的范围和人数，以便使更多的人才显露出来。

由于唐太宗善于纳谏，重视人才，贞观年间出现了“人才济济，文武兼备”的局面。正是这些文武兼备的栋梁之才，用他们的聪明才智为“贞观之治”的形成作出了巨大的贡献。

反观杨广，自恃聪明，独断专横，听不得任何不同意见。他曾说过自己“性不喜人谏”，“有谏者，当时不杀，终不令生于地上”。

杨广当皇帝不久，就杀了高颎、贺若弼。高颎乃杨坚手下的名臣，有大功于隋，是平陈的实际指挥者；贺若弼则是灭陈的有功大将。杨广杀他俩只是因为他们对自己的某些做法不满意。

对隋朝有大功的杨素，隋炀帝表面上对他待遇优厚，极其信任，内心却十分忌惮。杨素临终时，隋炀帝派人嘘寒问暖，探视病情，把皇帝御用药品赏赐给杨家，似乎很关心，暗中却向御医打探病情，唯恐杨素不能快快死掉。杨素很清楚皇上对他的态度，所以，知道自己病势沉重之后连药都不吃了。

高级官员薛道衡以文学出名，却因为写了怀念隋文帝杨坚的文章，发表了怀念名臣高颎的言论，被隋炀帝杨广治罪赐死。

于是，敢于进谏的人越来越少，只有阿谀奉承的小人才能在杨广身边。他重用的大臣，如宇文述、虞世基、裴蕴无一不是这类小人。所以，隋炀帝时期会发生

中央电视台
《百家讲坛·贞观之治》

名词点击

贞观之治是指唐朝初期出现的太平盛世，我国封建社会历史上最为璀璨夺目的时期。唐太宗李世民在位23年（627年—649年），使唐朝经济发展，社会安定，政治清明，人民富裕安康，出现了空前的繁荣。由于唐太宗在位时年号为贞观，所以人们把他统治的这一段时期称为“贞观之治”。

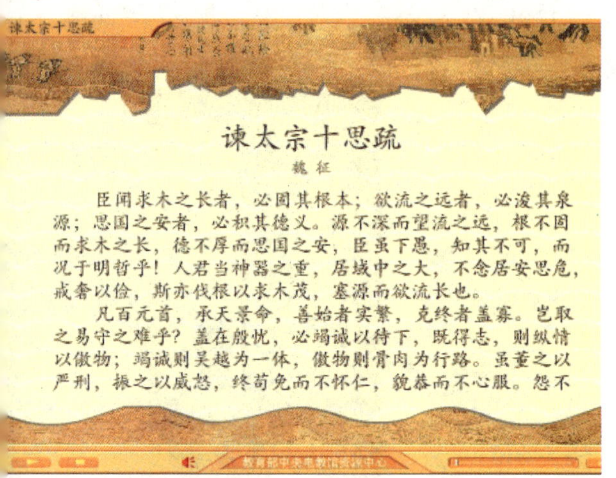

谏太宗十思疏

谏太宗十思疏

魏征

臣闻求木之长者，必固其根本；欲流之远者，必浚其泉源；思国之安者，必积其德义。源不深而望流之远，根不固而求木之长，德不厚而思国之安，臣虽下愚，知其不可，而况于明哲乎！人君当神器之重，居域中之大，不念居安思危，戒奢以俭，斯亦伐根以求木茂，塞源而欲流长也。

凡百元首，承天景命，善始者实繁，克终者盖寡。岂取之易守之难乎？盖在殷忧，必竭诚以待下，既得志，则纵情以傲物；竭诚则吴越为一体，傲物则骨肉为行路。虽董之以严刑，振之以威怒，终苟免而不怀仁，貌恭而不心服。怨不

杨素的儿子杨玄感起兵反隋的事件，参与者很多都是隋朝的重臣子弟，隋炀帝在政策上、政治上的独断专横，造成了统治集团上层的严重分裂。

平心而论，隋炀帝的历史功绩并不比唐太宗逊色，他一统中华，结束了中国接近四百年的战乱时代；他修通运河，使黄河流域和长江流域的两个文明连为一体；他打通丝绸之路，使大西北地区融入中华版图……然而，他在建立千秋大业的同时，听不进逆耳忠言，丝毫不顾及百姓的切身利益，全然忘却了凝聚人心的重要性。就在他第三次攻打高丽的时候，民众趁机造反，国内烽烟四起，在如火如荼的起义浪潮下，他和他的大隋帝国很快风化崩溃。

一个把有很好基础的、走向极盛的隋朝迅速带向崩溃和灭亡，一个把初兴的唐朝带向稳定、强盛和富裕，为子孙的事业奠定了相当稳固坚实的基础。作为政治家，隋炀帝和唐太宗有很多相似之处，其结果却极其不同，一个很失败，一个很成功。李世民努力凝聚自己的团队，实行有效的、清明的统治，而杨广的做法却是有意无意地制造离散力，把尽可能多的人推向自己的对立面。

唐太宗以民为本的思想、虚怀若谷的胸襟、广开言路的行径、唯才是举的路线，构成了贞观之治的基本特色，成为封建帝王治世最好的榜样。

贞观时代的时间虽然不长，但在历史上的地位却极其重要。贞观王朝的强盛，是中国的任何一个王朝都无法比拟的。纵观中国历史上的几个强盛王朝，强盛的标志不外乎国富兵强和民丰物阜，但在深层文明（主要指制度和文化遗产）上有突出建树的，唯贞观王朝。正因为有了贞观之治的良好基础，武则天才能做到“政启开

元”。开元盛世的富庶，有诗人杜甫的诗句“忆昔开元全盛日，小邑犹藏万家室，稻米流脂粟米白，公私仓廪俱丰实……”为证。

贞观时代，不仅创造了君主时代文明的政治环境和和谐的君臣关系，奠定了唐朝三百年的基业，而且为此后的中国政治提供了可贵的经验：要增强民族凝聚力，必须昌明政治。

专家评点

实施开明政治是唐朝出现贞观之治的关键所在。只有政治昌明，才能国泰民安，民族才有凝聚力。制度设计是否开明，是否合理，是否符合社会实际，关系到民族凝聚力的强弱，开明的政治理念和合理的政治制度，是中华民族凝聚力得以存在和发展的重要基础。

延伸思考

“一国两制”把国家和民族的整体利益放在第一位，求爱国和祖国统一之大同，存社会制度、意识形态和生活方式之大异，这符合大陆、香港、澳门的共同利益和社会实际。它之所以能得到了海内外中华儿女的高度认同，是因为其中蕴涵了合理的政治理念和科学的制度设计，是一种开明的政治制度。事实证明，在“一国两制”框架下，香港、澳门回归后与内地关系更加紧密，中华民族凝聚力得到了很大的增强。

1982年12月24日，邓小平就香港问题与英国首相撒切尔夫人会谈

1983年6月26日，邓小平与美国新泽西州立大学教授杨力宇谈“一国两制”构想

《小岗村的故事》书影

鲜红的手印

关键词 制度创新
安徽凤阳　联产承包责任制　解放生产力

2009年隆冬。江淮大地朔风凛冽。

一场隆重的葬礼在安徽凤阳小岗村举行。几天前，一封在一夜之间落满67位农民红手印的“请愿书”递到上级组织和逝者家属手中——要求请回小岗村党委第一书记沈浩同志的骨灰。这是因为，沈浩是带领他们前行的主心骨，他们要以这种方式缅怀富于凝聚力和创新性的年轻书记。

红手印，中国农民意志最真实、最朴素、最坚决、最庄严的表达。

红手印，小岗村农民意志最真实、最朴素、最坚决、最庄严的表达。早在30多年前，他们就用这最真实、最朴素、最坚决、最庄严的表达方式签下了一份轰动全国的“生死契约”：

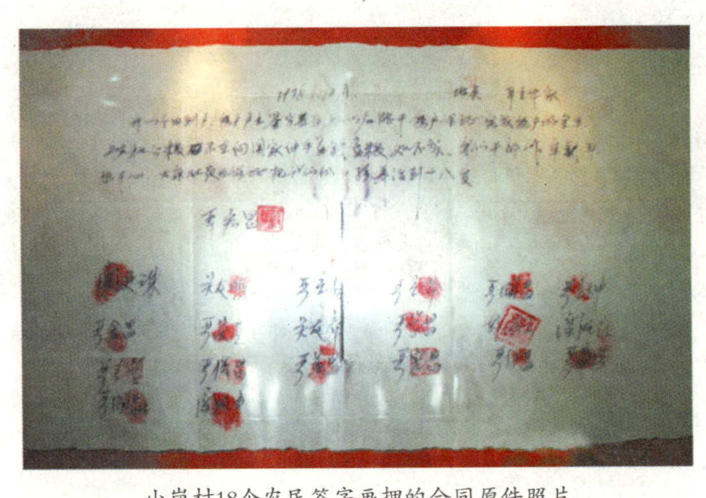
小岗村18个农民签字画押的合同原件照片

我们分田到户　每户户主签字盖章　如此后能干　每户保证完成每户全年上交和公粮　不在（再）向国家伸手要钱要粮　如不成　我们干部作（坐）牢杀头也干（甘）心　大家社员也保证把我们的小孩养活到18岁

这几行文理不通、错字不少、标点全无的协定，是1978年11月底安徽省凤阳县小岗村21个农民在撕下的小学生作业本纸上秘密起草并摁下了18个鲜红手印的一份关于“大包干”的合同，也是一个特殊凝聚群体问世的见证。

在党的十一届三中全会召开前夕，小岗村的干部冒着蹲班房的危险，决定瞒上不瞒下，瞒外不瞒内，与社员商议对土地进行大包干。如果说，因为土地包到户问题而干部出事了，全队社员要共同负责，把他的孩子抚养到18岁。这份合同，是凤阳县小岗村干部、农民实行联产承包责任制，揭开中国农村改革序幕的历史见证。

安徽省凤阳县小岗村的干部群众为什么敢于冒着“坐牢杀头”的风险，为什么敢于抱成团并按上鲜红的手印搞大包干？

这要从20世纪60年代初说起。那时，安徽在全省范围内搞过责任田。责任田对于调动农民积极性，恢复和发展农业生产，克服一时的经济困难，发挥过重要作用。干部群众普遍称赞责任田是“救命田”。但是，由于党的八届十中全会在对阶级斗争形势的估计上出现了错误，突出强调反对“单干风”，认为搞责任田是“一片黑暗风”，致使责任田的改革遭到扼杀，盛行多年的“大锅饭”则在继续“烹饪”之中。

小岗村今昔对比

但实际情况是，这种“大锅饭”导致了村民“干多干少一个样，干与不干一个样”、“多干的不如少干的，少干的不如不干的，不干的不如捣乱的”，因而出现了“上工人喊人，下地人等人，干活人看人，收工人撵人”的现象。最终结果是：无米下锅，外出乞讨。平均主义的“大锅饭”，扼杀了农民生产的积极性。

小岗村大包干纪念馆里当年带头人签约按手印情景的雕塑

怎样才能调动农民生产的积极性呢?

不少人的共识是：只有搞大包干。

于是，在安徽省最穷的凤阳县，在凤阳县最穷的小岗村，18位村民横下一条心，摁下红手印，决定搞大包干。

这种被农民称作“大包干”的土地承包制，其实是变“集体劳动”为“家庭经营”，变“记平均分”为“联产计酬”，实行按劳取酬。“大包干，大包干，直来直去不拐弯，交够国家的，留足集体的，剩下都是自己的，有劲。”这打破集体生产的“大锅饭”，极大地调动了农民的生产积极性，推动了农业生产的快速发展。1979年秋，小岗村全村粮食总产量由原来的3万多斤猛增到12万斤，相当于1966年到1970年5年粮食生产的总和。过去这个“吃粮靠返销、花钱靠救济、生产靠贷款”的“三靠村”，第一次向国家交了公粮，交售粮食超额任务7倍多，完成油料统购任务超额80多倍，还第一次归还国家贷款800元，留储备粮1000多斤，留公积金150多元。一年大翻身，老超支户变成了富余户，原来远近闻名的“乞丐村”变为名副其实的“冒尖村”。

大包干的承包制实现了农村土地的两权分离，土地所有权仍归集体所有，而农民通过承包则取得了对土地的使用权，即经营权，农民成了相对独立的商品生产者和经营者，集体和农户的权利和义务通过承包合同来实现。这样既保证了国家的税收、征购和集体提留任务的完成，又让农民取得了生产自主权和产品支配权，有利于调动农民的生产积极性，促进生产力的发展。

大包干使农村的生产关系发生了重大变化，它冲破了生产、管理、分配等方面“左”的框框，改变了农业经济的管理方式，从而有效地克服了干活“大呼隆”、吃喝“大锅饭”的现象。

大包干是“凤阳之路”的核心，是中国农民的一个

伟大创造。小岗村率先实行以“大包干”为内容的农村联产承包责任制，开启了中国农村土地承包责任制的大幕，农村被压抑已久的活力几乎在一夜之间被唤醒，被激发。是它，带动中国亿万农民解决了温饱问题；是它，拉开了中国农村改革的帷幕。

小岗村党委第一书记沈浩（右）与大包干带头人热情交谈

小岗村以“变”的事实印证了这样一个不变的道理：制度创新对于调动人的积极性、凝聚民众力量、促进社会发展的作用是巨大的，先进的经济体制能够激发人的主观能动性，是一把解放社会生产力的金钥匙；而落后的经济体制只能扼杀人的积极性，滋生民族离散力，是社会生产力的桎梏。

专家点评

农村家庭联产承包制的诞生，彻底冲垮了高度集中、违背农民意愿的人民公社体制，这是我国农村经济体制上的一次重大变革。这一变革是农村经营形式的变革，即由原来高度集中统一的经营方式，逐渐改革为农户家庭分散经营为主的经营方式，逐渐赋予农户相对独立的自主生产和经营的权利，从根本上创新了农村经济的微观组织结构，极大地调动了亿万农民的生产积极性，解放和发展了农村生产力。历史证明，社会制度，尤其经济制度是保证社会稳定、政治稳定的重要因素，是中华民族凝聚力发展的基础性因素。

资料回放

1980年1月，时任安徽省委第一书记的万里做了《要敢于改革农业》的讲话，指出：“实践证明，联系产量的责任制比不联系产量的责任制，增产效果更明显。”“支持绝大多数农民的积极性，一切从有利于巩固集体经济、发展农业生产出发，这就是我们敢于坚持实行联产责任制、敢于坚持按需分配的各种形式而不动摇的根本所在。”

2008年9月30日，中共中央总书记胡锦涛同志在安徽小岗村考察时发表讲话：以家庭承包经营为基础、统分结合的双层经营体制是党的农村政策的基石，不仅现有土地承包关系要保持稳定并长久不变，还要赋予农民更加充分而有保障的土地承包经营权……

大批港人转战内地

走，到大陆去

关键词 物质基础
港人北上　经济发展　生活水平提高

“你北上了吗？”

“是上海、北京、深圳，还是……”

这是时下香港人的热门话题。在港人的流行语中，北上内地是“IN”,代表着正流行；移民海外是“OUT”，意味着已过时。如今，在香港，北上投资、创业、居住、消费……已经成为一种趋势，形成了一波又一波的北上潮。

资料一：《北京青年报》2002年9月2日报道，迄今为止，至少有20万至30万港人在内地长期工作和生活。除此之外，还有一些港人在内地与香港之间“流动”。他们的公司也许在香港，但他们每年有超过一半的时间是待在内地的；他们也许不是固定在某一个城市，而是往返于两三个城市之间。这种流动的北上港人大概还有二三十万。两者加起来，在内地的港人超过50万。

资料二：金羊网2004年8月13日报道，港台明星大规模转战内地的现象已成为一种趋势。吸引港星“投奔”内地原因有二：一是内地市场“钱景”诱人，港台明星北上“淘金”；二是内地影视剧走向国际，港台明星北上“镀金”。一位业内人士说：“近几年港台影视业逐渐呈现出力不从心的局面，导演也出现了青黄不接的现象；而内地却恰恰相反，新生代导演不断涌出，国际地位明显提高，在这种局面下投身内地市场无疑是个明智

之举。”于是，诸多港台明星纷纷来内地亮相：拍《大腕》关之琳来了，拍《英雄》梁朝伟、张曼玉来了，拍《十面埋伏》刘德华、金城武来了……

资料三：广东省职业技能鉴定指导中心主任陈锐彬透露，随着北上就业的港人增多，港人报考国家职业资格认证级别也随之越来越高，报考高级、技师级人数明显增加。2005年，报考高级、技师级人数占总人数不足15%，但近年来，报考高级、技师级人数明显增多，占总报考人数20%～30%。

资料四：作为全球最大的市场，中国内地除了成为不少外国学子的理想留学地，亦令愈来愈多的香港人趋之若鹜，希望通过在内地继续深造，熟悉“中国行情”，建立人脉网络，以求在内地开拓事业。每年境外学生报读中国内地一些热门商学院的人数激增，著名的上海中欧国际工商学院，2009年入学的国际生包括港澳台学生占30%，较2008年增加10个百分点；清华大学商学院国际学生人数亦倍增。

上海中欧国际工商学院礼堂坐满了前来求学的各种肤色的人

资料五：中新网2005年12月1日电，据香港媒体报道，一项由香港特别行政区规划署进行的港人购物情况调查发现，香港有52万名市民有北上消费的习惯，其中更以深圳为首选，其次是广州、东莞和番禺。其北上的目的，依次为娱乐消闲、理发、美容、按摩和购物。

资料六：新华网2006年7月12日转发了香港《大公报》一则关于香港特别行政区规划署发表的“香港居民在中国内地居住情况及意向”调查。调查表明，到内地定居的香港居民2001年为4.1万多人，2003年为6万多人，而2005年（6月）为9.18万人，4年间增长了

港人热衷于到深圳购物

在内地养老的香港长者在养老院玩游戏

一倍多；另外，还有8万多人打算未来移居内地。《大公报》这样写道：回归前，到内地定居对很多港人来说“简直不可思议”，而在回归九年后的今天却成了“趋势”。已移居内地的9万多港人中，有70%以上出于工作需要，其余人移居的原因包括与内地配偶和子女团聚、内地有亲戚、内地生活费用较低等。打算未来10年移居内地的8万多人中，有47%的人是出于内地生活费用较低，其余的人认为内地环境较佳、适合居住等。

资料七：香港工会联合会表示，2010年将有15万香港老人来粤养老，比2007年来粤养老的香港老人11万人多出36%。养老地点主要集中在深圳、广州、东莞等珠三角大城市。香港老人来粤“抢床位”必将促进港资养老机构、港式养老服务在南粤大地“遍地开花”。

……

港人北上的潮流与20世纪六七十年代的大陆“逃港”潮形成了鲜明的对比。以前香港对内地人有巨大的吸引力，那时的内地人认为香港是“天堂”，遍地是黄金，一心想成为港人，甚至有些人不惜冒着九死一生的危险偷渡香港。而现在，那种“去香港可以过更好的生活”的动力已经在逐渐消失，一些过去成功逃港者又相继返回家乡。另一方面，“走，到大陆工作去”，“走，到内地发财去”成为众多港人北上的动力。

为什么会发生这样的逆转？

根本原因在于大陆经济实力的增强。过去屡屡出现“逃港潮”，是因为内地经济落后，人们生活困难。今天出现“北上潮”，是因为内地经济发展，人们生活水平迅速提高。改革开放以来，内地特别是与香港毗邻的珠三角，经济发展迅猛，衣食住行、通讯和文化生活各方面与香港的差距明显缩小，再加上有发展机遇多、环

境好、生活费用低等有利条件，这就对港人产生了极大的吸引力。不言而喻，香港同胞与内地同胞的凝聚力，因此也自然而然地得到了增强。

专家评点

港人北上成为热潮，关键原因是大陆的经济总体水平在上升。经济发展是民族凝聚力增强的物质基础。不论什么时候，物质经济的发展都是中华民族凝聚力得以增强的决定性因素，如果没有物质文明，中华民族凝聚力势将成为无源之水、无本之木。因此，要增强中华民族凝聚力，必要和首要的任务就是，推进物质文明，解放和发展生产力。

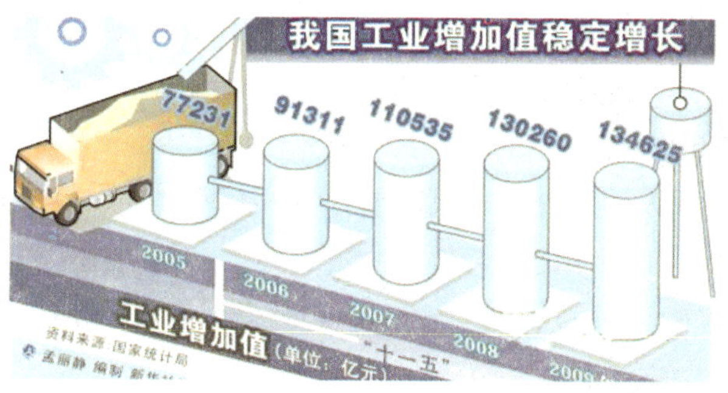

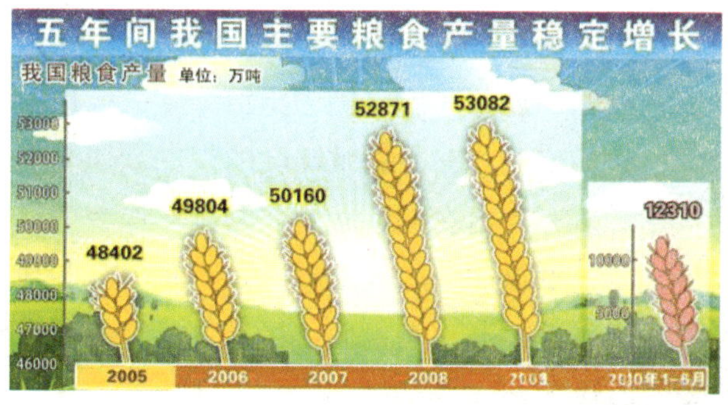

相关资料

2003年6月29日，中央政府与香港特别行政区政府正式签署CEPA，即“更紧密的经贸安排”（Closer Economic Partnership Arrangement，简称CEPA）。规定，从2004年1月1日起，273个内地税目涵盖的香港产品（食品、药品、纺织品、电子产品等）符合原产地规则进入内地时，可享受零关税优惠；对香港扩大服务贸易市场准入，涉及的行业包括管理咨询服务、会展服务、广告服务、会计服务、建筑及房地产、医疗及牙医、分销服务、物流等部门；规定大陆将在通关及电子商务等7个领域简化手续，以便香港资金更加自由地进入内地。CEPA的签署，使香港与内地的经贸联系更加紧密，成为了港人北上的助推器。2010年4月7日，中央政府与香港特别行政区政府正式签署《粤港合作框架协议》，该协议的实施，必将推动新一轮的港人北上热潮。

有钱没钱，回家过年

关键词 传统文化
回家过年 民俗节日 和谐

有钱没钱，回家过年。
我知道你想衣锦把家还。
有钱没钱，回家过年。
家里总有年夜饭……

这支《回家过年》的歌曲，唱出了中国游子的心声：过年了，一定要回家！

归途遥远，囊中羞涩，挡不住中国人回家的热情和期盼；雨雪冰冻，交通受阻，归心似箭的中国人寻求另类方式回家过年：或戴上头盔，披上雨衣，骑着摩托，载上家人回家过年；或背上行囊，装着礼品，骑着单车回家过年；或徒步行走，穿山越岭，蹚河跨溪，辗转成百上千里回家过年——中国人回家的步伐是那样的顽强、坚定。

情景一：2008年初春，正当人们喜迎春节时，一场突如其来的冻雨冰雪在我国中西南大地降临。中西南部的大部分铁路、公路瘫痪，机场跑道结冰、被迫关闭。一时间，作为南北公路交通主动脉的京珠高速受阻，数万辆货车、班车滞留在湖南、湖北路段；作为南北铁路大动脉的京广线陷于瘫痪和半瘫痪状态，南下北上的列车严重晚点或停开，大量回家过年的旅客滞留在车站或途中，其中广州火车站最多的一天滞留旅客达60多万人。公路不通，铁路受阻，雪灾冻雨残酷地阻挡着回家

者的脚步，但为了回家，许多人在车站守候了几天几夜。

冰雪阻挡不住回家的脚步

情景二：30岁的孔令坤是广西贺州市人，其妻陈长华是湖北人，和他同岁。两个人2007年在广州结了婚，后将家搬到了杭州。2010年春节，因为难买到回家的车票，这对夫妻决定骑自行车回广西过年。经过长途跋涉，历时15天，腊月二十八，夫妻俩风尘仆仆地出现在了贺州小孔老家的大门口。看着儿子、儿媳红肿的脸庞，干裂的嘴唇，惊喜的父母心疼得直掉泪。

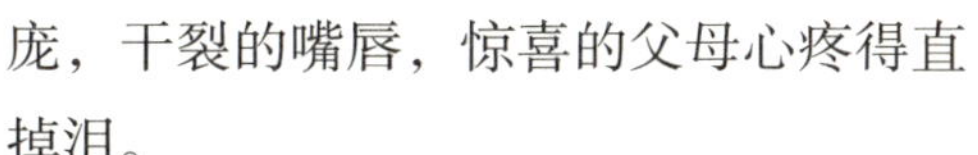

春节前夕广州火车站广场挤满了归家心切者

情景三：2010年春节前夕，购买车票、机票异常艰难。湖南大学生——19岁的江文龙和20岁的张凌辉，决定徒步回家过年。他俩凭借一个大背包、一顶小帐篷，一路风餐露宿，翻山越岭，辗转跋涉，经过长沙、湘潭、衡阳、永州等城市。七天七夜后，步行400余公里的他俩，终于平安到家。

情景四：2010年春节，由广东省佛山、东莞、广州等珠三角城市返乡农民工组成的10万“摩托车返乡大军”，沿着321国道、325国道、263省道，返回广西、贵州、湖南和四川老家过年。他们备以厚实的棉衣，结实的绑腿，棉质的护膝，皮质的手套，防风的头盔。摩托车上大多数是小两口子，或者携带一个孩子。他们奔驰在国道和省道上，成了春运交通线上一道特殊的风景。为了确保他们能够顺利返乡，广东省公安交警部门2万多交警上街，疏导指挥，在广东省主干公路设了近千个摩托车休息点，逢雨雾等恶劣天气还专门用警车为“摩骑大军”开路，沿途护送。

壮观的10万摩托车返乡大军

……

事实上，不论在中国大陆，还是在海外华侨华人社

会，不同规模的返乡过年活动早已存在，并成为传统。无论是太平盛世，还是遭遇内乱、饥荒或外敌入侵，这个传统亘古未变。

——过年了，人们要回家，因为家有亲人倚门望归：年事已高的老父母；分居已久的另一半；已经快忘了父母模样的孩子。

——过年了，人们要回家，因为工作繁忙，朋友天各一方，只有春节才能聚集一堂，互叙往事，把酒言欢。

——过年了，人们要回家，因为生于斯，长于斯，那门前的溪流，田间的小道，坡上的庄稼……都是人们倾心眷恋的伊甸园。

人们可以找到许多回家过年的理由，然而最最重要的是：我们是中国人，我们身上烙有中华文化的深深印记。春节所蕴涵的辞旧迎新、合家团圆的意义，是中华民族自我认同的一个文化符号，也是凝聚民族情感的重要途径。正是这种文化所具有的民族集体思维烙印，促使中华儿女演绎了一个个令人感动不已的回家场景。

过年了，人们一定要回家——这是中国人的宿愿。

是宿愿，不可违。千般难，唯如愿。无怪乎许多海外华人和那些被人为阻隔在海峡彼岸的台湾同胞，一旦回到祖国大陆，就像久别家园的孩子回到了母亲的怀抱一样，兴奋、激动，甚至热泪盈眶。旅加华侨司徒树浓在《迎新岁》中这样写道：

节履同人泰，齐欢大有年。
腊从昨夜尽，梅是故园妍。
诗酒迎新岁，笙歌醉绮筵。
河山成一统，呼伴共归船。

过年了，人们一定要回家——这是中国人的习俗。

中国人习惯于庆祝自己的传统节日。传统节日是黏合剂，

因为它充盈着亲情意识、敬祖心理、寻根情结、乡土观念。所有这些，最容易唤起人们对亲人、对家庭、对故乡、对祖国的情感，唤起同宗同源的民族情、文化共生的同根性，唤起对民族文化的记忆、对民族精神的认同。无怪乎当今中国要以国务院令的形式将清明节、端午节、中秋节、春节等重大民俗传统节日确定为国家的法定节假日。

同根性，不可逆。千般难，唯如愿。看看那返乡的人潮和澎湃的热情，看看那焦急的表情和渴望的眼神，人们不能不意识到，中国人在平凡的民俗节日里蕴藏着非凡的情感——敬老之情、手足之情、邻里互助之情、朋友相援之情以及故土依恋之情……是这些传统文化，孕育了中华民族亲和力，增强了中华民族凝聚力。

专家评点

传统节日如春节、中秋、重阳、清明等，饱含着中国古老的民族文化观念，是对中国人文化身份的一种认定、确立和保持。其中所蕴涵的团圆、和睦、敬祖等文化精神，已经成为民族的集体意识，深深地印在全体中华儿女的心中，是凝聚中华民族成员的重要文化纽带。

相关资料

据全国假日办统计显示，“到中国过春节”成为越来越多海外游客的热衷项目。2010年春节期间，素有“阳光邮轮”之称的美国皇家加勒比邮轮公司旗下的“海洋神话”号停靠三亚，1800余名来自美国、加拿大、日本、韩国等国和台湾、香港地区的游客登岸过春节。美中关系全国委员会会长欧伦斯先生说：“庆祝中国春节在美国由来已久，要远远早于中美外交关系的建立。记得我还是孩子的时候，纽约唐人街每到春节就有放焰火、舞龙等庆祝活动，我们总愿意去看看。”

中华民族异彩纷呈的喜庆贴画

中国第一颗原子弹爆炸

蘑菇云在诉说

关键词 科学技术
原子弹爆炸 自信心 自豪感

“……5、4、3、2、1”

“起爆！”

主控制室指挥张震寰一声令下，操作员有力地摁下了牵动人心的最后一个按钮。一阵令人难耐的短暂沉寂之后，突然，装吊着原子弹的铁塔里迸发出耀眼的闪光，接着，升腾起一个巨大的太阳般的火球，冲击波如同飓风般席卷开来，随后，传来了惊天动地的爆炸声。渐渐地，火球与地面冲起的尘柱连成一体，形成了一朵极为壮观的蘑菇云……

“成功了！成功了！我国第一颗原子弹爆炸成功了！”

指挥室里，张爱萍、刘西尧、张蕴钰等激动不已：

“蘑菇云！蘑菇云！扬眉吐气的蘑菇云！”

试爆现场，欢声雷动，经久不息。

蘑菇云在天地之间骄傲地腾升……

升腾的蘑菇云在诉说：这是中华民族一次人力、物力、智力的大凝聚——

1956年10月，中共中央、中央军委批准了聂荣臻提出的“自力更生，力争外援和利用资本主义国家已有的科学成果，发展我国核武器、导弹事业”的方针。1958年，我国建成了第一座实验性原子反应堆，原子弹研制工作进展顺利。

然而，就在此时，由于意识形态方面的分歧，中苏两国关系破裂。1959年6月，苏联以与美国、英国举行部分禁止核武器会谈为由，单方面撕毁中苏合作发展核武器的协定，并于次年8月撤走全部专家，带走了重要图纸资料，停止供应设备材料，给正在进行中的中国核弹研制工作造成了巨大损失和严重困难。

在这紧要关头，中共中央毅然决定：自己动手，从头摸起，“当了裤子也要把原子弹搞出来”（陈毅语）。1960年春天，中央军委令陈士榘将军率领中国的第一批特别工程部队进入罗布泊，开始了中国第一个核试验基地的工程建设。同时，中央召开工作会议，讨论克服面临的严重困难，提出要“埋头苦干，发愤图强，自力更生，奋勇前进”，并采取了一系列重大措施：一是加强领导，组织全国各科研、生产部门协作攻关，成立以周恩来任主任、罗瑞卿任办公室主任、国务院几位副总理及中央军委有关部门领导参加的专门委员会。二是遵照“缩短战线，任务排队，确保重点”的原则，除对一些尖端武器发展项目保留一定的骨干力量继续攻关外，其他暂缓进行，以集中力量研制原子弹。三是选调技术骨干100名，大中专毕业生6000名，培养充实原子弹研制队伍。中央专委在周恩来领导下，卓有成效地在人力、物力、财力等方面组织了全国大调度，大协作，解决了研制原子弹中遇到的100多个重大问题，安排了原子弹所需的特殊材料、部件和配套产品2万余项的研制生产，大大加快了原子弹研制的步伐。

时任副总参谋长的张爱萍（右一）向周恩来电话报告首次核试验获得成功

在第一颗原子弹爆炸40周年纪念日前夕，当年的科研人员回忆在“中国巨响”中的岁月

广大科技工作者在条件十分艰苦的环境下，凭着为祖国争光的信心，发挥聪明才智，克服重重困难，攻克道道难关，彭桓武、邓稼先、周光召、胡思得、周毓麟、孙清河、李德元、朱建士、秦元勋等科技理论家完成了理论的论证；王淦昌、吴世法、陈能宽、林传骝等进行了爆炸物理试验研究；钱三强、何泽慧、王方定等

人进行了中子物理试验研究；惠祝国、祝国梁等进行了引爆控制研究；郭永怀、龙文光等进行了结构设计方面的研究……

在各方人员的精诚团结、协力攻关下，1964年10月16日下午3时，在新疆罗布泊上空，中国第一次将原子核裂变的巨大火球和蘑菇云升上了戈壁荒漠。

腾升的蘑菇云在诉说：这是中华儿女一次自信心、自豪感的大增强——

46年前的那一天，激动和喜悦传遍了整个中国大地。深秋的夜晚，首都长安街上蜂拥的人群，疯狂地追逐着散发原子弹爆炸成功号外的大卡车，全市人民一遍又一遍地听着广播，一茬接一茬地奔走相告："我国第一颗原子弹爆炸成功了！！"全国各地大街小巷，人山人海，沉浸在欢腾的海洋里。的确，一个昔日的"东亚病夫"，今日直起了腰，昂起了头，能不欢呼雀跃？

巨龙腾飞，扬眉吐气，仰天长啸，震惊了整个国际社会，庆贺和鼓舞之声不断传来，惊慌和贬毁之语也偶有所闻，世界在一片喧哗声中。

但求正义，无论毁誉。中华民族是爱好和平的民族，我们发展核武器，是为了防御，最终目的是为了消灭核武器；中华民族是团结奋进的民族，我们增强凝聚力，是为了自强，最终目的是为了惠及全人类。一个有目共睹的事实是，科学技术的进步已极大地增强了中国的

翟志刚挥舞国旗

宇航员出舱

太空行走

完成太空行走返回舱内

神舟七号返回舱内景象

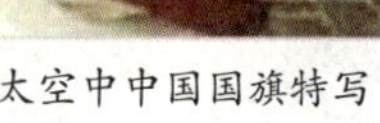
太空中中国国旗特写

翟志刚在太空打招呼

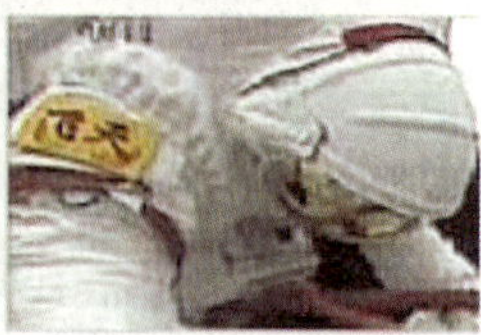
"飞天"首现太空

我国"神舟7号"宇航员遨游太空的情景

综合国力，使中华民族在国际上的影响力得到了进一步的提高，但中国并未称霸。中华儿女心中不断升腾的民族自信心、自豪感正激励着中华民族创造出一系列中国奇迹——

从“两弹一星”到“神舟”系列飞船遨游太空，探月工程起步；从高性能计算机、高温超导、人类基因组学、中药基因组学等领域的重大研究成果，到三峡工程、南水北调、西电东送、西气东输、青藏铁路、高速轨道交通等重大工程建设的成功实施……人们看到，在经济社会建设的主战场上，科学技术的进步正日益发挥其“第一生产力”的作用。人们也看到，科学技术的意义不仅在于科技本身所产生的巨大生产力，而且在于追求科技进步的过程中所体现出来的民族凝聚力能激发国人奋发图强，不断创造新的中国奇迹。

❑ 资料回放

国家最高科学技术奖：授予在当代科学技术前沿取得重大突破或者在科学技术发展中有卓越建树，在科学技术创新、科学技术成果转化和高新技术产业化中创造巨大经济效益或者社会效益的科技工作者。

国家科学技术进步奖：授予在技术研究、技术开发、技术创新、推广应用先进科学技术成果、促进高新技术产业化，以及完成重大科学技术工程、计划等过程中做出创造性贡献的我国公民和组织。

专家评点

科学技术是第一生产力。在当代世界，谁掌握了高新技术的优势，谁就掌握了经济和政治竞争的主动权，谁就抢占了当代先进生产力的制高点。科学技术发展的本身，是一个需要凝聚人力、物力、财力、智力的过程，也是一个能激发民族自尊心、自信心、自豪感，进而增强民族凝聚力的过程。从这个角度看，科学技术无疑是中华民族凝聚力的一个不可或缺的生发源。

2008年1月8日，中共中央、国务院隆重举行国家科学技术奖励大会

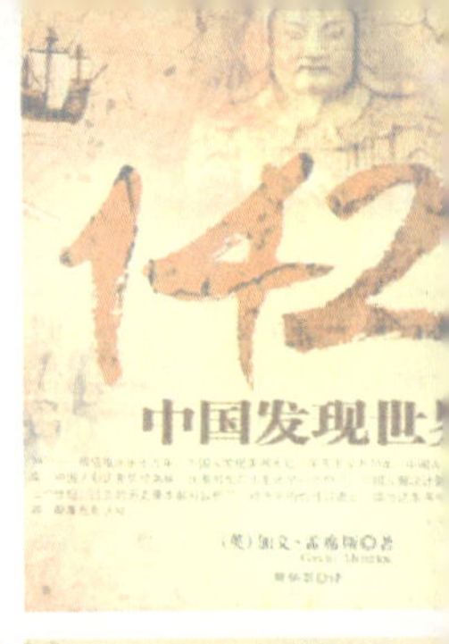

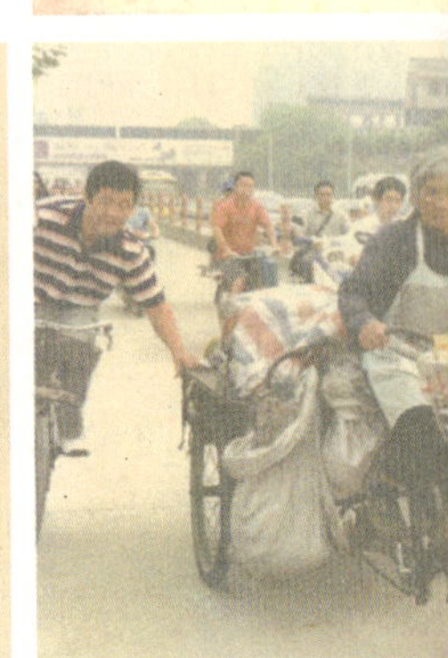

3 刚直的脊梁

Gangzhi De Jiliang

脊梁，是支柱。人没有脊梁不能行走，民族没有脊梁无法自立。

民族的脊梁是什么？

是精神。

曾几何时，我们中华民族是被嘲笑的“东亚病夫”，是被践踏的弱等民族。是什么使我们能重新站直身躯，挽狂澜于既倒？是什么使我们能昂首挺胸，在国际竞技场上腾起夺冠的信心？

是民族精神。

鲁迅先生说：“我们从古以来，就有埋头苦干的人，有拚命硬干的人，有为民请命的人，有舍身求法的人……这就是中国的脊梁。”五千年的中华文明史在一定程度上就是一部不屈不挠、

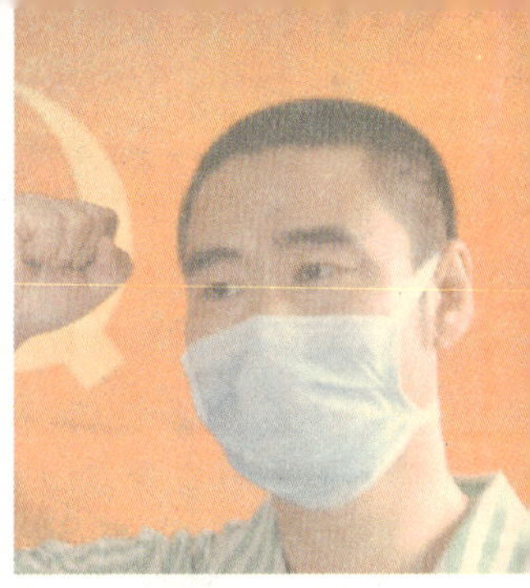

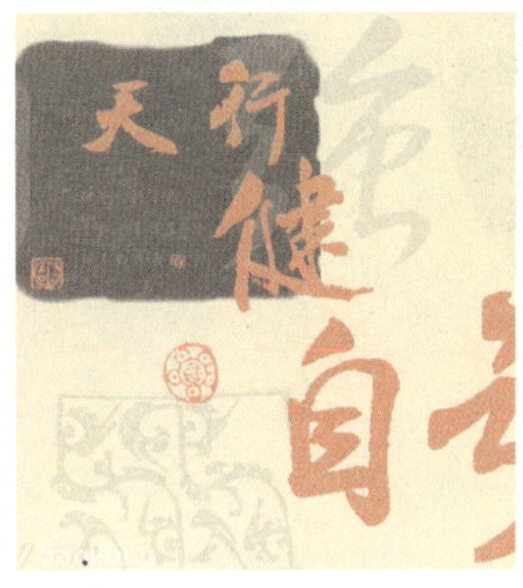

积极进取、顽强奋斗的民族精神史。占人类五分之一的中华儿女不仅沸腾着一样的血液，而且践履着共同的民族精神——爱国主义、团结统一、爱好和平、勤劳勇敢、自强不息、厚德载物、改革创新……

民族精神是民族凝聚力的源泉，民族凝聚力是民族发展的动力。正是因为这些内涵丰富、源远流长的民族精神能一以贯之，中华民族才有生生不息的凝聚力；正是因为这些为广大成员所践履的民族精神能始终发挥其价值导向、精神激励、行为规范等功能，中华民族才能独立、统一，并不断发展。

中华民族精神——不朽的民族魂！

陈天华

到那时，齐叫道：中华万岁

关键词 爱国主义
陈天华 《猛回头》 精神支柱

1905 年12 月8日清晨，日本东京。一个满脸悲愤的中国青年一步一步走向大森海湾岸边，他抬头望了一下破晓的天空，毅然纵身跳入大海，用年轻的生命演奏出激昂悲壮的爱国绝唱。

这位青年就是辛亥革命时期杰出的革命家和宣传家——陈天华。

陈天华（1875—1905），湖南新化县荣华乡人。1898年入新化实学堂，深受维新思想影响，倡办“不缠足”会，成为变法运动的拥护者。1900春入省城岳麓书院，成绩名列前茅。当时，湖南某官赏识其才华，想把女儿嫁给他。陈天华效法汉代霍去病“匈奴未灭，无以家为”，婉言谢绝，说“国不安，吾不娶”。1901年，当丧权辱国的《辛丑条约》签订的消息传来，陈天华悲痛万分，决心东渡日本，寻找救国图存的道路。1903年，他作为官费留学生前往日本，4月，写血书抗议俄国侵占东北三省，并参加留日中国学生组织的拒俄义勇队。同年秋，陈天华看到祖国“主权失矣，利权去矣”，开始撰写《猛回头》、《警世钟》。

在这两本书中，陈天华用弹唱的形式、犀利的笔法揭露了帝国主义对中国的掠夺侵略罪行，鞭挞了清政府

的卖国求荣行径，抒发了激昂的爱国热情，体现了一个中国人在国家危亡之际高度的历史责任感和崇高的爱国主义品质。如在《猛回头》中，面对沉睡的国人，他痛心疾首，大声疾呼：

> 醒来！醒来！快快醒来！快快醒来！不要睡的像死人一般。同胞！
>
> 同胞！我知道我所最亲最爱的同胞，不过从前深处黑暗，没有闻过这等道理。一经闻过，这爱国的心，一定要发达了，这救国的事，一定就要勇任了。

他是要用爱国主义精神来唤醒同胞们的噩梦，激发他们的爱国热情。他鼓励国人要对祖国的前途充满信心，他相信总有一天伟大的祖国会：

> 猛睡狮，梦中醒，向天一吼！
> 百兽惊，龙蛇走，魑魅逃藏。
> 改条约，复政权，完全独立。
> 雪仇耻，驱外族，复我冠裳。
> 到那时，齐叫道：“中华万岁”！
> 才是我，大国民，气吐眉扬。

陈天华的文章传到国内后，吹响了推翻清王朝的冲锋号角，引起了极大的反响。《警世钟》一连被翻印了十几次。湖南一些进步学校还把《猛回头》等作品作为课本，发给学生学习。有的地方将它谱上曲子，排成节目，到处演唱。清政府对陈天华的作品非常恐惧，把它视为“逆书”，严禁流传。结果却适得其反，越禁止，读者反而越多。1936年，毛泽东与斯诺谈话时，曾忆述少年时受《警世钟》的影响：“这本书谈到了日本占领朝鲜、台湾的经过……我读了以后，对国家的前途感到沮丧，开始意识到，国家兴亡，匹夫有责。”

1904年，陈天华同黄兴、宋教仁回国，在长沙创立华兴会，准备在湖南发动武装起义，事泄逃亡日本。1905

陈天华著作

资料回放

近来每遇一问题发生，则群起呼之曰：“此中国存亡问题也。”顾问题有何存亡之分，我不自亡，人孰能亡我者！惟留学而皆放纵卑劣，则中国真亡矣。岂特亡国而已，二十世纪之后，有放纵卑劣之人种能存于世乎？……“坚忍奉公，力学爱国。”恐同胞之不见听而或忘之，故以身投东海……

——陈天华《绝命书》摘录

年8月，他参加组建中国同盟会，任机关报《民报》的撰述员，为中国资产阶级民主革命的发展作出了积极贡献。

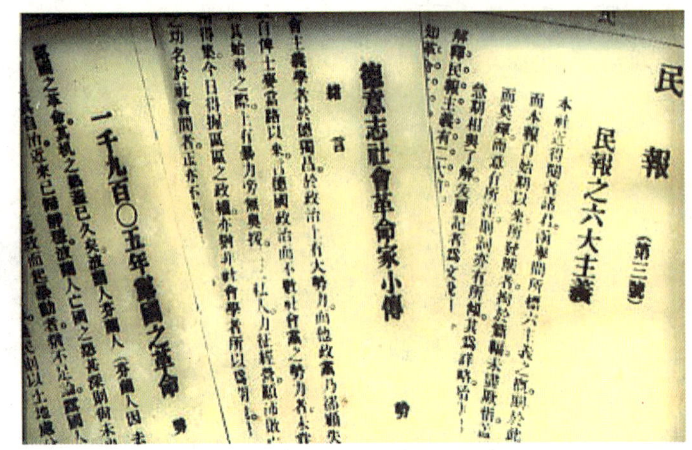
民報

民報之六大主義（第三號）

德意志社會革命家小傳

一千九百〇五年露國之革命

留日学生的革命热情一天天高涨，清政府害怕了，便勾结日本政府进行镇压。1905 年 11 月，日本政府颁布了一项禁止中国留学生参加爱国活动的《清国留学生取缔规则》，激起了八千多名留日学生的强烈反对，他们罢课，举行各种抗议活动。后来，留日学生在罢课和归国问题上产生分歧，分裂成两派。日本报纸便乘机冷嘲热讽，发表幸灾乐祸、污蔑诽谤的文章。12 月7 日，日本最大的报纸《朝日新闻》发表报道，污蔑中国人“放纵卑劣”、团结力“薄弱”。陈天华怒火中烧，多年郁积的忧国忧民意识猛烈迸发，他决心一死，以此来表示对敌人的抗议，唤起依然沉睡未醒的同胞。当晚，陈天华伏案疾书，写下了语重心长的《绝命书》，希望用自己的生命使同胞团结一致，“去绝非行，共讲爱国”。

31岁的陈天华殉国时，孙中山正在南洋，闻讯后哀痛不已。12年后，东渡日本的周恩来触景生情，写下了崇敬和怀念陈天华的豪壮诗句：

> 大江歌罢掉头东，邃密群科济世穷。
> 面壁十年图破壁，难酬蹈海亦英雄。

如今，被陈天华的警钟唤醒的中华儿女，早已使伟大的祖国傲然屹立在世界的东方。

茫茫神州，悠悠岁月。中华民族的爱国主义精神跨越历史，穿越时空，形成了万众一心、众志成城、迎难而上、共克时艰的民族心理，树立起自强不息、坚忍不拔、前赴后继、勇往直前的民族品格。具有这种民族心

理和民族品格的爱国主义既层见叠出，一脉相承，又不断发展，不断升华，它始终与民族独立、国家统一、祖国繁荣富强的进程紧密相连，成为中华民族凝聚力不断增强的巨大精神动力。

中华民族抓住机遇，加快发展，由贫穷走向小康，靠的就是这样的精神；在新的历史起点上，开辟新的征程，还是要靠这样的精神。

这是中华民族的骄傲。

这是中华民族的灵魂。

这是中华民族生生不息的力量源泉。

专家评点

在我国历史上，爱国主义从来就是动员和鼓舞人民团结奋斗的一面旗帜，是各族人民共同的精神支柱，在维护祖国统一和民族团结、抵御外来侵略和推动社会进步中发挥了重大作用。在爱国主义精神的激励下，我们的国家和民族自强不息，具有强大的凝聚力和生命力。

死去元知万事空，但悲不见九州同。王师北定中原日，家祭无忘告乃翁。

——陆游

语录摘要

爱国主义是我们民族精神的核心，热爱祖国、奉献祖国是一切时代成就一切伟业的重要力量源泉。我们必须坚持不懈地在各族人民中大力弘扬爱国主义精神，使爱国主义始终成为激励我国各族人民为推进改革开放和社会主义现代化建设、实现中华民族伟大复兴而团结奋斗的强大精神支柱。

——胡锦涛

人民不仅有权爱国，而且爱国是个义务，是一种光荣。

——徐特立

一个真正的爱国主义者，用不着等待什么特殊机会，他完全可以在自己的岗位上表现自己对祖国的热爱。

——苏步青

我爱我的祖国，爱我的人民，离开了它，离开了他们，我就无法生存，更无法写作。

——巴金

王昭君（国画）

昭君自有千秋在

关键词　团结统一

王昭君　和亲　祖国统一

在中国古代历史上，王昭君同西施、貂蝉、杨贵妃被誉为四大美女。在这四大美人中，杨玉环导致“安史之乱”，貂蝉搞得父子反目，西施亡了吴国，她们多少都涉及“红颜祸水”。王昭君则不然，她远嫁匈奴，为汉、匈和平作出了贡献，故而，她是四大美人中唯一得以善终者。

王昭君，字嫱，西汉南郡秭归（今湖北兴山县）宝坪村人，元帝时，以良家女选入掖庭（嫔妃居住的后宫称掖庭）。然而，因天子后宫妃嫔无数，昭君进宫五年，却“不得见御”。在这些时日里，除了担负一些宫中的轻便工作之外，王昭君有更多的余暇来读书写字，研习音律与绘画。

当时北方草原上活跃着一个游牧民族——匈奴。从西汉初年开始，匈奴经常与汉朝发生战争，给人民带来极大的动乱和痛苦。公元前60年以后，匈奴发生内讧，呼韩邪单于归附汉朝，并于公元前51年亲自入汉朝觐见汉帝，建立了和平友好关系。公元前33 年，呼韩邪单于再次亲临长安，要求同汉朝和亲，以结永久之好。汉元帝同意了这个请求。在这个历史当口，王昭君挺身而出，慷慨应诏，自愿担当这份使命，显示出其深明大义、巾帼不让须眉的气概。历史选择了王昭君，她成为第一位出身平民的“和亲”大使。

临行之日，汉元帝为王昭君举行了隆重的“临辞大会”，并亲自送出长安十余里。为了纪念这次和亲，汉元帝将这年改元“竟宁”，意为边境安宁。

肩负着汉、匈和亲之重任，王昭君别长安、出潼关、渡黄河、过雁门，历时一年多才到达漠北，受到匈奴人民的盛大欢迎，并被封为“宁胡阏氏”，意为胡人有了汉女做“阏氏”（王妻），安宁始得保障。

昭君出塞后，对于匈奴与汉廷的友好关系，着实起到了不少沟通与调和的作用。正因为此，王昭君的兄弟被朝廷封为侯爵，并多次奉命出使匈奴。从此，汉、匈结束了历史上150多年的战争状态，两族团结和睦，国泰民安，“边城晏闭，牛马布野，三世无犬吠之警，黎庶忘干戈之役”，展现出欣欣向荣的和平景象，其时间之长，贡献之巨，影响之远，在古代民族关系史上并不多见。

昭君出塞和亲，功在当代，惠及子孙。她所播下的友好种子和留下的深远影响，在后世汉、匈关系上长期起着作用，汉、匈之间和睦相处，近百年无战事，是符合汉族和匈奴族人民利益的。据敦煌发现的唐代《王昭君变文》记载，公元前19年，昭君去世后厚葬于今呼和浩特市南郊，墓依大青山、傍黄河水，后人称之为“青冢”。埋葬仪式按隆重的匈奴习俗进行，汉朝廷也差使臣前往单于处吊唁。隆重的葬仪，反映了匈奴对昭君的怀念和对汉、匈和亲的肯定。清代女诗人郭润玉赞道：“琵琶一曲干戈靖，论到这功是美人”。周恩来总理称赞昭君是“发展中华民族大家庭团结最有贡献的人物”。

从中华民族历史上看，对于少

名人观点

在大青山脚下，只有一个古迹是永远不会废掉的，那就是被称为青冢的昭君墓。因为在内蒙古人民的心中，王昭君已经不是一个人物，而是一个象征；昭君墓也不是一个坟墓，而是一座民族友好的历史纪念塔。

——历史学家翦伯赞

我认为中国五千年来，传统相承所建立的和平统一的民族国家，这是人类所稀有的杰出伟大的贡献。

——国学大师钱穆

呼和浩特昭君博物院中的昭君与单于和亲铜像

国家邮政局2007年2月3日发行《石湾陶瓷》邮票一套两枚，第二枚为“昭君出塞”。湖北宜昌市邮政局为此启用连体戳一枚，画面为昭君像、昭君故里（湖北兴山宝坪村）以及昭君青冢董必武诗碑名句

数民族来说，凡是主动要求和亲通常都表示着对中原王朝的一种向往和倾慕，实际上是对先进生产方式、生活方式和先进文化的认同，这正是中华民族向心力和凝聚力的一种表现。王昭君与呼韩邪单于在汉、匈关系史上写下了光辉的一页，也在中华民族凝聚力史上写下了光辉的一页。

在中华民族历史上，王昭君是一位献身于民族友好事业的伟大女性。在民间百姓中，王昭君是美的化身。王昭君的故事，成为我国历史上流传不衰的民族团结佳话。两千多年来，王昭君这个生长在巴山楚水的山中女子成为了中国文坛关注的热点。据统计，古往今来，反映王昭君的诗歌有700余首，与之有关的小说、民间故事近40种，写过昭君事迹的著名作者有500多人。这表明王昭君这个历史人物在中国人民心中始终具有永不衰减的魅力。

新中国创建者之一的董必武题写的一首七绝，对王昭君的思想、识见及其影响力作了总结性的评价：

昭君自有千秋在，胡汉和亲识见高。
词客各抒胸臆懑，舞文弄墨总徒劳。

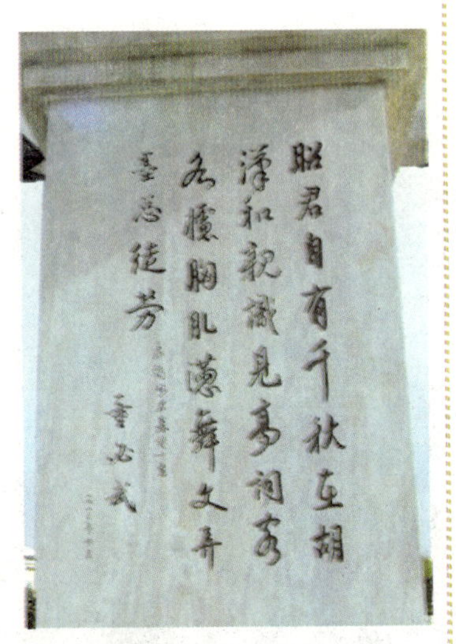

呼和浩特市南郊昭君青冢董必武诗碑

昭君出塞，以天下为一家；自愿和亲，使天下为一家。王昭君已经不仅是一个人物，而且是一个象征，一个民族团结友好的象征。其所揭示的华夏一统、胡汉一家，合则两利，分则两伤，是中华民族凝聚力形成的深层原因之一，其内涵更是对中华文化“一统”观的发展和提升。

几千年来，中华民族凝聚力之所以强劲而坚韧，就在于它有“大一统”的文化价值观作为思想基础，民族团结、和平统一、和谐发展是其深刻思想内涵和永恒的主题。事实正是这样，自秦始皇统一中国后，统一成为

主流，统一被认为是正常的，分裂被认为是不正常的。无论是汉族还是少数民族，都以自己建立的中央政权为中华正统，都把实现多民族国家的统一作为最高政治目标。统一的多民族国家是各民族共同缔造的，因此，各民族都把维护和巩固祖国统一作为自己的神圣职责与光荣义务。

2004年问世的长7米、高3米的湘绣《毛主席和五十六个民族》全景图

各民族团结和谐，是民族亲和力、凝聚力的重要体现，是新中国成立以来中华民族繁荣发展的重要保证，是两岸关系和平发展的主题，是社会主义民族关系的生动体现。今天，“汉族离不开少数民族，少数民族离不开汉族，各少数民族之间也相互离不开”的理念已经成为各族人民的自觉行动，共同团结奋斗、共同繁荣发展的主题已经成为各族人民的共同追求。

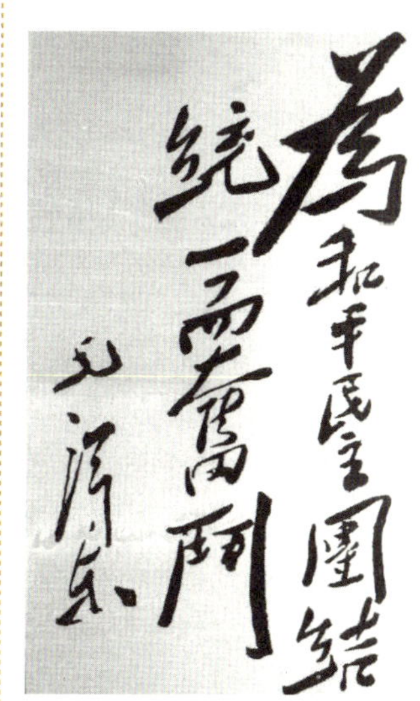

专家评点

中华民族历来以团结统一著称于世。所谓团结统一的民族精神，是一个民族为着共同的理想或目的联合或集聚起来的，在和睦友好、和谐一致的意志和行动中所表现出来的向心力和凝聚力。中华民族的团结统一精神植根于中华大地，源远流长，它贯穿于中华民族发展的始终，是五千多年来中华民族生生不息、发展壮大的强大精神支柱，也是未来薪火相传、继往开来的强大精神动力。

中国航海日永久性标志

我们为什么要纪念郑和

关键词　爱好和平
郑和　睦邻友好　和而不同

2005年7月11日，中国伟大的航海家郑和下西洋600周年纪念日。

2005年4月25日，经中华人民共和国国务院批准，将每年的7月11日确立为中国“航海日”，作为国家的重要节日固定下来。6月28日，国家邮政局发行《郑和下西洋600周年》纪念邮票1套3枚。同日，香港邮政局、澳门邮政局也发行纪念郑和下西洋600周年纪念邮票，以纪念这位伟大的航海家比哥伦布发现新大陆早87年、比迪亚士发现好望角早83年、比麦哲伦到达菲律宾早116年的下西洋壮举。

中国航海日永久性标志图形的上半部分把郑和首下西洋的决策日“7·11”设计成“帆”的形象，突出“中国航海日”，设立中国航海日是为了纪念这一重大历史事件，继续发扬郑和精神。图形下半部分是中国传统图形“水纹”与“如意纹”的结合体。“水纹”体现了航海和海洋文化的特征，“如意纹”有“吉祥美好”之意，体现出中华民族“和”的思想精髓和“礼”的精神境界，点明了“睦邻友好”的主题。整个标志形成一个圆形，既有圆圆满满的喜庆寓意，又象征着中国人民希望世界和平的美好愿景。

郑和（1371—1433），本姓马，名和，小名“三保（宝）”，回族，云南昆明人。1383年被掳，成为燕王

朱棣家奴，后在朱棣发动的靖难之变中有功，朱棣夺取政权后，即任其为“内官监太监”，列入内迁高级官员，并赐姓“郑”。由于郑和小字“三保”，所以人们也叫他“三保（三宝）太监”。

明永乐年间，经济繁荣富庶，在对外关系上，明成祖朱棣锐意进取，重点实行开放政策。从1405年到1433年，郑和七次奉诏，率领庞大的船队，西出太平洋，横跨印度洋，访问了亚非30多个国家和地区。郑和船队执行的是“内安华夏，外抚四夷，一视同仁，共享太平”的和平外交使命。尽管郑和船队是当时世界上最强大的船队，但他没有也不想成为“海上霸主”，没有去侵占、掠夺，始终只是充当沟通东西方的和平使者。所以，他每次返航时，都有外国使节随船来华，多时有几千人，这大大地促进了中国与亚非各国的和平友好关系。

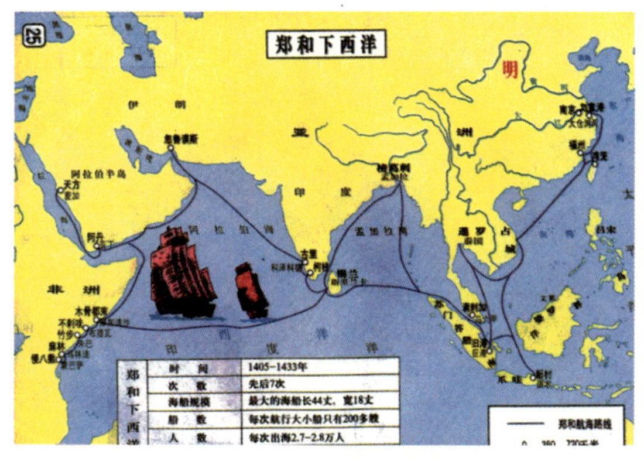

郑和下西洋路线图

2005年中国邮政发行的《郑和下西洋600周年》纪念邮票

郑和下西洋体现的是中华民族“和”的品德与“和”的追求，传播的是中华文化中“和为贵”的思想精髓，展示的是中华民族“要玉帛不要干戈”的发展思路。“天之所覆，地之所载，一视同仁，不能众欺寡、强凌弱……”这是郑和随带国书中的话。正是因为将远航的目的定为“以德睦邻”，才创造了一种“中外通和，万国来朝”的外交局面，留下了一段“四海一家，共享太平”的文化盛景。

中国人不恃强凌弱的宽广胸怀和友善交往被传为美谈。2005年，马来西亚国家博物馆馆长亚迪博士在接受《人民日报》记者采访时说：“郑和五次来到满剌加国，就是现在的马六甲，在这里都有记载。马来人民都喜欢郑和，不仅因为他勇敢，还因为他的和平友好。当

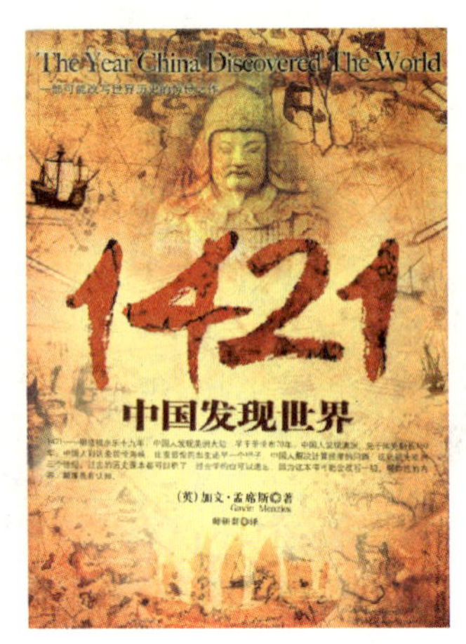

加文·孟席斯的
《1421：中国发现世界》

时，以他的船队的装备，完全可以占据马六甲，但郑和船队满载着中国的‘珍宝’来到这里，同时带来中国先进的文化和技术，带动了马六甲的繁荣，马六甲后来能成为著名的港口与郑和不无关系。马六甲历史上曾经几次被外国侵略者控制，郑和与他们不一样，他是马来各族人民的朋友。”

美国学者詹姆斯·赫西昂谈到上述情况时感慨道：“由于缺乏一种更好的词汇，我只能称之为真善美。”

英国著名科学家李约瑟博士这样认为：东方的航海家中国人从容温顺，不计前仇，慷慨大方，从不威胁他人的生存；他们全副武装，却从不征服异族，也不建立要塞。

《1421：中国发现世界》的作者加文·孟席斯在考证中也发现，郑和航海根本带着和平的欲望，并非一些史籍中所说的“耀兵异邦”。他说，郑和七次远航，除了几次与海盗作战，没有证据显示中国的船队主动进攻沿途居民，更无史料显示郑和的船队意图征服异邦。孟席斯最后总结说：“这与以后西方的航海家征服性、侵略性的远征具有根本的不同。因此，郑和是一个出色的航海家、外交家、世界贸易家，是和平文化的象征。”

事实上，中华文化正是主张“天人合一”、“和而不同”、“多元一体”的包容性很强的和平文化。特别是在解决民族问题上，中国文化坚持不同民族之间的跨文明对话要互相尊重，求同存异，取长补短，和睦相处，和衷共济，和谐发展。中华民族这种爱好和平、不尚暴力的天性，深深扎根于民族传统之中，是中华民族精神的重要内容。民族精神是中华民族凝聚力的支柱，爱好和平的民族精神对中华民族凝聚力的提升具有重要意义。因为，中华民族凝聚力要增强，离不开国内各民族对和平的爱好，离不开对和平局面的营造与维护。

郑和下西洋是中华民族有史以来最大规模主动发展

对外关系的壮举，也是中华民族向世界展示和平宽容这种人文情怀的文化之旅。它传播的是中华民族的科学技术，撒下的是友谊和文明的种子，架起的是与世界沟通的桥梁。这不仅展示了一个大国海纳百川的宽阔胸怀，也建立了一种和平友善的国际交往模式。我们纪念郑和下西洋，就是要向世人表示：我们要大力弘扬热爱和平、睦邻友好的优良传统，坚持在和平共处五项原则的基础上同各国友好相处，在平等互利的基础上积极开展国际交流与合作，在维护世界和平中发展自身，通过发展自身促进世界和平。

专家评点

爱好和平是中华民族的优秀传统，是中华民族精神的重要内容，是中华民族凝聚力的题中之意。在新的历史时期，弘扬爱好和平的优秀传统和精神，在全球倡导与形成爱好和平的风尚，对中华民族凝聚力的增强、中华民族的振兴乃至世界的和平与发展，都具有非常重要的意义。

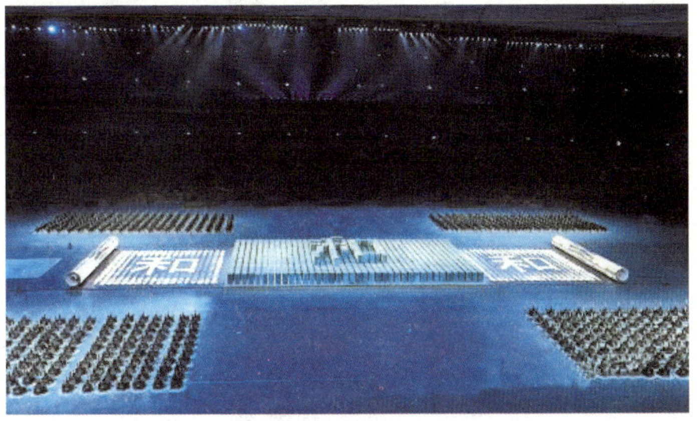

北京奥运会开幕式上活字印刷表演
表达了中华民族“和为贵”的人文理念

资料回放

毛泽东说：“中国人在国际交往方面，应当坚决、彻底、干净、全部地消灭大国主义。”

胡锦涛说：“中国将始终不渝地把自身的发展与人类共同进步联系在一起，既充分利用世界和平发展带来的机遇发展自己，又以自身的发展更好地维护世界和平、促进共同发展。”

英国哲学家罗素说：“尽管中国发生过很多次战争，中国人天生的面貌仍是非常和平的。……他们的和平主义深深地扎根于他们思辨性的观点之中。”

天使奶奶熊小全

视频冲击波

关键词 勤劳勇敢
视频 熊小全 网友

视频三部曲——《最感动人的天使奶奶》，一经上网，就引起了强烈的冲击波，这得益于它捕捉到的那些特写镜头——

镜头一：湖北汉口。年逾古稀的熊小全，1.5米左右的个头，不到40公斤的体重，粗糙得像松树皮的双手，布满七沟八梁的脸庞——怎么看都应是在家颐养天年的老太婆了。然而，76岁的熊小全却每日骑着三轮车送数百斤水果以换取微薄的收入，养活重病的老伴。

镜头二：在华中水果批发市场，熊小全头戴鸭舌帽，身系浅色的工作围裙，两鬓的斑斑白发在寒风中瑟瑟飘动。她，两腿拉开弓箭步，弯腰、伸臂、揽箱、上提、甩置……就这样不厌其烦地把一箱箱水果码上三轮车。这些动作虽不太连贯，不甚麻利，却足以支撑起“勤劳”两个大字。

天使奶奶不惧辛劳

镜头三：熊小全蹬着三轮在熙熙攘攘的街市中穿行，时而急转弯，时而猛刹车；遇着下坡，老人端坐座驾，紧握刹把，直视前方，唯恐突发事件发生；碰到上坡，老人实在蹬不动了，就只得下车，像纤夫拉纤那样匍匐式前行。这不能不让人大喊惊险、勇敢，甚至令人

联想起“铁人三项”的竞技项目。

……

这些镜头在新浪网上一经亮相，就赢得了8万多次的点击率；央视10套节目播出后，更在广大观众中引发了强烈的视频冲击波。一时间，天使奶奶熊小全成了人不分男女老幼、地不分东西南北共同关注的新闻人物。

显然，当人们聚焦同一个目标，取向同一个人物，则意味着已形成了特定的凝聚群体，他们获得了相同或相近的价值判断，追求着共同或相通的精神境界。

应该看到，人们聚焦于视频三部曲，并不在于它的情节如何曲折，悬念如何揪心；人们取向熊小全，也不在于她的血统出身和音容笑貌，她其实是一位普通得不能再普通的年长女性。人们之所以称她为天使奶奶并为之感动，乃在于她彰显了我们中华民族传承不绝的精神，尤其是勤劳勇敢的精神。

我们中华民族在以农立国的时期，就养成了“男耕女织”和“日出而作，日落而息”的勤劳品格，那是那个时代我们民族的常态精神；而当代的天使奶奶熊小全既传承了先人勤劳的品格，又突破了“男耕女织”的传统，以超龄女搬运特有的形象和感人的勤劳，展示在观众面前。

天使奶奶的特有勤劳是与特殊原因紧密联系的。她和老伴都是退休工人，两人的退休金本有1800元，如果不是老伴生病，日子并不会艰难。前几年，儿子在外闯了祸，花光了老两口的积蓄。近两年，老伴又查出患有肝癌、肺气肿等病，需住院治疗，加上孙子还在上小学，生活就变得很艰难了。她每天要运送重达250公斤左右的水果，时间长达6个多小时，每月可赚700多元。她就是要凭借自己的勤劳，顶住巨大的生活压力，支撑一个陷入困境的家庭。天使奶奶的勤劳精神附着着乐观和坦然。她微笑着表示：干这活“刚开始有些吃力，时间

警句撷英

人生在勤，不索何获？

—— 张衡

业精于勤而荒于嬉，
行成于思而毁于随。

——韩愈

伟大的心胸，应该表现出这样的气概——用笑脸来迎接悲惨的厄运，用百倍的勇气来应付一切的不幸。

——鲁迅

在劳力上劳心，是一切发明之母。事事在劳力上劳心，便可得事物之真理。

—— 陶行知

困难只能吓倒懒汉懦夫，而胜利永远属于攀登高峰的人们。

——茅以升

长了就习惯了”。在她身上，这份特有的勤劳早已化为常态，并没有什么奇特之处，就像每天都有一个日出和黄昏那样。

有一种勇敢叫“视死如归”。从屈原到袁承焕，从方志敏到黄继光，我们中华民族的无数英雄豪杰都不乏这种精神。

有一种勇敢叫“积极面对”。对于芸芸众生而言，“勇敢”更多地表现在正视现实和勇于应对困境方面。并且，这种勇敢精神又常常和自力更生互为表里，互促互动。天使奶奶熊小全则把这种精神发挥到了极致。她说，除了儿子她还有三个女儿，并不是孩子们不孝顺，而是他们的生活也不容易。听说网友们要为她捐款，她立马婉拒：“我自己还有能力，可以坚持下去，不想给别人添麻烦。”显而易见，她既不愿成为家庭的负担，更不愿成为社会的负担，而要凭借正视困难的勇气和坚持不懈的努力来走完剩余不多的人生之旅。

网友不能不被天使奶奶所感动，不能不为她勤劳勇敢的精神所震撼。网友们的感言就是雄辩的证明：

网友A：“勤劳勇敢，克己勤俭……天使奶奶伟大而美丽。她激励着有良知的人向前，向前！”

网友B：“故事真的很感人，她是一名平凡而伟大的女性，代表着中华民族的美德和胸怀，这种无私奉献的精神应该在全社会大力提倡。”

天使奶奶在捐款

网友C：“我在电视上看到了报道，太感动，奶奶，我们要学习您的乐观向上的精神！要经得起风雨洗礼！在我们心中，您是最美的奶奶！”

网友D：“看完（视频），不仅仅是感动，更多的是佩服！在这里，我给老奶奶鞠躬敬礼了！”

网友E：“艰苦朴素，勤劳勇敢，戒骄戒躁，克己勤俭……这些固化为道德的规范，已经被教条成青少年反感的源头。还好，还有这些实例，但我想大家都不愿

意看到，这位老奶奶只是用来润泽一下干涸无信仰的苍白心灵的工具。”

……

从现象上说，当网友和越来越多的人为天使奶奶所感动、所震撼之时，天使奶奶便已释放出了她本人无法预期的凝聚功能，即通过视频将越来越多的人凝聚在一起；从本质上说，人们之所以以她为纽带凝聚起来，是因为她承载着我们中华民族共同取向的精神，特别是勤劳勇敢的精神。

专家评点

勤劳勇敢是我们中华民族传承不绝的优秀品质，也是中华民族精神的重要组成部分，更是促使中华民族凝聚一体的精神动力。当我们为我们民族勤劳勇敢的精神而自豪时，就已意味着对民族整体的认同。值得注意的是，勇敢并非沙场上的英雄豪杰所独有，在和平年代，举凡见义勇为、正视困难、勇挑重担、勇于负责等，概属勇敢之列，也都是激励我们民族凝聚一体的黏合剂。

快！为天使奶奶助一臂之力

14/关注

天使奶奶感动你我

天使奶奶感动你我

民众视角

熊小全是自立的、知足的、感恩的。她不仅用勤劳勇敢让自己成为人们敬重的天使，而且也能以此让更多的人成为天使。

北宋名相范仲淹画像

身残志坚的张海迪

范仲淹PK张海迪

关键词 自强不息
范仲淹 张海迪 民族精神

范仲淹（989—1052）北宋著名政治家、文学家、军事家，官至参知政事（副宰相）。

张海迪（1955— ），当代作家，翻译家，中国残联主席团委员。

将相隔近千年的范仲淹和张海迪拿出来同台PK，似乎荒诞不经。其实，两人的自强不息精神，还是可以PK一下的。

“自强不息”四字，源于《周易》的“天行健，君子以自强不息”一语， 意思是：天（即自然）的运行，周而复始，永不停息，刚强劲健，世人应该效法天道，发愤图强，卧薪尝胆，力求进步，永不停息。

我们不妨以此为标准，首先将镜头聚焦于古人范仲淹。

范仲淹出生后第二年便遭遇了丧父之痛。母亲贫困无依，只好抱着襁褓中的小仲淹，改嫁山东长山县（今邹平县附近）朱姓人家。范仲淹从小刻苦攻读，为了励志，他常去附近的寺庙寄宿攻书。生活极其艰苦的他，每天早晚只能靠冷粥充饥。可他却毫不介意这种清苦生活，用全部精力在书山里寻找自己的人生之路。正是这种艰苦生活的磨炼，使得范仲淹始终清廉律己，关心人民疾苦，不忘“忧天下”。

有志者事竟成。1014年秋和1015年春，范仲淹通

过科举考试，中榜成为进士。从此，他开始了近40年的为官从政生涯。1043年，他受命为参知政事后不久，即怀抱忧国忧民之心慨然条陈十事，其中包括“明黜陟”（严明官吏升降制度）、“抑侥幸”（限制侥幸做官和升官的途径）、“精贡举”（改革科举考试内容，严密贡举制度）、“择官长”（慎重推荐和审查各级官吏）等。他的十项主张，重在整顿吏治，限制公卿大臣的子侄荫官，击中了腐朽官僚势力的要害。于是，官僚们互相勾结，恶毒攻击范仲淹引用朋党，心术不正。就这样，“庆历新政”前后仅一年时间便宣告失败。

1044年，宋仁宗以陕西河东宣抚使的名目，将范仲淹打发到远离京城的陕西去了。令人愤懑的是，第二年初，范仲淹又无过得咎，被再次罢免。此后，他虽屡遭挫折，几起几落，但仍高风亮节，矢志不渝，不畏谪贬，善举不断，并且在绝世名篇《岳阳楼记》中，留下了传承不绝、激人奋进的箴言，其中包括：“不以物喜，不以己悲”，“先天下之忧而忧，后天下之乐而乐”。1052年，终生发奋图强、永不言止的范仲淹终因染病不起，客死赴颍州途中。

穿越漫长的时间隧道，PK的镜头应转向当代杰出女性张海迪。

出生济南的张海迪虽然没有范仲淹幼年丧父的苦痛，但五岁时却因脊髓病而高位截瘫，她遭遇到终生无法排遣的灾难。面对病痛的折磨，是自暴自弃、自轻自贱、心灰意懒，还是正视命运、搏击病魔、昂然自立？这是摆在张海迪面前截然不同的两条道路。庆幸的是，她选择了后者，选择了顽强，她以惊人的毅力走过了半个多世纪独特的人生之旅。

高位截瘫的张海迪虽然没有机会像范仲淹那样走进书院或校园，却发奋自学，学完了小学、中学全部课程，学完了大学英语、日语和德语，并攻读了大学和

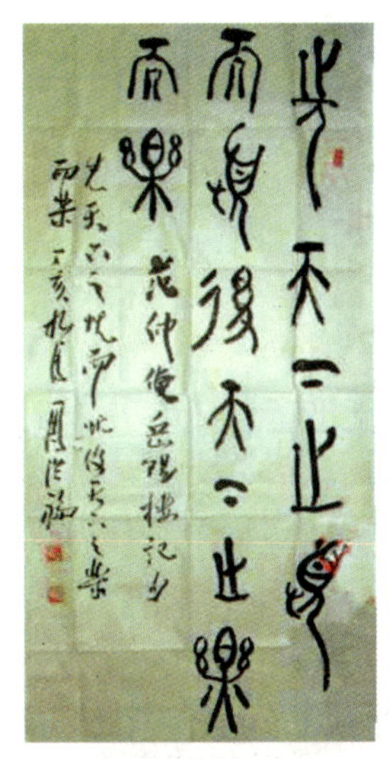

先天下之忧而忧
后天下之乐而乐

警句重温

士不可不弘毅，
任重而道远。
——《论语》

路漫漫其修远兮，
吾将上下而求索。
——屈原

辞家战士无旋踵，
报国将军有断头。
——《三国志》

千磨万击还坚韧，
任尔东西南北风。
——郑板桥

硕士研究生的课程。她虽然行动不便，却在随父母下放山东聊城农村期间，给孩子当教书先生，给乡亲针灸疗病，将一腔热血洒向人间。

1983年，张海迪开始了自己的写作生涯。由于长期持坐姿，张海迪得了大面积褥疮，以至于白骨外露，在这种情况下写作无疑是十分痛苦的，但她还是要写。笔杆，仿佛就是她抗御病魔的利器。坚持中，她先后翻译了《海边诊所》等英文小说，撰著了《生命的追问》、《轮椅上的梦》等著作。其《生命的追问》出版不到半年，已重印四次，获得了全国“五个一工程”图书奖；其《轮椅上的梦》则在日本和韩国相继出版。

张海迪：影响一个时代的符号式“姐姐”

上世纪80年代，她用实际行动成为和雷锋一样受人敬仰的典型模范人物

20多年后，她走进东莞残疾人的视野，身为中国残联主席她自感责任重大

学习张海迪，做有理想、有道德、有文化、守纪律的共产主义新人！

邓小平 一九八三年三月四日

1991年，张海迪被诊断出鼻部患有黑色素癌，于是，她经历了生命中第六次大手术。这次手术是在没有麻醉的情况下实施的，她能清晰地感觉到手术刀把自己的鼻腔打开，针从皮肤中穿过。在鼻子那么点小地方动手术，而且缝合了40多针，可以想象，海迪忍受了怎样的痛苦。然而，她还笔耕不辍，并且在2002年又推出了洋洋30万言并获得了多项殊荣的长篇小说——《绝顶》。很难想象，一个严重残疾的柔弱女性，何以能释放出如此令人惊叹的能量！

重病缠身的张海迪不可能有范仲淹那样居官副宰相的高位，却成为名重中外的强人：曾作为中国政府代表团成员参加了第四次世界妇女大会；被日本NHK电视台评为世界五大杰出残疾人；被誉为“八十年代新雷锋”和“当代保尔”；当选中国残联第五届主席团主席。感于斯，邓小平发出了向张海迪学习的号召。

永不言败的张海迪虽没有范仲淹“先天下之忧而

忧，后天下之乐而乐”式的名言，却发出了诸多如黄金般闪亮的心声：

“人生的真正意义在于贡献，而不是索取。”

“我很痛苦，但我一样可以让别人快乐。”

“我像颗流星，要把光留给人间。”

……

PK无需继续，因为，结论已经凸显：不一样的人生，一样的精彩——他（她）们在精神层面，传承着中华民族自强不息的基因。

张海迪的主要著作

专家评点

除范仲淹、张海迪外，我们还可以从西汉学问家匡衡、唐代名僧玄奘、宋代女词人李清照、元明时期的张三丰、清代的林则徐等无数前人身上看到令人感奋的自强不息精神。这种精神不仅表现为自我完善，奋发有为，更表现为胸怀天下，乐于奉献。因此，它必然要成为凝聚中华民族的坚韧纽带。

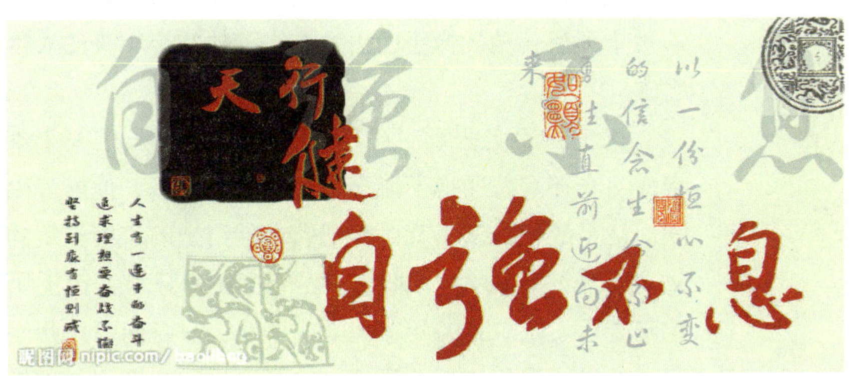

爱心歌手丛飞

厚德丛中飞出大爱

关键词　厚德载物

丛飞　爱心歌手　助学

2006年初春，深圳市人民医院。

东方放白，一抹晨曦透过窗棂，斜入病房。

病床上的他，蜷曲着，又一次剧痛来袭，令他大汗淋淋。挣扎中，他努力将目光移向窗外，想把这个世界看得再真切一些，记得再清晰一些。无奈，眼前发黑，一阵眩晕，一片蒙胧……

丛飞，这个人们十分钟爱的爱心歌手已意识到自己正在接近生命的终点。于是，他郑重地向医院提出停止静脉补药输入、仅保留镇痛治疗的要求。他说："我希望能把这些不该花费的费用用到其他有治疗价值的人身上。我死后，捐出眼角膜，希望把光明留给人间。"

十天后，丛飞撒手西去，走完了他37个年头的人生之旅。

丛飞，原名张崇，生于辽宁农村，成长在一个没有任何光环、普通得不能再普通的农民家庭。他酷爱唱歌，情系故里，从小就乐于把歌声献给坐满家中土炕的父老乡亲。他曾经辍学，后又经过艰苦努力，考上了沈阳音乐学院。1992年，他学成毕业，只身南下广州闯荡，度过了两年迹近"盲流"的窘迫生活。期间，他投亲无门，靠友无路，常常身无分文，常常"睡在桥洞里，吃人家剩下的盒饭"。

1994年起，丛飞在深圳逐渐唱红，日子随之渐有起

色。然而，他无意追求锦衣玉食，义无反顾地开始了扶危济困的善举。这年，一次帮助重庆失学儿童重返校园的慈善义演如期举行，观众席上几百名因家贫辍学的孩子让在场的丛飞倍感揪心之痛。他想起了自己的童年，想起了自己曾被迫辍学和在广州睡桥洞的那些日子，不禁感慨系之。于是，当即掏出了身上的2400元钱，以帮助20个孩子完成两年的学业。

此后，丛飞的善举如开闸之水，源源不断。他四处奔走，资助贫困山区的失学儿童，先后20多次赴贵州、湖南、四川等贫困山区义演，收养孤儿。据统计，在1994年开始的长达11年的时间里，他义演300多场，义工服务超过6000小时，无私捐助失学儿童和残疾人超过150人，认养孤儿37人，捐助金额超过300万元。

为了成就善举，他时常入不敷出，捉襟见肘。2003年至2004年间，为了在开学前筹齐助学款，他竟背上了17万元的债务。为了成就善举，他的生活俭朴得令人难以置信：住宅只有58平方米；廉价的防盗门上的铁皮已经破出了半尺多长的洞，门锁彻底失灵，每天只能虚掩着；狭小的厨房除了炉灶，只能容纳一个人；屋里没有任何值钱的家当，衣柜里的衣物都是些便宜货，唯一有档次的就是那套白色的演出服。丛飞喜欢看电影，尤其爱看首场，以前每个月都要拉着爱妻邢丹去看好莱坞大片，影院新到的电影几乎场场不落。但为了筹集善款，他早就自觉地疏远了心仪的电影院。

像丛飞这样的好人，的确值得幸运之神加倍关爱。

然而，老天不公。

2005年5月，丛飞不幸被确诊患有胃癌，而且凶顽的癌细胞已经扩散。他倒在病床上，不得不忍痛告别了魂牵梦萦的歌坛，而且丧失了几乎是唯一的经济来源。这对他的躯体、精神和济弱扶贫的事业，不啻为闷雷般的沉重打击。

贫困学生与资助他们的“丛爸爸”在一起

名词点击

厚德载物：出自《周易》卦辞中的“地势坤，君子以厚德载物”一语，意为大地的气势厚实和顺，人们应像大地那样增厚美德，容载万物。这是自古以来中国人认定的人生哲理和博爱精神。

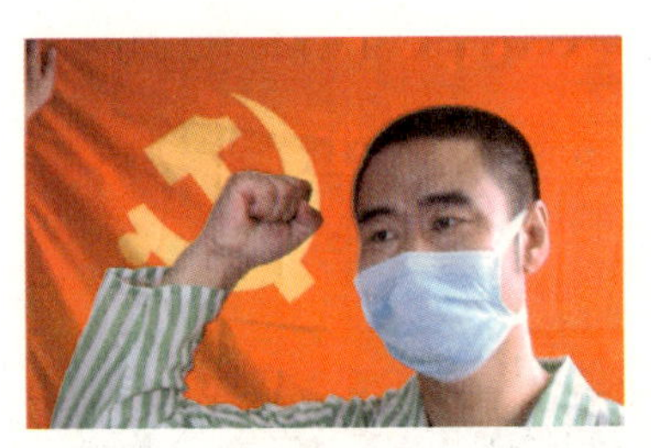

病中宣誓入党的丛飞

岂料，面对死神的丛飞还要遭受另类的苦痛。就在他住院期间，一些受资助的学生家长打来电话，催促他提供学费，有的甚至出语伤人：

“你不是说好要将我的孩子供到大学毕业吗？他现在还在读初中，你就不肯出钱了？这不是坑人吗？”

“我病了，好几个月都没有演出，暂时没法寄钱了。”

“那，什么时候病能治好？”

……

对这类问题，丛飞无言以对，也答不上来，自住进医院，没有哪位医生给他预支过病愈出院的“支票”。尽管这时的丛飞心里的确有些不是滋味，但他并没有后悔。面对责难，他的回应是：把别人捐来治病的钱拿出了两万，捐到贫困山区，尽最大的努力延续自己的扶贫事业，哪怕是透支生命也在所不惜。

丛飞的爱是大写的爱。他除了把爱心献给贫困学童外，还力所能及地把爱心撒向了四面八方——

作为深圳市义工联艺术团长的他，多次去市劳教所、戒毒所等处进行帮教演出，为步入歧途的人带去获取新生的希望。

1998年，他到湖南省汉寿县演出时碰到瘫痪了却酷爱文学的胡诗词，为帮助胡诗词摆脱沿街乞讨的命运，他慷慨捐资数万元，以激励胡诗词去实现自己的文学梦。

2003年，“非典”肆虐。他应邀赴小汤山为抗击“非典”的医护人员举行慰问义演，一切费用自理。

到2005年病倒前，他先后六次到贵州安顺市和织金县义演助学。

……

清华大学校徽上铭刻着“自强不息，厚德载物”的校训

丛飞现象感动着中国，引起了社会的强烈反响。

2005年4月，丛飞的事迹首次被深圳媒体披露；

5月，他在病房宣誓，加入了中国共产党；6月，深圳市委、市政府授予他“爱心市民”称号；7月，团中央给他颁发“中国青年志愿服务金奖”证书，并称赞他是当代青年楷模。同年，他被评为该年度“感动中国”人物；2009年再度被评为100位新中国成立以来感动中国的人物之一。

从飞走了，从飞永在！

深圳各界洒泪送丛飞

专家评点

丛飞的爱心绝不是无源之水，无本之木。从根本上说，丛飞的爱是“厚德”托举的“大爱”。如果没有厚德为基础，所谓大爱只能是空中楼阁。我们中华民族不乏厚德载物、年高德昭之说，丛飞以流星般的短暂人生表明，“德昭”者未必一定“年高”，新时代的青年同样可以成为有容乃大、释放大爱的天使。丛飞精神，就是一种厚德载物的精神。努力弘扬中华民族厚德载物的精神，我们才能更有效地构建充满爱心的和谐社会。

名词点击

《感动中国》是中央电视台倾力打造的一个精神品牌栏目。该栏目以评选出当年度具有震撼人心、令人感动的人物为主打内容。在过去的时日里，《感动中国》节目向全国观众推出了几十位人物，其中，有徐本禹、高耀洁、田世国、丛飞、王顺友等来自民间的杰出人士，有成龙、濮存昕、刘翔、姚明等光彩耀人的明星，也有钟南山、袁隆平、桂希恩、黄伯云这样的睿智学者，每个人物身上都有一种让观众感到心灵震撼的精神力量。《感动中国》因此被媒体誉为“中国人的年度精神史诗”。

中国宽带产业基金董事长
田溯宁

一位宽带布道者的足迹

关键词 改革创新
宽带　时代精神　社会主义核心价值体系

上世纪90年代初，中国没有互联网。

1993年，在美国学资源管理的田溯宁和几个网络上结识的中国留学生注册了一家名叫Asiainfo（亚信）的公司。这几个毛头小伙没有政府背景，没有启动资金，没有商业模式，没有管理经验。他们只有一个梦想：把@带回中国。

谁也没有料到，这家亚信公司的成立，成为了中国互联网业兴起之始。

谁也没有料到，只要翻开中国互联网、宽带和通讯企业发展的历史，人们就能发现田溯宁这个名字。

田溯宁是中国互联网时代最富有传奇色彩的人物之一：23年前，他只身前往美国学习生态资源管理；16年前，他与丁健等人把互联网带回中国，让亚信成为登陆美国纳斯达克市场的第一家中国科技公司；11年前，他勇敢面对创建新国企的挑战，筹建小网通，让宽带进入中国人的家庭；6年前，他带领中国网通集团上市海外，实现了“中国网，宽天下”的梦想；4年前，他创建中国宽带产业基金，开始打造中国数字生态系统……田溯宁执著地走在创新路上，不时给人们带来意外的惊喜。依靠网络，年轻的创业者将中国推入了信息时代。田溯宁被称为“宽带先生”、“狂奔突进的宽带布道者”。

从海归创业者到大型国企高管，从互联网系统集

成商到电信运营商，田溯宁拥有了两个观望企业家的角度。他认为，作为一个企业家，最重要的一条是要坚持创新。创新，这是一种真正的企业家精神。

坚持创新！正是这种企业家精神给了田溯宁力量。当田溯宁困惑时，他会去翻阅过去百年的企业家传记，从史蒂夫·乔布斯和比尔·盖茨，上溯到洛克菲勒与福特。他在想：他们所处的时代，比现在更混乱、更不可捉摸，他们是通过什么方式来改变那个黑暗的时代而一直往前走的呢？

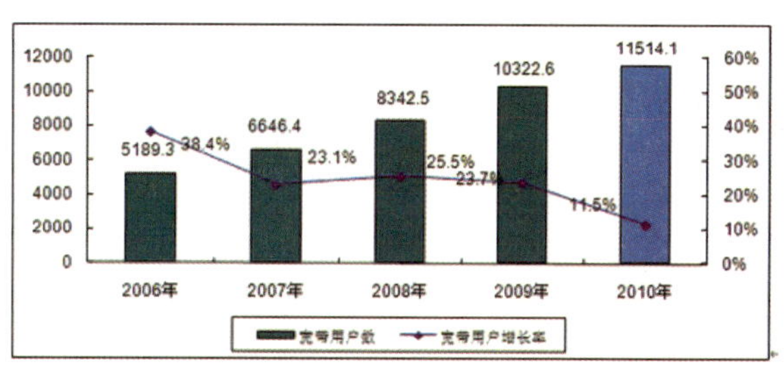

结论是：创新。

田溯宁说：“我经常想的一个问题是，中国最伟大的创新者，应该是邓小平。那个时候中国还比较封闭，对改革开放有非常多不同的意见。他坚持创新，但作了一个妥协，不是全面的改革开放，而是先设立特区，让一个地方先做起来，把意识形态所有的东西都放到一边，不去进行争论。后来的事实证明，改革开放使中国富起来了。”

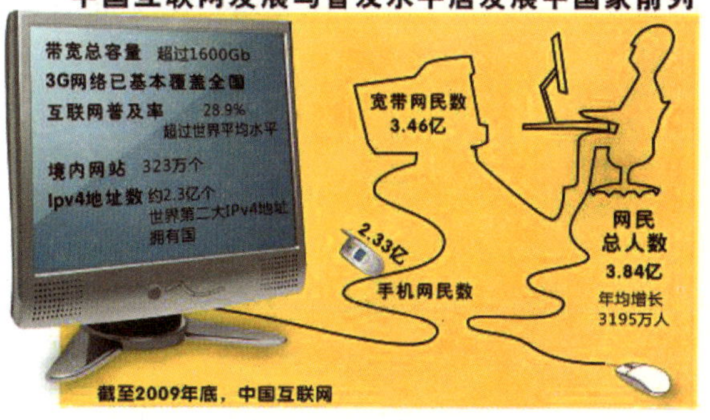

田溯宁相信，未来20年中国也许不会出现比尔·盖茨，但应该出现爱迪生。

比尔·盖茨意味天才，爱迪生意味创新。天才难觅，创新永恒。

事实上，中华民族是一个有着改革创新传统的民族。

春秋战国时期，铁制农具的使用和牛耕的逐步推广，导致奴隶主的土地国有制被封建土地私有制所代替。随着封建经济的发展，新兴地主阶级的经济和政治势力越来越大，他们纷纷要求在政治上进行改革。魏国的李悝变法、吴国的吴起变法、秦国的商鞅变法等就在这种背景下发生了。这些变法体现了生产关系必须适应生产力发展的规律，展现了改革创新精神在中华大地蕴藏历史之久远。

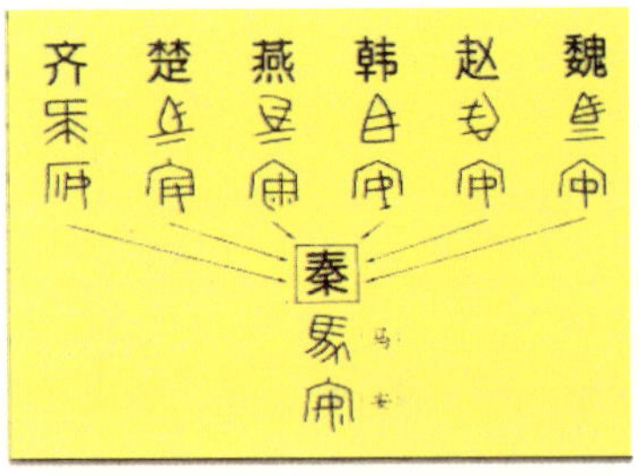

秦始皇统一文字例图

秦始皇建立中国历史上第一个统一的多民族的封建专制的中央集权国家之后，便推行了系列改革措施，统一文字、货币、度量衡，实行郡县制，把全国分为三十六郡，郡下设县，县下设乡、亭、里，在中央则设三公、九卿，直接听命于皇帝。由此，形成了一套新的高度集权的体制。秦始皇的改革对此后两千余年的中国封建社会产生了深远的影响。

为改革北宋建国以来的积弊，参知政事王安石发动了一场变法。这场变法包括理财和整军两大类，它限制了官僚地主的特权，对富商和地主投机倒把、囤积居奇、盘剥农民的行为进行了打击；促进了农业生产的发展，增加了政府的财政收入；加强了国家的军事力量，巩固了边防。王安石针对北宋统治错综复杂的积弊进行大刀阔斧的改革，在一定程度上改变了北宋积贫积弱的局面。

清朝光绪年间，以康有为为首的改良主义者进行了一场资产阶级政治改革。改革的内容涵盖教育、经济、军事、政治等方面，最终目标是希望中国走上近代化的道路。这场改革要求发展资本主义经济和扩大资产阶级政治权力，符合近代中国发展的趋势，它批判了封建主义旧文化、旧思想，传播了资产阶级新文化、新思想，是一次进步的政治改良运动，也是一次思想启蒙运动。

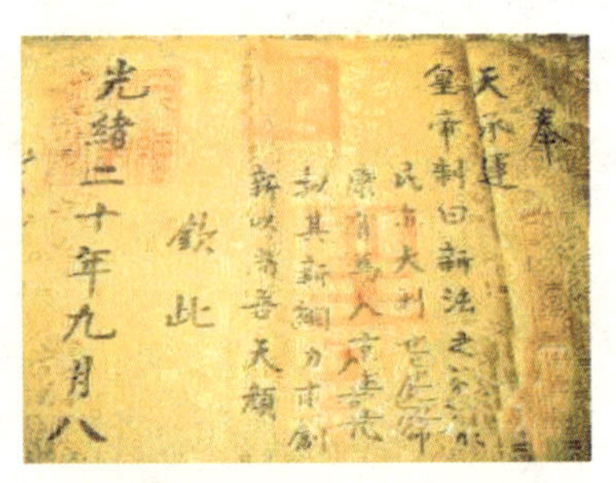

清光绪皇帝1894年召康有为入京“圣旨”：奉天承运，皇帝制曰：新法之施于民亦大利也，钦命康有为入京专心拟其新纲，力求创新以尚吾天颜，钦此。光绪二十年九月八日

……

中国历史上的此类事例不胜枚举，虽然，有的改革是以失败告终，但历史警示后人：我们可以输掉一场变法，但必须永远坚持创新。

有创新，就有活力；有活力，就有凝聚力。事实正是这样，当田溯宁和几位中国留学生怀揣梦想，把@带回中国之时，许多精英人士便陆续加入网通，凝聚在CNC旗下，共同成就了中国互联网的波澜壮阔。

有创新，因有动力；有动力，更能创新。

田溯宁在创新路上迅跑的动力是什么？是民族精神，是时代精神。也许，当年田溯宁希望用Internet发展中国的时候，并没有意识到这是潜在的爱国精神使然；也许，后来田溯宁在宽带布道中全速奔跑的时候，也没有意识到这是强烈的时代精神使然。可事实上，正是这种以爱国主义为核心的民族精神和以改革创新为核心的时代精神，符合正处于改革开放转型的中国国情以及中国人民的创新渴望，才成就了“中国网，宽天下”的伟业；同时，也成就了这位将中国推入信息时代的“狂奔突进的宽带布道者”。

专家评点

以爱国主义为核心的民族精神和以改革创新为核心的时代精神是社会主义核心价值体系的重要组成部分。民族精神与时代精神是相辅相成的：只有坚持以爱国主义为核心的民族精神，才能使时代精神不移根基、不失本色；只有注入以改革创新为核心的时代内涵，民族精神才能日益丰富，永不枯竭。用民族精神和时代精神凝聚力量、激发活力，让伟大的民族精神和时代精神相互激荡、相互砥砺，必将增强我们国家发展的动力，激励亿万中国人民继往开来，开拓创新，成就伟业。

名词点击

社会主义核心价值体系的基本内容：马克思主义指导思想、中国特色社会主义共同理想、以爱国主义为核心的民族精神和以改革创新为核心的时代精神、社会主义荣辱观。社会主义核心价值体系在我国整体社会价值体系中居于核心地位，发挥着主导作用，决定着整个价值体系的基本特征和基本方向，是建设和谐社会的根本。

民族精神和时代精神谱写出“飞天壮歌”

龙舟竞渡吊屈原

屈子行吟图

壮哉！生死

关键词 价值导向
屈原　司马迁　生与死

所谓“壮哉，生死”，是指那种悲壮而伟大的生与悲壮而伟大的死。

公元前278年五月初五，汨罗江边，一个苍老的身影在徘徊，在踟蹰。他峨冠博带，衣衫却已褴褛；他面目清癯，两颊满是焦虑；他悲吟着、高歌着、眷恋着他所挚爱的山河大地。这，就是楚国的三闾大夫屈原。戮力实行政治改革主张却始终不能实现，终被削职流放的诗人屈原，走走停停，停停走走。最终，他抱起一块大石，愤然沉江！

公元前98年（天汉三年），正当我国第一部纪传体史书《史记》的著述进入高潮而草创未就之时，横祸从天而降：受“李陵降番”案株连，编撰者司马迁被下大狱。此时此刻，司马迁只有两种选择：要么被杀头，要么被阉割。他想自己了断，以速死抗皇命。然而，夙愿未了，如何心安？于是乎，他选择了后者，一种令肉体与精神极度痛苦的生——接受宫刑！

壮哉，生死！

一个愤然而死，一个带辱而生，何以谓“壮哉”？

所谓“壮哉”之死，是爱国之死，是明志之死——

屈原之死，死于爱国。面对上下昏庸，国都陷落，屈原没有卖国求荣，而是凭着一颗“国破尚如此，我何惜此头”的忠肝义胆，与楚国共存亡。他将国家兴衰置

于个人生死之上，这种不屈的爱国精神为中华儿女做出了榜样。

屈原之死，死于明志。他用死告诉世人：追求理想与信念是永恒的主题；他那“舍生取义”的精神影响着一代又一代中华儿女：陈天华为抗议日本政府对中国留学生的迫害，愤然投海而死；江竹筠矢志伟大理想，笑对敌人枪口；老舍不堪忍受邪恶势力的迫害，毅然投湖自尽……他们都秉承了屈原精神，用自己的生命警示人们：要觉醒，要爱国，要奋进。这正是死的价值所在。

君不见，每逢端午，江河岸边，人山人海，鞭炮齐鸣，奏起荡气回肠的招魂曲；江河水面，龙舟飞渡，锣鼓喧天，竖起“魂兮归来”的招魂幡……举国上下以各种方式纪念集“诗魂、国魂、民族魂”于一身的屈原。其“世人皆醉我独醒，世人皆浊我独清”、“路漫漫其修远兮，吾将上下而求索”的话语已成为中华儿女醒世独立、自强不息的座右铭。

所谓“壮哉”之生，是抗争之生，是践志之生——

司马迁之生，生于抗争。司马迁身为史官，只因出于公正之心，为李陵降番辩护而开罪于皇帝，本欲赴死。但他选择了生，即便是要接受残酷的宫刑，只能做匍匐于地、顺眼于人的卑微之人。这分明是一种抗争，与命运相抗争，与权势相抗争。

司马迁之生，生于践志。若因进谏而获死，司马迁应不失为一位忠臣。但司马迁为自己规定的人生使命非仅此而已，他要坚守理想，实现意愿，即使要遭遇不测，忍辱负重，也一定要为中国撰写出第一部大型纪传体史书。这位在屈辱中诞生的“中国历史上伟大的史学家、思想家”，最终实现了崇高的理想。这正是生的价值所在。

相关资料

龙舟竞渡又称“划龙船”、“赛龙舟”、“龙船赛会”等，是一种以悼念爱国诗人屈原为主旨的具有浓郁民俗文化色彩的群众性活动，同时也是一种有利于增强人民体质，培养勇往直前、坚毅果敢精神的体育运动。中华人民共和国体育运动委员会于1984年5月16日作出决定，将龙舟竞渡列为正式比赛项目。赛场上，奋力的划桨声、激越的呐喊声、震天的锣鼓声，和着岸边观赛者的欢呼声，将自强不息的价值观演绎到了极致。

《价值观与中华民族凝聚力》书影

事实正是这样，司马迁抱羞含诟写下的《史记》被誉为“史家之绝唱，无韵之离骚”，其“究天人之际，通古今之变，成一家之言”的纪传体史书成为后世史学者必读之作。这便是司马迁隐忍苟活的价值。

愤然赴死者、忍辱苟生者，都能成为我中华民族的杰出人物。为什么？因为他们践履着正确的生死观，昭示着优秀的民族精神。

正确的生死观产生于优秀的民族精神，优秀的民族精神一以贯之地指导着中华儿女的人生行为。在中华民族的发展进程中，中华儿女用诸如“捐躯赴国难，视死忽如归”、“不为穷变节，不为贱易志”、“蚤作而夜思，勤力而劳心”的行为，反复实践着优秀的民族精神；靠诸如“红岩精神”、“井冈山精神”、“雷锋精神”、“大庆精神”、“抗洪精神”、“航天精神”的动力，不断演绎着优秀的民族传统。藉此，我们的民族得以兴旺，得以发展。

“作为确定的人，现实的人，你就有规定，就有使命，就有任务。”（马克思语）一个人活着的价值就在于，以其活动及其成果满足他人和社会的需要；一个人死去的价值就在于，以其行为和品格影响他人和社会的选择。这样的生死，可谓“壮哉，生死！”

真正的“壮哉”之生，是将秉承传统而来的民族精神变为对人类社会的责任和贡献。真正的“壮哉”之死，是将秉承传统而来的民族精神归于养育造化它的土地和家园。

千百年来，中华儿女浸染在那些“壮哉”的生里，也浸染在那些“壮哉”的死里。在“壮哉生死”面前，那些信奉和推崇金钱万能的“拜金人生”，我行我素、不要约束的“潇洒人生”，玩世不恭、及时行乐的“游戏人生”，“留一半清醒留一半醉”的“糊涂人生”，为了私利不惜铤而走险的“赌博人生”，忧伤堕落、动

辄自杀的“颓废人生”等，都应该也一定会遁形。

因为，民族精神具有价值导向作用。

专家评点

生死观是人生观、价值观的具体体现。正确的人生观、价值观衍生于优秀的民族精神。民族精神，是一套思想价值体系，它既是历史的又是时代的，既有连续性又有创新性，存在于民族各个时代的时代精神之中，存在于民族成员的具体行为之中，对于民族成员的观念和行为起着潜移默化的导向作用。以爱国主义为核心的团结统一、爱好和平、勤劳勇敢、自强不息的中华民族精神，是中华民族五千年来不断发展的价值导向，也是中国人民在未来的岁月里薪火相传、继往开来的价值导向。

文天祥《正气歌》诗句选书：
天地有正气 清操厉冰雪
生死安足论 凛裂万古存

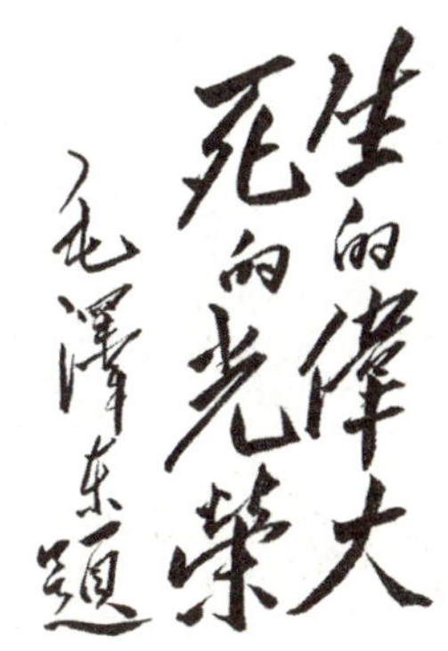

毛泽东为刘胡兰亲笔题词

警句重温

不患位之不尊，而患德之不崇；不耻禄之不伙，而耻智之不博。

——张衡

出身贫苦，不可骄傲；创业艰难，不可奢华；努力不懈，不可安逸。

——车耀先

自觉心是进步之母，自贱心是堕落之源。故自觉心不可无，自贱心不可有。

——邹韬奋

黄土地的诱惑
Huangludi De Youhuo

中华民族凝聚力研究丛书：
《中华民族精神与当代中华民族凝聚力研究》

《冲出亚马逊》之后

关键词 精神激励
爱国 奋斗 奉献

饥饿、寒冷、负重拉臂、匍匐爬行、过独木桥、钻铁丝网、跨火烧墙、冲高压水龙、越炮火障碍、真刀真枪地与贩毒集团进行殊死搏斗……一群各种肤色的特种兵在常人难以忍受的煎熬中接受着魔鬼式训练。这几乎是第八届中国电影华表奖优秀故事片奖获得者《冲出亚马逊》镜头的全部。

《冲出亚马逊》讲述的是一次国际特种兵训练的故事。亚马逊是南美洲一条大河，在它流经的委内瑞拉境内，联合国创办了国际特种兵训练中心，代号“猎人学校”，原因是相中了这里恶劣的气候和异常艰苦的环境。中国政府派遣了两名特种兵来这里接受两个多月的“非人”军事训练。学校规定：如果谁不能完成训练任务，可以中途退出，但要摘掉悬挂的该国国旗。

随着情节的发展，观众发现，在肤色各异的这群人中间，两名中国军人更能忍辱负重。在误解与嘲讽、蔑视与煎熬中，他们的形象渐渐高大起来。最终，在四个合格的学员里，铁骨铮铮的中国军人王晖获得了唯一的“勇士”勋章，鲜艳的五星红旗在异国的土地上高高飘扬。

在众多的受训者中，为什么相对瘦弱矮小的两名中国人能不为身处弱势而怯懦，能不被如云强手所压倒，更没有在残酷的训练中落伍？

因为，“在这里，我们两个就是中国！”（影片中王晖语）

因为，中国人有“爱国进取、坚忍不拔、自强不息”精神的激励。

看完《冲出亚马逊》之后，观众有一种震撼：强烈地感受到中华民族精神的伟大，深深地感受到传承中华民族精神的必要。

事实上，中华民族精神是一以贯之、世代相传的。它体现于中华民族生存发展过程的始终，只是在不同的情况下具有不同的表征——

在血雨腥风的年代，我们有“红岩精神”。

红岩精神是老一辈无产阶级革命志士在风雨如磐的斗争中形成的“爱国、团结、奋斗、奉献”的革命精神。江姐坚贞不屈、英勇就义，许云峰英勇斗敌、舍己为人；刘思扬出身豪门，却投身革命；渣滓洞难友团结奋斗，令敌人丧胆；白公馆志士奋勇突围，迎来黎明……从他们身上，我们看到了民族的希望，感受到中国脊梁的坚强。红岩精神令中华儿女感叹、激动、崇敬，更让中华儿女学会了做人：一个“压不扁，折不弯，顶得住，吓不倒”的中国人。

在社会主义建设时期，我们有“大庆精神”。

大庆精神产生于20世纪60年代的石油会战，铁人王进喜一句“宁肯少活20年，拼命也要拿下大油田”的豪言壮语激励了几代人。“爱国、创业、求实、奉献”的大庆精神，是中华民族精神的历史传承和时代弘扬。多年来，“先国家后个人”、“甘愿为党和人民当一辈子老黄牛”的价值取向，在为国家、社会的无私奉献中得到升华，已成为一种忠诚和追求。“在实现四化的过程中，还会有这样那样的困难，特别要发扬大庆精神。”（江泽民语）

在困难和挫折面前，我们有“抗洪精神”。

抗洪精神产生于1998年我国江南、华南大部分地区及北方局部地区遭遇洪涝灾害时。“万众一心、众志成城、不怕困难、顽强拼搏、坚韧不拔、敢于胜利”的抗洪精神不只是产生于抗洪抢险斗争，更是根植于我们改造自然和社会的具体实践，是推动我们整个事业发展的精神动力，是党魂、军魂和国魂的一种生动体现。事实上，在抗击“非典”、地震、冰雪、旱涝等灾害斗争中，中华儿女所弘扬的就是“抗洪精神”，就是民族精神。

在新时期、新阶段，我们有“航天精神”。

航天精神是在经济社会发展和人类文明进步呼唤下，中国几代航天人从科技创新中总结出来的。“特别能吃苦、特别能战斗、特别能攻关、特别能奉献”是航天精神的实质。航天精神是对中华民族自强不息、艰苦奋斗、勇于攻关、顽强拼搏、开拓创新、无私奉献精神的生动演绎，是以爱国主义为核心的伟大民族精神和以改革创新为核心的时代精神的生动体现，是对红岩精神、大庆精神、抗洪精神等民族精神的传承和光大。

在社会主义大家庭里，我们有“雷锋精神”。

雷锋精神的实质是奉献，核心是为人民服务。雷锋的名言“人的生命是有限的，为人民服务是无限的，我要把有限的生命，投入到无限的为人民服务之中去”，“对待同志要像春天般的温暖，对待工作要像夏天一样火热，对待个人主义要像秋风扫落叶一样，对待敌人要像严冬一样残酷无情”被广为传诵；雷锋勤俭节约、艰苦奋斗、乐于助人的美德，为万众所效仿；“雷锋”二字，已成为热心公益、扶贫济困、见义勇为、善待他人、奉献社会的代名词。

……

历史反复见证：有了民族精神的激励，我们经受了一次又一次考验，战胜了一个又一个困难，创造了一桩

又一桩奇迹。民族精神所凝聚的力量，挺立起中华民族的脊梁，铸就了人民共和国的辉煌。

事实已经证明：随着历史的变迁和时代的发展，中华民族精神会更新其内容，变革其形式。事实也将证明：无论内容和形式如何变更，民族精神是中华民族五千年来生生不息、不断发展的强大精神动力，也将是中国人民在未来的岁月里薪火相传、继往开来的强大精神动力。

传承民族精神，弘扬时代精神，凝聚在五星红旗下的中华儿女义不容辞。

专家评点

民族精神，是一个民族在回应自然环境和社会环境的挑战中所形成的本民族文化中最核心、最精华的部分。民族精神存在于各个时代的时代精神之中，并且通过各个时代精神中那些普遍、恒久的因素的积淀，不断充实和刷新内涵，对民族成员起着价值导向和精神激励作用。中华民族精神是中华儿女的灵魂和脊梁，是中华民族凝聚力的不竭源泉。

颂诗撷英

我们这支队伍
从五千年前走来
中华民族是我们的番号
十三亿人
我们引以为自豪
历经过风风雨雨
我们百折不挠
我们在前行的征途上
跌了跤
爬起来
我们会走得更好
我们不信教
无需向哪位神去祷告
我们
有强大的民族精神做后盾
还有强有力的军队和领导
前行的路上
纵有那千难万险千沟万壑
我们也不动摇。

——新浪博客chengxu

井冈山精神

长征精神

延安精神

唐山大地震的日子

非常时刻那一群非常之人

关键词 行为规范
囚犯 救人 精神 人性

人类将永远铭记这一刻——

公元1976年7月28日，北京时间凌晨3时42分，有如400枚原子弹在距地面16公里处的地壳中猛然爆炸。强烈的摇撼中，百万人口的唐山市顷刻间被夷为平地。

唐山市看守所同样是一片废墟，一片狼藉。如果不是有子弹在空中呼啸，人们甚至会以为这铁桶般圈住的小小世界已经不复存在。

“砰！砰！”

“不要乱动！以院墙上倒下的电线为界！不准越界！”满面尘灰的警卫在枪声中声嘶力竭地吼叫着；被提醒身份的囚犯们在恐惧中战战兢兢地站立着。

俄顷，人群中出现了一阵小小的骚动，有人在窃窃私语。

“不准说话！谁敢逃跑就枪毙谁！”一个满身是血的看守厉声喝道。

骚动的人群顿时安静下来。

警戒线外，几个看守正跌跌撞撞地奔来跑去，手忙脚乱地扒人，抬人。看守所四周传来大人的叫喊声、小孩的哭泣声，像泛着泡沫的海浪，包围着、冲撞着囚犯们站立的这孤岛似的世界。

“法官！我们能不能出去救人……”两三个囚犯畏畏缩缩地走向看守。

看守人员和警卫部队立刻紧急磋商：非常时刻得有非常措施，有那么多人生死未卜，救人是压倒一切的，而眼前就有一支强壮的抢险队伍。

“你们听着！”看守人员高声宣布纪律，“到外边，只许老老实实救人。这是你们赎罪的机会。”

于是，带伤的军人押着带伤的囚犯，带伤的囚犯在废墟上奋力抢救奄奄一息的人：首先是那些看守所的干部、干部家属；再往远处去就是小街小巷里的群众。囚犯们和所有在废墟上的救险者一样，手忙脚乱，焦灼万分。他们似乎都已忘记了自己的身份，只知道小心翼翼地抱出那些受伤的孩子、女人，扶出那些吓呆了的老者。他们满手是血痕，满脸是泥浆，拼尽全身力气在撬，在扛，在搬……

震后的唐山一角

需要尽快把这里的重伤员送出去。找到一辆破旧的“嘎斯51”后，公安局干部田国瑞作出了一个非常决定：找一名犯人来驾车。

浴火重生新唐山

找谁呢？

“田法官！如果你允许，我试试……”龚某的自荐声有些发颤。

田国瑞打量着龚某。他想起，这小伙子是退伍军人，当兵时就是司机，许多险路他都跑过。他锒铛入狱，是因为一个怀孕的女知青自杀了，而他曾和她发生过性关系。

“好吧。”田国瑞沉思片刻后下了决心，“我和你一起，你得老老实实，这是立功的机会！”

龚某不停地开车，那辆“嘎斯51”在唐山至遵化的公路上来回穿梭，仿佛都要颠散架了。出入废墟，抢救

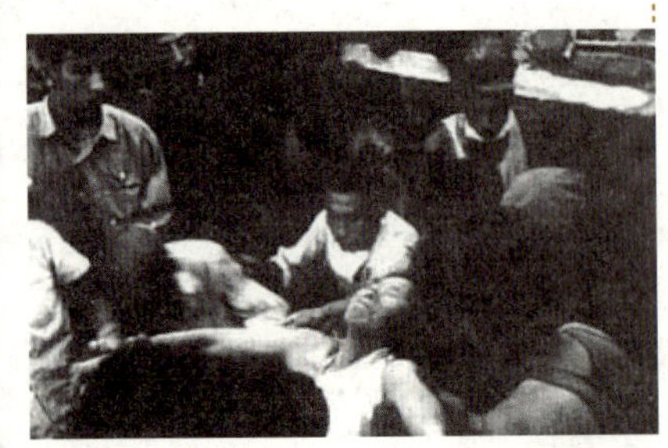

救人：每个人心灵深处都有闪光的一面，哪怕是十恶不赦的罪犯

伤员，长途运送……整整一天一夜了，没吃，没喝，没睡。紧张、饥饿、疲倦，把龚某和田国瑞都折磨得浑身发软，他俩连说话的力气都没有了，彼此间的对话十分节省：

"饿了？"

"嗯。"

"渴了？"

"嗯。"

这个在钱钢的《唐山大地震》中有姓无名的"龚某"，真名叫龚玉良，在30年后《新世纪》的寻访中，记者获知了他的名字。

龚玉良除了驾车外，就是冲到车下救人。在回到押送队伍后的第二天，龚玉良开的"嘎斯51"变成了一辆架枪的刑车，他亲自开车把自己和看守所的另外几十个犯人送往玉田县的临时收容点。那一年是龚玉良的人生转折点，1976年底法院的判决书中写道：因为龚玉良在抗震抢险中积极参与救人，特宽大处理（最后量刑为三年）。

震后是混乱的，混乱中什么事情都有可能发生。对于囚犯，混乱也许是逃亡的绝好机会。然而，唐山大地震中的龚玉良和许多囚犯都没有这样做，他们选择了救人，奋不顾身地救人。

为什么？是他们愚蠢吗？

事后，龚玉良在交给看守所的"个人总结"里这样写道："一想到下面还埋着人，我们就想着要赶紧把他们救出来。"在讲述运送伤员这一节时他说："是在管教的领导下跑了十几趟。"

"管教"是怎么领导的？是用自己的实际行动，是用临危不惧，是用舍生忘死，是用"跌跌撞撞地奔来跑去，手忙脚乱地扒人、抬人"。这是一种衍生于"拼搏奉献、坚忍不拔、自强不息"的中华民族精神的示范，是一种与刚性的法律约束有同等效力的行为约束。面对

这种行为，谁能不感染，谁能不诚服！

也许，对于有的囚犯来说，救人“是在管教的领导下”的行为选择，不是真实情况，那么，他们的行为选择是什么导致的呢?

是人性。

中国人人性的一大特点是“仁慈行善”，这一点，连一味贬低中国人人性的美国人阿瑟·亨德森在他的著作《中国人的人性》中也不得不充分肯定。中国人的“仁慈行善”衍生于中华民族“以人为本”的传统文化和“厚德载物”的民族精神，长期沐浴其中的中华儿女，自然而然地具有这种特有的文化潜质，在特定的境遇中，这种潜质便会出现，便会闪光。即便是囚犯，当灾难降临的时候，也会“一想到下面还埋着人，我们就想着要赶紧把他们救出来”（龚玉良语）。

事情虽已远去，道理却在诉说：无论普通人还是在押犯，秉承中华文化传统的中国人能够也应该在民族精神的规范下提升精神境界，追求理想人格。

❑ 民众视角

民族精神是本民族文化中最核心、最精华的部分，它具有本民族文化的深层内涵，民族精神教育的一个关键问题是要解决文化的认同问题。作为一个中国人，不仅要了解中国的现在，而且要了解中国的历史和传统。

民族精神教育是德育的根基，应纳入国民教育的全过程。要使青年学生更深切地感受到国家的繁荣和发展为个人的发展提供了广阔的空间，个人的发展必须与国家的发展紧密相连，使之更自觉地维护国家和民族的利益。

专家评点

传统文化孕育民族精神。传统文化和民族精神本质上是一种观念文化，是一种价值取向，是一种始于过去融于现在并直达未来的意识趋势和存在。中华民族生命机体中具有不可剥离的文化传统和民族精神，它积淀在中华儿女的思维方式、价值观念、行为选择等主体形式之中，起着指导思想和规范行为的作用。正是基于这一意义，我们应以优秀的文化传统和民族精神正确自己的思想，健康自己的行为。

树立社会主义荣辱观的“八个为荣、八个为耻”

以热爱祖国为荣	一	以危害祖国为耻
以服务人民为荣	二	以背离人民为耻
以崇尚科学为荣	三	以愚昧无知为耻
以辛勤劳动为荣	四	以好逸恶劳为耻
以团结互助为荣	五	以损人利己为耻
以诚实守信为荣	六	以见利忘义为耻
以遵纪守法为荣	七	以违法乱纪为耻
以艰苦奋斗为荣	八	以骄奢淫逸为耻

黄土地的诱惑

Huangtudi De Youhuo

奔腾咆哮，浩浩荡荡，不舍昼夜。那条从巴颜喀拉山岩间夺路而来的大河，暴烈地流泻着一川黏稠的黄色，它润湿着、染黄了一方热土、一方人。

于是，中华民族有了黄土地的称谓，亦有了黄土地的诱惑。

黄土地的诱惑，是这块东方热土孕育的神奇力量。因为这股力量的作用，中华民族大家庭中的每一个成员都具有民族认同意识，都具有“共休戚、共存亡、共荣辱、共命运”的民族感情和道义。

这股力量就是中华民族的吸引力。

中华民族吸引力系中华民族凝聚力的三个重要组成部分（吸引力、向心力、亲和力）之首。

没有它，就很难产生民族向心力；没有它，民族亲和力便会大打折扣。

中华民族对中华儿女有着强烈的吸引力，它来自这黄土地上的一切——构成中华民族整体的各个要素：血缘、地理、经济、文化、政治……换言之，血缘根系、地理资源、民族文化、社会经济、民主政治、民生民情等状况以及引领中华儿女前行的领导核心及其实施的政策、法令等，都是决定中华民族吸引力强弱的重要因素。

吸引，旨在凝聚。

凝聚，为了发展。

黄土地上的人应有黄土地的情结——为黄土地的富强与辉煌，想方设法增强吸引力，让东方这片神奇的土地具有永恒的魅力。

炎黄二帝塑像

来吧，我的子孙们

关键词　根情结

初始祖　华夏情　血缘认同

湖南：株洲炎帝陵，身着56个民族盛装的少男少女手持花环，41位铜管乐手吹奏起优美的《迎宾曲》，欢迎前来参加甲申年重阳炎帝陵祭祖大典的海内外炎黄子孙。9时整，采自五岳之巅、经17省市热情传递的圣火点燃，天籁之声响起："巍巍罗霄兮，涛涛洣水，楚尾吴末兮，眠吾始祖……"

台北：炎帝诞辰日（农历四月二十六日），一百多辆大鼓车组成的车队，从先啬宫迎神出发，缓缓巡绕市境。市民们在自家门口摆放香案牲礼祭品，当巡境队伍经过时，人们双手持香遥拜，并燃放鞭炮；是日，民众依例外烩宴客，各地食客络绎不绝，热闹非凡，一时交通为之堵塞。

河南：在黄帝出生地和建都地郑州，大街小巷到处可见"同祖同根，同源同向；血浓于水，四海共襄"之类的广告牌；新郑市黄帝故里景区门口，两棵600年树龄的国槐分立左右，寓意中华民族同根同祖同源、枝繁叶茂。每年三月三，众多的华人华侨不远千里万里，前来祭祖寻根。

陕西：在黄帝的归葬地黄陵县，节逢清明，来自海内外的数万名炎黄子孙聚首桥山黄帝陵，以"九鼎八簋"的传统礼制祭奠中华民族的人文始祖——轩辕黄帝。随着清幽的声声古乐，来自各省、市、区，港澳台和海外同胞的代表，在陵前焚香燃烛，向黄帝塑像顶礼膜拜。

悠悠炎黄帝，殷殷华夏情。炎黄二帝，是中华儿女的初始之祖。对于一个有着强固宗法伦理观念的民族来说，初祖是至高无上的，是令人景仰的，虽时光荏苒，岁月流逝，其对后裔的吸引力却永远存在。因此，在中华民族大家庭里，不论皇亲贵族还是草泽布衣，不论海外赤子还是方内裔胞，都会因初祖的吸引而凝聚在一起——

陕西黄陵轩辕殿广场公祭黄帝盛典

1912年3月，孙中山委派由15人组成的代表团赴黄帝陵致祭，并以中华民国临时大总统的名义写下祭文，其中“中华开国五千年，神州轩辕自古传”一句表达出强烈的根情结。1935年清明节，中国国民党中央及国民政府致祭黄帝陵，蒋介石决定将清明节定为“民族扫墓节”，并“每岁举行仪式”。1937、1938、1939年的清明节，国共两党三次同祭黄帝陵。

2005年4月5日，退守台湾56年后，正式受邀的国民党中常委蒋孝严（蒋介石之孙，蒋经国之子）到黄帝陵敬献花篮。在接受记者采访时，蒋孝严表示：“我们两岸都是炎黄的子孙，没有什么好分彼此的。”

2005年5月6日，台湾亲民党主席宋楚瑜率领大陆访问团来到陕西省黄陵县黄帝陵举行祭拜仪式。在向中华民族的人文始祖致敬时，宋楚瑜表示，此行的一个重要目的是“慎终追远，不忘根本”。

2009年，台湾当局“中枢遥祭黄帝陵典礼”一改过去由内政部长代表主祭的惯例，马英九亲自主持遥祭。

2010年清明节，港澳台海外知名人士祭祖代表团在陕西黄帝陵畔的“炎黄子孙林”，以植树的方式缅怀自己的人文始祖。前香港特别行政区立法会主席范徐丽泰

❑ 资料点击

自1999年以来，国务院侨办和中国海外交流协会已在北京连续成功举办六届“中国寻根之旅”夏令营大型集结活动，在海内外受到热烈追捧。2010年的夏令营活动约有5000海外华裔和港澳台地区青少年参加。此项活动已成为中国开展海外华文教育工作的知名品牌。

国共两党1937年4月5日同祭黄帝陵

在致词中表示：柏树的根坚韧不拔，很长很深，蔓延着中华民族五千年的悠久文化，我们有责任把这种文化带到世界每一个角落，并加以发扬光大。

在黄陵轩辕庙里，四座石碑格外引人瞩目：西侧前边是毛泽东1937年撰写的《祭黄帝陵文》，后边是邓小平在上世纪80年代题写的“炎黄子孙”；东侧前边是孙中山1912年题写的《黄帝赞》，后边是时任国民党总裁兼国民政府行政院长和军事委员会委员长的蒋介石于1942年书写的“黄帝陵”。

炎黄二帝，是中华儿女的凝聚之源。在民族大融合时期，炎黄二帝起着“协和百族，揖睦四邻”的整合作用；在国家遭遇外侮或困难的关头，他们是凝聚民族共渡难关的精神动力。在和平发展时期，人们寻根祭陵，是为了光大人文始祖开拓进取、自强不息的民族精神，以团结奋斗，兴我中华。正如著名国际问题研究专家郭震远所言：炎黄二帝是中华民族的始祖，所有炎黄子孙对他们都有一种发自内心的崇敬之情，并内化为中华民族全体成员对祖国的一种眷恋和热爱，进而激发出为之奋斗的力量。这便是根的吸引力所致。

邓小平曾多次从根的吸引力这个角度来阐发和运用“炎黄子孙”的含义——

1983年10月21日，他在会见蒋经国早年在莫斯科中山大学的同班同学高理文时说：“我带信给台湾的老人，说由我们老一辈来解决这个问题（即台湾问题），至少有一个共同点，那就是我们都是炎黄子孙。”

1988年6月25日，他在会见台湾客人时说：实现国家统一是所有炎黄子孙的共同愿望，我们应该努力实现这个愿望。

1990年6月11日，他在会见华人“世界船王”包玉

诗人说根

不管男女老少
不管天涯海角
不管什么观点
不管什么身份
只要忘不了长江长城
只要忘不了炎黄子孙
只要忘不了
这块古老的土地
只要忘不了这天安门
只要因中国的灾难而揪心
只要因中国的成就而振奋
那就足以证明
在内心深处
你有一条中国根
你有一副中国魂
你有一颗中国心
你是一个中国人
——黎阳
《此时此刻我是中国人》

刚时说：大陆和台湾要解决统一问题，这样全民族就都发展起来了。许多人不懂得这是中华民族的机遇，是炎黄子孙难得遇到的机遇。

“炎黄子孙”之谓，是一种血缘认同。因为，对共同世系的追溯，对同源共祖的确认，是血缘认同的重要方式。血缘相同，就有语言文字、风俗习惯、文学艺术乃至思想意识的一致，就能引发在共同语言、共同地域、共同经济生活以及共同文化根基上具有共同心理情感的人们的凝聚。可见，根的吸引力，是中华民族凝聚力之源。

“炎黄子孙”称谓是一个血缘符号，也是一个文化符号。海内外华人自称“炎黄子孙”实际上是对中华文化的认同，是“文化寻根”和“文化自觉”的需要，也是增强民族凝聚力的需要。

专家评点

从历史上看，中华民族是一个以宗法伦理制度为核心的农业民族，其所奉行治国平天下的观念是以宗亲为起点的，“以血为本，化家为国”，将亲亲长长的血缘关系推至天下，是以儒家文化为主导的中华民族国家观念的特有方式。也就是说，中华儿女民族意识的本源是对“血缘”的追溯，对“根系”的眷念。基于此，要增强中华民族的凝聚力，就应理性地增强文化寻根意识，以维系“血缘”和“根系”的吸引力。

相关链接

赫赫始祖，吾华肇造。
胄衍祀绵，岳峨河浩。
聪明睿知，光披遐荒。
建此伟业，雄立东方。
世变沧桑，中更蹉跌。
越数千年，强邻蔑德。
琉台不守，三韩为墟。
辽海燕冀，汉奸何多！
以地事敌，敌欲岂足。
人执笞绳，我为奴辱。
懿维我祖，命世之英。
涿鹿奋战，区宇以宁。
岂其苗裔，不武如斯。
泱泱大国，让其沦胥。
东等不才，剑屦俱奋。
万里崎岖，为国效命。
频年苦斗，备历险夷。
匈奴未灭，何以家为。
各党各界，团结坚固。
不论军民，不分贫富。
民族阵线，救国良方。
四万万众，坚决抵抗。
民主共和，改革内政。
亿兆一心，战则必胜。
还我河山，卫我国权。
此物此志，永矢勿谖。
经武整军，昭告列祖。
实鉴临之，皇天后土。
尚飨！

——毛泽东
《祭黄帝陵文》

林毅夫、陈云英夫妇
在十一届全国人大会议上

一份特别的定情物

关键词 河山的魅力

锦绣河山　生活　创造　地缘情结

在媒体眼里，林毅夫与陈云英堪称精彩的夫妻组合：一个是首位在世界银行担任要职的发展中国家学者，一个是中国第一个特殊教育博士；2008年十一届全国人大一次会议期间，丈夫是北京团代表，妻子则是台湾团代表。

面对记者的探究与猎奇，陈云英很是淡定："他就是我，我就是他，只是他是用男人的方式存在着，我是用女人的方式存在着。"这位"中国特殊教育第一人"在不经意中流露出一个他们夫妻俩的小隐秘："我俩都很热爱祖国河山。他送给我的定情物，就是当时台湾出版的最漂亮的一本画册，叫'锦绣河山'，上面有长江，有黄河，还有长白山。"

林毅夫为什么选择《锦绣河山》为定情物？

他说："祖国的锦绣河山太有魅力了，它是我的珍爱。"

的确，大自然在中华大土地上聚集了无与伦比的神奇与灵秀，使得中国山水呈现出千姿百态的奇观。看——

黄河从巴颜喀喇山发源，流经九省，东入渤海。沿途刘家峡、青铜峡和三门峡洪波荡漾，峭壁夹峙；华山、嵩山和泰山巍然屹立，气势磅礴，显示出中原山水雄伟庄严的气派。

长江从唐古拉山发源，流经十省、市、区，奔入东海。沿途云雨霏微的三峡、烟波渺渺的洞庭、突兀森耸的南岳、瑰奇明秀的庐山，又展现出江南山水奇绝清丽的姿貌。

黄山的奇松怪石、云海温泉，雁荡天台的奇峰飞瀑、碧潭清溪，钱塘江汹涌澎湃的大潮，富春江清澈见底的急流，杭州西湖的妩媚和扬州瘦西湖的清秀，使吴越的山水充满了无穷的趣味。

相传由东海飘来的罗浮山、布列如北斗的七星岩、山青水碧的清远峡、“奇秀甲于东南”的武夷山，远至琼岛的天涯海角以及风光旖旎的日月潭和景色独特的阿里山，又为东南海疆增添了传奇般的色彩。

在西北边陲，天山天池、哈纳斯湖、天鹅湖、博斯腾湖等高山融雪汇成的湖泊，宛如颗颗明珠镶嵌在瀚海之中，青藏高原上的班公湖和青海湖，则是鸟类聚居的大千世界。

东北关外，火山爆发造成的镜泊湖、兴凯湖和五大连池，犹如童话中的瑶池仙境；长白山以其特异的林海天池、完整的生态系统和丰富的生物种源，成为具有世界意义的典型山地自然景观。

至于峨嵋的佛光、云南的石林、黄果树的瀑布、张家界的天然盆景、九寨沟的原始森林、苍山洱海的云雪峰溪，以及由岩溶地形所构成的桂林山水，更是驰名天下……中华大地上蕴藏着无数探求不尽的神异魅力。

林毅夫钟情于锦绣河山，是因为大自然无比偏爱中华神州，也是因为华夏子民辛勤美化着中华神州——

中华大地上许多山水胜景之所以著名，除自然奇观之外，有的是因出现了祖先改造河山的感人故事，如遍布各地的禹王庙、贵州从江的加榜梯田、河南的挂壁公路等；有的是因流传着美丽动人的神话传说，如天台山的“桃园春晓”、黄山的“梦笔生花”、华山莲花峰

黄山迎客松

相关资料

国家旅游局发布旅游经济运行有关数据显示，尽管连续遭受重大自然灾害和突发事件，2008年中国国内旅游仍比上年增长了6.3%。亚太旅游组织预测：2010年后到中国旅游的人数每年将增长6.8%。

多彩的九寨沟

世界银行副行长兼首席经济学家林毅夫

上的斧劈石等；有的是因帝王足迹所至，如历代帝王封禅的泰山、骊山温泉、承德避暑山庄以及数不胜数的皇家园林；有的是著名文人曾居住、游览、题咏之处，如遍布全国的孔庙、武昌的黄鹤楼、苏州的寒山寺等；有的则因有堪称“世界之最”的建筑奇观，如万里长城、敦煌莫高窟、中国国家大剧院、杭州湾跨海大桥……此外，还有无以数计的“用心灵俯仰的眼睛看空间万象”的独特方法创造出来的山水园林、楼台亭阁，如那些叹为观止的山水诗、山水画、山水雕塑，就活灵活现地再现了美不胜收的中华河山。

林毅夫钟情于锦绣河山，是因为大自然的无比偏爱、华夏子民的辛勤美化，更是因为自己有挥之不去的大陆情结——

这不，送出《锦绣河山》几年以后，在台湾出生、在台湾服役的林毅夫无法抵御祖国锦绣河山的诱惑，他只身游过那湾浅浅的海峡，来到大陆。凭借着一颗报效祖国的赤子之心，林毅夫进入北京大学攻读经济学研究生，之后又到美国芝加哥大学师从诺贝尔奖获得者舒尔茨攻读博士。1987年，林毅夫圆满完成了耶鲁大学博士后的学习。本来，他可以留在美国。然而，中华锦绣河山太有吸引力了，林毅夫无法割舍自己的大陆情结。就在很多人都在猜测曾经游渡台湾海峡到大陆求学的林毅夫可能不会再回大陆时，林毅夫带着几箱子书，和妻子、儿女欣然回到了北京。

方寸里的锦绣中华

“为什么我的眼里常含泪水？因为我对这土地爱得深沉。”

千百年来，美丽的锦绣河山不仅吸引着中华儿女为之眷念，为之驻足，而且吸引着中华儿女为之辛劳，为之创造。

林毅夫正是这样。

在北大未名湖以北，有一处古典而幽静的四合院。林毅夫就是在这里主持闻名遐迩的中国经济研究中心。这位“最大的愿望就是累死在书桌上”的学者，正不知疲倦地挥动着经济研究的画笔。因为，“祖国的锦绣河山太有魅力了”，他誓以辛勤努力为自己的定情实物——祖国的锦绣河山再添光彩。

专家评点

中国人热衷于在中华大地上游历，遍览河山，叩访名胜，以寻觅渺渺之历史足迹，追溯久远之文明根系，探究古老之文化积淀；中国人热衷于在中华大地上创造，建设奇观，构筑艺术，以传承渺渺之历史足迹，延伸久远之文明根系，丰厚古老之文化积淀。中华壮丽河山始终吸引着中华儿女为之眷念，为之驻足，为之辛劳，为之创造。中华民族凝聚力由是而生。

毛泽东词云：江山如此多娇，
引无数英雄竞折腰。

颂诗撷英

黄河壶口瀑布

地理书上读你。读你
如读故乡那条蓝幽幽的小溪
祖母的蒲扇下读你。读你
如读萤火虫一闪一闪的灯谜
梦境的矮檐下读你。读你
如读母亲倚门唤儿的亲昵
线装的唐诗里读你。读你
如读李白将进酒的豪气
黄河，黄河啊
我是你穿红兜肚的孩子
……

——周所同《念黄河》

桂林山水

云中的神啊，雾中的仙，
神姿仙态桂林的山！
情一样深啊，梦一样美，
如情似梦漓江的水！
……

——贺敬之《桂林山水歌》

重庆谈判时期的
毛泽东（右）与蒋介石

握手，总需继续

关键词 民族利益的吸引力
抗日战争 国共合作 民族内聚力

我们不会忘记，屈辱，是中国近代史的主页：鸦片战争、甲午战争、八国联军侵华战争……近代110年间，多次中外战争都以中方失败而告终。然而，长达八年的抗日战争则是个特例，中国人民取得了伟大胜利。

掩卷沉思，人们不禁要问：在此之前的中国为什么不能在反侵略战争中克敌制胜？1945年中华民族又为什么能赢得抗战的胜利？

1840年，英国殖民主义者远涉重洋，率先侵华，中国的大门由此洞开。此后，其他列强竞相效法，泱泱中华逐渐沦为列强群起瓜分的对象。而此时据有中华民族政治核心地位的清朝政府却因循苟且，腐败无能，面对入侵列强，除了屈膝投降，就是割地赔款。清朝垮台后，袁世凯窃取了中华民国大总统的宝座，为复辟帝制，他竟然不顾丧权辱国，于1915年接受了日本提出的“二十一条”，演出了一幕不战而败的丑剧，这当然大大地刺激了日本的贪欲。正因为此，日寇又得寸进尺，于1931年再次发动了武力侵华的“九一八”事变。这时，以蒋介石为首的国民政府又置民族利益于度外，以“绝不抵抗”应对，使东北军一枪未发就让出了沈阳，四个多月内东北三省全部沦陷。

1937年7月7日，日本侵略者变本加厉，炮轰宛平城，进攻卢沟桥，发动了全面侵华的罪恶战争。于是，

在中华大地上演着惨绝人寰的屠杀、肆意蹂躏的浩劫。山河喋血，生灵涂炭，民族危机更为严峻地摆在中华各族人民面前。

国人仰天长叹：中国出路何在？中华民族希望何在？

面对严重的危机，有识之士认识到：置全民族整体利益于度外的主政者，不可能有效地组织全民族的力量去赢得反侵略战争；四分五裂、一盘散沙的中国，则不可能攥紧痛击外敌的铁拳。中国的出路只有一条——以至高无上的民族整体利益，呼唤中华各族儿女结成同仇敌忾的钢铁长城；中华民族的希望在于——国共合作，携手内聚，共建克敌制胜的抗日民族统一战线。

❑ 名词点击

内聚力（cohesion）：物理学概念，指同种物质内部相邻各部分之间相互吸引而使物质聚集成液体或固体的一种力量。引入社会学，泛指群体内部相互吸引和团结的力量。内聚力是任何民族、国家乃至任何社会团体生存发展中不可或缺的力量。社会心理学家通过大量研究证明，一个群体，内聚力越强，其成员就越遵循群体目标和规范，其群体的凝聚力和创造力也就越强。

事实上，早在1924年，为了打到帝国主义和封建军阀，赢得民族民主革命的胜利，国共两党就成功地实现了第一次合作。面对新的民族危机，国共两党理应以民族利益为重，尽弃前嫌，停止内战，一致对外。

正是因为民族共同利益的呼唤，1935年8月1日，中国共产党发表《八一宣言》，提出建立抗日民族统一战线的主张；1937年7 月8 日，中共中央又向全国发出通电，号召国共两党和全国同胞，团结一致，筑成坚固的长城，共同抵抗日军侵略。

正是因为民族共同利益的呼唤，1937年7 月17 日，中华民国国民政府主席蒋介石在庐山发表谈话，宣称“如果战端一开，那就是地无分南北，年无分老幼，无论何人皆有守土抗战之责任”，并在日记中写道：“遭必不能免战之祸，当一意作战，勿再作避战之想。”

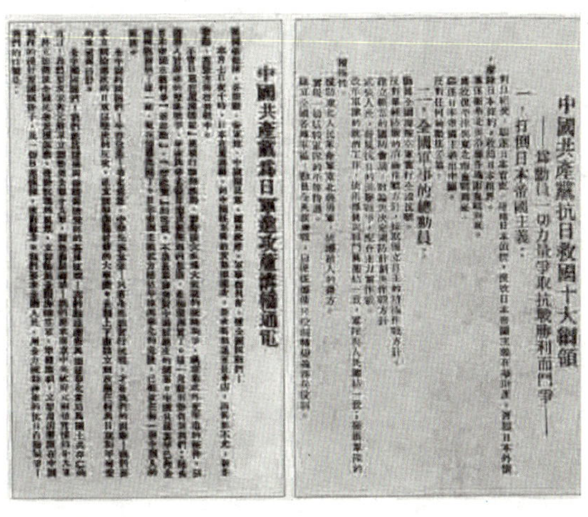

中國共產黨抗日救國十大綱領

——動員一切力量爭取抗戰勝利而鬥爭——

一、打倒日本帝國主義

二、全國軍事的總動員

中國共產黨為日軍進攻盧溝橋通電

中国共产党的抗日救国十大纲领和抗日通电

有诚言，见乎行。同年8月初，中共中央在陕北召开政治局扩大会议，通过了《抗日救国十大纲领》，并以此作为指导

美国著名油画家梁卓舒的作品《第二次国共合作——重庆谈判》巧妙地用双方正在移动、将要接触的双手来强化油画的主题

全国人民争取抗战胜利的根本方针。8月15日，蒋介石向所属部队颁发了抗日总动员令。

在民族共同利益的呼唤下，两党携手抗战，人民信心倍增。于是，举国上下齐动员，男女老少齐上阵，英勇的中国人民终于将日本侵略者赶出了中国。中国有救了！中华民族有希望了！

政治核心力量的握手，是民族发展进步的关键。中国历史上国共两党的第一次握手虽仅持续三年，但带来的民族进步却不容忽视：北伐战争的胜利，沉重地打击了帝国主义和封建军阀的反动统治，结束了自清末以来四分五裂的封建割据局面，为此后国民政府统一中国奠定了坚实基础。抗战期间的国共合作虽然也没有顺利地继续下去，但这次握手所形成的历史经验却不容忽视：有内聚，民族才能转危为安；有内聚，民族才能步向光明和兴旺的明天。

2005年4月29日，中共中央总书记胡锦涛与中国国民党主席连战举行了历史性的会晤，国共两党最高领导人的手又一次紧紧地握在一起。曾经隔海相望数十载的国共领导人，在相逢一笑之中泯灭了恩仇，为60年的分手画上了句号。

2008年、2009年，同是在惠风和畅的5月，中共中央总书记胡锦涛与国民党主席吴伯雄的手两度紧紧相握，使“两岸和平发展共同愿景”的实现取得了突破性进展。

国共两党每一次握手都是民族共同利益使然，都使中华民族的状况大为改观。据此可以断言，国共两党的握手之举势将继续，内聚力愈

国共两党握手，全民踊跃抗战

益强化的中华民族势将获得“复兴”的奇迹。

专家评点

抗日战争是近代史上中国对入侵者的第一次完全性胜利，其意义不仅在于挽救了民族危亡，改变了世界格局，使中国从此成为遏制军国主义、维护世界和平的重要力量，而且在于它为中华民族的生存提供了不可移易的原则：民族与国家的利益高于一切。同时，它也为中华民族的发展揭示出不可或缺的前提：克服分裂现象，强化民族内聚力。

□ 史海钩沉

1993年4月27—29日，海峡两岸关系协会会长汪道涵先生和海峡交流基金会董事长、国民党中央评议委员会主席团主席辜振甫先生在新加坡举行会谈，实现了两岸高层人士40多年来的首次握手。这次世人瞩目的“汪辜会谈”签署了促使两岸关系趋向缓和的四项协议。

汪道涵先生（前左）和辜振甫先生（前右）亲切握手

□ 史实启示

明末，李自成的农民起义军攻占北京，沉重地打击了明王朝的腐朽统治。不久，清军入主北京。当时，如果仍占有长江以南半壁河山的南明统治集团内部戮力同心，联合占据着西北和四川广大地区的仍拥有强大势力的农民起义军一致抗清，而不是朝廷内部争权夺利，将相不和，内讧不已，那么，清军也不可能迅速消灭相继成立的几个南明政权。当然，从整个中华民族的角度看，清朝乃大中华之子民所主宰，当年晚明遗臣的扼腕捶胸之恨和抗清将士的壮志未酬之痛似类杞人忧天。但是，这一史实却无可争辩地告诫人们：内争不已必亡国！

李宗仁将军

卡拉奇，中国客人神秘失踪

关键词 祖国的吸引力
李宗仁 共和国 秘密回国

1965年7月14日凌晨3时许，巴基斯坦卡拉奇国际机场，一艘瑞航客机缓缓滑入跑道。飞机刚停稳，头等舱里的三位中国人便拿好行李，准备离舱。舱门打开，舷梯上站立着两名全副武装的巴基斯坦军警。他们向空中小姐行了一个军礼，用英语说道："小姐，对不起，我们例行公事。"

空姐莫名惊诧，只见军警将头等舱的那三位中国客人领出机舱后，立即上了一辆巴方警车。警灯闪亮，警笛鸣响，警车风驰电掣般驶出机场……警车里安坐着的是即将回国的李宗仁伉俪和秘书程思远，还有护送者中国驻巴大使丁国钰。

台北，阳明山别墅。蒋介石向保密局局长发出跨国绝杀令："两天内迅速侦知李宗仁的住处，如确在大陆驻巴使馆，务须弄清其所乘飞机之机型、班次、时间和航线，尽一切可能在他去机场途中狙击解决；不行，就在飞机上做文章，再来一次'克什米尔公主号事件'也在所不惜！"

曾经与中国共产党生死决战过的国民党代总统李宗仁，在旅居美国十数年之后下决心回到中国共产党领导下的新中国来安度余生，这实在是一件令蒋介石恼羞成怒、令全世界瞠目结舌的大事。而这一事件的诱因，就是日渐强大的中华人民共和国及其令人感动的无比热情和诚恳。

1948年4月，总统蒋介石（前排右三）、副总统李宗仁（前排右二）等合影

作为一名职业军人，李宗仁在旅居美国期间对美国军队比较了解，故而对中国军队开赴抗美援朝战场十分担心。这场战争以中、朝军队将美、李军队赶至三八线以南的最终结局，促使李宗仁认识到，毛泽东是一位伟大的军事家，中国人民解放军是一支了不起的武装力量。后来，李宗仁陆续得知新中国能自己制造坦克、大炮和飞机等消息，对祖国更是刮目相看了。作为原国民党的代总统，李宗仁比谁都清楚国民党败走台湾时留给共产党的是怎样的一个烂摊子。而今，新中国不仅拥有强大的军事力量，而且工业、农业等各方面建设所取得的成就，更是李宗仁当代总统时无法比拟的。正是看到了新中国在各方面所取得的突飞猛进的成功，李宗仁意识到美国此时虽与台湾有共同防御协定，但其协助台湾攻打中国大陆，已是镜中花水中月的虚幻之事。中国已日渐强大起来了。

更何况，中国是李宗仁的祖宗之国。人们之所以会崇敬、珍爱祖宗之国，是因为它有“血浓于水”的特殊含义；人们之所以要眷念、捍卫祖宗之国，是因为它有故土亲情的强大吸引力。冥冥之中，李宗仁听到祖宗之国在召唤，他想为它做点什么。

1955年秋，李宗仁发表了《对台湾问题的建议》，明确提出“要由中国人解决中国的事情”。北京得知李宗仁的主张后，便立即启动了促使李宗仁回国的计划。

资料回放

旅居国外的中国歌手爱新觉罗·启笛对记者说：“某一天，某一刻，忽然在异乡听到国歌的声音，看到五星红旗，你会激动，你会哭，你会明白，自己的归宿在哪里。”

不过，此时的李宗仁对回国仍心存芥蒂，其贴身秘书程思远1956年和1959年两次回大陆参观时悄悄与周恩来总理晤谈的行动，遭到了李宗仁的训斥："如此重大之举动，事前并无商量便擅自行事！"

周恩来总理（左三）、陈毅副总理（左一）等在上海虹桥机场盛情迎接李宗仁（左二）

祖国并未因此放弃，周恩来总理三次召程思远赴京，面授机宜——

1961年6月，北京面谈之后，周总理请程思远择日远行欧洲，向旅居那里的李宗仁进行回国动员。

1963年11月，又一次北京面谈之后，周总理让程思远向李宗仁转达中国政府的"四可"观：可以回国定居，可以回国后再出去，可以在愿意的时候再回来，可以在欧洲暂住一个时期再定行止。于此，李宗仁欲寄人篱下的念头开始动摇。

1965年6月，李宗仁派程思远的夫人石泓赴广州用电话向北京请示回国事宜，周总理让她转告李宗仁，为避开美国和台湾国民党的阻挠破坏，可策略性地先到欧洲走一走，不要直接从美国回国。同时，周总理请程思远火速赴京。6月18日，中央统战部部长、国务院秘书长等会见了程思远，并告诉他，周总理已出国访问，他临行时明确交代："一，政府发给李先生一笔回国旅费，由你带往瑞士面交（李宗仁此时借口陪夫人疗养已先行飞往瑞士）。二，中央政府也发给你一笔旅费，请你去瑞士把李先生接回来。三，你到苏黎世会晤李先生，到时会有专人与你联系，你们会在那里得到应有的协助。"

1965年7月初，外交部向丁国钰大使下达了周总理的指示：务必在卡拉奇机场将李宗仁一行三人接回大使馆，并亲自护送回国。13日晚，李宗仁一行离开苏黎世，飞往卡拉奇。台湾方面从日内瓦派往苏黎世的两个彪形杀手扑空。

在卡拉奇机场，为确保万无一失，丁国钰以一个私人朋友身体极度不适，需尽快接回大使馆为由，请巴基斯坦国际航空公司总经理开了个特别“后门”。于是，便出现了空姐看到警车在机场飞驰电掣的一幕。

1965年7月17日零时30分，丁国钰用乔装的车辆引开特务监视后，李宗仁一行顺利地登上了巴方交由中方配备机组人员的波音720客机。18日上午11时，飞机安全降落在上海虹桥机场，周恩来总理、陈毅副总理偕上海市委书记陈丕显以及部分原国民党高级将领，正守候在机场。

李宗仁激动地走上前去，周恩来热情地伸出右手。这是中华人民共和国总理的手，也是李宗仁祖宗之国的手。双方的手紧紧地握在一起……

思维延伸

“国家兴亡，匹夫有责”的使命感，常表现于“我以我血荐轩辕”的大无畏精神。何以有“责”？因为有“国”；何以洒“血”？因为有“国（轩辕）”。

当吉普赛人拖着他们的车队流浪于世界各地的时候，迎接他们的很少有热情的掌声和真诚的喝彩。因为，吉普赛人没有自己的祖国。

专家评点

关于李宗仁回国，社会学家认为其动因有三：一是新中国日益强大起来的国防力量和经济建设所取得的伟大成就，二是党和政府对侨居海外的原国民党军政人员提出的来去自由的政策和长期耐心细致的思想工作，三是祖宗之国的吸引力。的确，一个国家，尤其是祖国，具有日渐强大的实力、亲和的政策和热情的举动，就一定能释放强大的吸引力。李宗仁回国正是这股强大的吸引力使然。

毛泽东与李宗仁（台儿庄李宗仁史料馆存）

曾憲梓黎桂康林瑞麟范徐麗泰黃少雄等主禮 600工商名流歡聚

廣東外商公會二十周年慶典冠蓋雲集

2008年廣東省工商聯（總商會）春茗晚會暨廣東外商公會成立20周年慶典

广东外商公会20周年庆典冠盖云集

历史不会忘记这一幕

关键词 经济因素
逃港 外商投资 经济发展

1979年5月6日，中国的历史会记住这一天。

这一天，深圳发生了令国人难忘的一幕：在“伊丽莎白女王登基日凡居港者可获永久居民权”的谣言蛊惑下，来自惠阳、东莞、宝安80多个乡镇的7万多民众，像数十条凶猛的洪流，黑压压地扑向深圳，两个海防前哨不到半个小时就被汹涌的人潮所吞噬，成功脱逃者竟达3万之多。这次“逃港潮”不仅严重波及广州、南海、台山、海丰、潮安等广东的62个县（市）及全国12个省，而且在一些地区引起了骚乱。

时至今日，人们已无法想象当时“逃港潮”的严重程度，无法揣度那些安土重迁的农人渔民拖儿带女匆匆离乡的情景，也无法描述他们踉踉跄跄越过边界线时回头一瞬的踟蹰心情和盈盈泪光。但是，这次“逃港潮”却能唤起人们一连串的灰色记忆——

1957年，公社化运动期间，一次逃港5000多人。

1962年，经济困难时期，一次逃港约1.9万人。

1972年，“文化大革命”期间，一次逃港约2万人。

……

20世纪六七十年代，深圳公安的主要任务是严防“三偷”（偷听敌台；偷窃集体财产；偷渡出境）。尽管，当时从中央到地方一直对民众外逃这个问题严防死守，但是，偷渡之风却愈演愈烈。

这是为什么？

时任宝安县县委书记的李富林回忆说，当时，香港经济突飞猛进，劳动收入十分可观，而留港的人大多可获香港身份证。这就是说，人们逃港是粤、港经济的巨大差距所致。

县委书记一语中的，他的话既有穿透力，又有唯物观。唯物主义认为，物质是第一性的，物质生活是人的第一需要，“人们首先必须吃、喝、住、穿，然后才能从事政治、科学、艺术、宗教等等”。物质决定意识，意识决定行为。一个物质生活条件较差的国家、民族、地区乃至单位，一定是缺乏吸引力，甚至会滋生离散力的。反之，一个物质生活条件很好的国家、民族、地区乃至单位，一定是具有较强吸引力和凝聚力的。

令人难忘的是，经久不息的“投资热”又从另一个侧面证明了这一点——

自1978年始，改革开放的浪潮席卷中华大地，中国的经济迅速发展并且深深地吸引着广大港台同胞和海外华侨华人。于是，取当年“逃港潮”而代之的是奔向大陆的“投资热”。

1978年底，香港永新企业有限公司主席曹光彪先生在广东珠海投资开办了第一家合资企业——香洲毛纺厂，首开“来料加工”和“补偿贸易”之先河；1979年初，被奉为创业楷模和经营之神的香港长江实业集团有限公司董事局主席李嘉诚先生，在潮州捐建了14栋“群众公寓”；1981年初，香港妙丽集团董事长刘天就先生在深圳兴建了中国第一家合资酒店——竹园宾馆；1983年，香港地产建设商会会长、霍兴业堂置业有限公司董事长霍英东先生斥巨资在广州建成了中国第一间涉外宾馆——白天鹅宾馆……港

资料回放

1978年初夏，宝安县委党校一间普通的屋子里，广东省委书记习仲勋找外逃严重地区的干部谈话。福永公社凤凰大队书记文富祥实话实说——

习仲勋问：“怎么外逃那么多人？”

文富祥答：“因为香港比这边好。”

习仲勋问：“香港怎么好？”

文富祥答：“香港分配多，还能买到好东西。”

20世纪70年代到深圳中英街购物的人流如潮

2006年的深圳

1985年的深圳

商、港资纷纷飞向大陆。

同时，大陆台资企业从无到有，从小到大，也迎来了前所未有的发展。截至2009年底，大陆台资企业累计有79750家，台商达160多万人，协议投资金额超过1000亿美元，实际到资达493亿美元。在大陆外资总额中，台资的比重为7.2%，若加上台商通过英属中美洲群岛、港澳、东南亚等第三地的转投资，比重已达10%，排名第二，仅次于港资。台湾电机电子公会发表《2009年中国大陆地区投资环境与风险调查》显示，大陆的投资环境力上升，投资风险度下降、台商由单一市场转向区域市场、由贸易市场转向内需市场、由代工生产转向自创品牌。新一轮的台商布局大陆正在启动。

……

据有关部门统计，近20多年来，大陆吸收6220多亿美元的境外投资中，至少有多达4000亿美元是由华商或华商主导的企业带来的。中国近95%的外资来自20个主要国家与地区。而在这20个最大的外资来源地中，有11个对华投资的企业主体实际上是华商。据不完全统计，截至2009年底，中国批准设立外商投资企业66万家，其中华商企业约占70%；中国实际利用的外商投资中大約有2/3的资金是华商投资。也就是說，每3美元的外商投资中，就有2美元是由华商带來的。外商“投资热”带来了中国经济的快速发展。

殊途却能同归。无论“逃港潮”还是“投资热”，

都无可争辩地表明：经济是基础。只有经济繁荣发展，才能使其民族、国家具有强大的吸引力，进而产生强大的凝聚力。

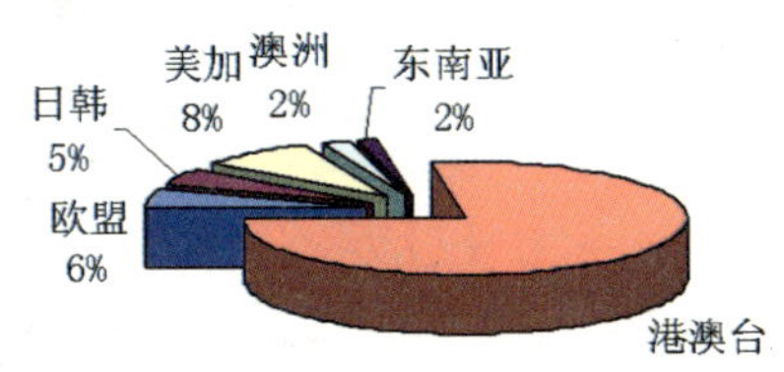

外资来源地区分布示意图

延伸思考

20世纪80年代以来，广东经济发展迅速。于是，百万民工下广东的“雁南飞”现象令世人瞩目，而每年年关的百万民工离广东的“雁纷飞”现象又令世人咋舌。为什么这种世界上最大的周期性人口流动，是经济繁荣地的吸引力所致？

专家评点

物质资料的生产是人类活动的首要前提，物质利益的要求是人们进行各种社会活动的直接动力。虽然，民族凝聚力通常表现为民族意识、民族精神等非物质形态，但其基础依然是物质的。民族经济是民族凝聚力的物质基础，共同的物质利益是民族凝聚的基本动因。经济发展，物质丰腴，生活富裕，就能增强对中华儿女的吸引力，就能增强中华儿女的自信心和自豪感。

新中国成立60年来经济发展取得的惊人跨越

中国从低收入国家迈入中等收入国家行列 国内生产总值实际增长77倍，财政收入增长约1000倍，外汇储备增长1万多倍。
中国完成从农业社会向工业化中期阶段的伟大跨越 中国拥有联合国产业分类中所列的全部工业部门，成为“全球制造业工厂”。
中国以占世界7%的耕地养活了占世界22%的人口 2009年中国粮食产量达10600亿斤，粮食自给率保持在95%以上。
中国城乡面貌发生了翻天覆地的变化 公路增长约38倍，铁路增长约3倍，民航里程增长200多倍，城市的数量增长6倍。
中国城乡居民生活水平实现了从贫困到小康的历史性跨越 人均存款增长约1万倍，城镇居民收入增长约150倍，农村居民收入增长约100倍。
中国打破封闭，经济发展空间不断增大 外贸出口额增长2600倍，“中国制造”遍及世界，成为全球外商直接投资第二大国家。
中国打破僵化，经济体制改革不断创新 98%以上的商品、95%以上的生产资料产品价格由市场决定，职工年平均工资增长约60倍。

帖子山呼海啸般涌来

关键词 民主的吸引力
网络问政 民众评论 广开言路

“温总理来啦！”

2009年2月28日下午，从中国政府网和新华网的工作室内传出这样一声高呼。工作人员小张跟着人群挤到门口，她踮起脚尖却看不到温总理的面孔。身边的同事回头冲她一乐：“没办法，总理就是这么受欢迎。”

这是中国国务院总理温家宝第一次来到公共网络平台，与网民进行“零距离”亲密互动。国内外媒体都在密切关注温家宝带来的这股中国网络热潮，记者们发现，中国网民参与提问的热情分外高涨。据粗略统计，温家宝的这次网聊招致全球网友近30万个提问。

“帖子山呼海啸般地涌来，眼睛都跟不过来了。”新华网在线论坛的网络编辑刘小军向《国际先驱导报》记者如是感叹。

网友“流浪的猫”说：“看到这么多网友和总理交谈，我很感动。总理是大家的好总理，祝总理平安健康。”

“总理上网，与网情深，好评如潮，开创新风。今天对于互联网，真是一个特殊的日子。”网友“一往情深”如此点评。

事实上，从2008年开始，网络上活跃着的“什锦八宝饭”就频频成为外媒笔下的关键词。这个“什锦八宝饭”自称是当代中国最高领导的“粉丝团”，他们用亲昵的称呼表达对胡锦涛、温家宝民主、亲民、务实的执政风格的赞同。

细心的网友发现，由于提问网民众多，温家宝从下午3时开始就一刻不停地回答问题，尽管水杯近在手边，他却一口水也没喝。《澳门日报》也注意到了这个细节，在整版报道此次在线交流内容的同时，报纸链接了网民在对话中对温家宝总理的关心和提醒："在温家宝首次网聊强调'真心谈话'的过程中，不时有人透过网络对这位总理说，'请总理喝水'、'您辛苦了，别累倒了。'"

首次與網民線上交流

溫總：中國經濟開始好轉

回應劍橋大學掟鞋事件

溫：擲危險品我也不動絲毫

《澳门日报》关于温总理首次与网民线上交流的报道

如果说，2008年6月20日，中共中央总书记胡锦涛在人民网"强国论坛"与网民互动让国外媒体感到"非常意外"的话，那么，对于这次中国民众与总理的"网聊"，媒体则把关注的重点从形式转向内容，更倾向于中国总理对民主政治、金融危机等重要问题的解读上。国内外媒体尤其对温家宝强调中国公民"有权批评政府"的主张和"要真心谈话"的态度表示称赞，认为这就是民主的体现。

由此，人们不禁联想到近年来媒体曝出的一系列令中国民主蒙羞的新闻——

河南孟州的六位农民举报一村办酒厂的经济问题，他们在印发的小册子《正义的呼唤》中批评了任调查组领导的孟州市某些官员营私舞弊、处理不公的错误做法。然而，他们的正义之声却让自己以涉嫌诽谤罪锒铛入狱。

重庆市彭水县教委某借调干部，因向朋友们发送了一则自己编辑的针砭时弊的诗词短信，被认为涉嫌诽谤县委书记而遭逮捕，数十位收到这条信息的朋友和同事也遭株连，他们纷纷被传唤，以追查短信背后的动机。

山西稷山县三位干部认为该县县委书记在投资环境、职工工资等问题上失信于民，遂将问题整理成文，

名词点击

民主，源于希腊字"demos"，意为人民。在民主体制下，人民拥有超越立法者和政府的最高主权。政治，是人类共同体借助公共权力（或特权），管理冲突并实现特定价值目标的方式和过程。民主政治，是凭借公共权力，和平地管理冲突，建立秩序，并实现平等、自由、人民主权等价值理念的方式和过程。

2010年4月16日，由南方报业传媒集团、人民网、南方民间智库等机构主办的广东首届网络问政研讨会在惠州召开

分别邮寄给当地30多个部门的负责人。为此，检察院以诽谤罪将写信人公诉到法院，甚至对当时不在本县者进行网上通缉。

海南两位教师对儋州市政府将那大二中高中部迁到海南中学东坡学校的决定持反对意见，在网上以对唱山歌的形式发表言论。儋州警方以涉嫌对市领导进行恶意诽谤、人身攻击为由，将两位教师处以15日行政拘留的处罚。

山东公民董伟、王子峰、扈东臣等人在“百度——高唐吧”发帖子，被认为涉嫌“侮辱”、“诽谤”高唐县委书记而被刑事拘留，高唐电视台还在新闻、警方节目中声称破获了“攻击县委、县政府”的“重大网络刑事犯罪团伙”。

河南“孟州书案”、重庆“彭水诗案”、山西“稷山文案”、海南“儋州歌案”、山东“高唐网案”这些现代版的因言获罪案，虽有不同情节，却有相同特征：民众对政府官员的评价、议论权利被剥夺，民主遭践踏。为此，网上谴责的帖子亦山呼海啸般涌来。

古人云：“人非圣贤，孰能无过?”正因如此，古代帝王常设置谏官，自己有了错误，臣子可以进谏。今天，我们推进的民主政治，是对整个国家和民族以及广大人民群众而言的。官员不能为所欲为，权力要受到民众的监督；官员要与老百姓平起平坐，不能高高在上。单这两点，要做到，并非容易事；要做到，就得有民主。

所谓民主，是以多数决定、同时尊重个人与少数人的权利为原则，在尊重多数人意愿的同时，保护个人与少数群体的基本权利。民主，民主，人民当家作主。任何民族，任何国家，有了民主，才有吸引力；有了吸引力，才有凝聚力；有了凝聚力，民族才能兴盛，国家才能发展。

自胡锦涛、温家宝掀起“网络问政”的民主热潮之后，网上议政之声风起云涌，如火如荼，众多论坛推出了“总理，请听我说”、“我有问题问外长”、“向部委建言”、“向官员问政”等专题，这些专题吸引和凝聚了从大学生到农民工等众多参与者。这既验证了温家宝在接受英国《金融时报》专访时所言：“社会主义欢迎民主，我们中央政府欢迎民主”，也表明民主形成的吸引力和凝聚力，具有促使广大群众释放参政热情、增强为国意识的功能。

阅读思考

齐威王虚心听取邹忌的劝告，下令张榜求谏.结果“期年之后，虽欲言，无可进者。燕、赵、韩、魏闻之，皆朝于齐”。

周厉王全然不听召公的劝阻，强行“止谤”,老百姓皆“道路以目”，厉王反以“国人莫敢言”自喜。结果，三年之后，厉王被“流于彘”。

齐威王和周厉王的做法及其结果当给后人留下有益的启示。

专家评点

民主是个好东西。有民主的国家和民族，一定是有吸引力的。但无数事实证明，民主政治不会自发运转，需要广大人民尤其是代表人民利益的政府官员去推动和维护。古人所谓“为川者决之使导，为民者宣之使言”，讲的就是要广开言路，从谏如流，这是发展民主政治、增强全社会凝聚力的重要渠道。

海外华人子女及外族新生代在学习中华文化

香蕉·芒果·土鸡蛋

关键词　中华文化的吸引力
香蕉人　芒果人　鸡蛋人　传统文化

香蕉，一种外黄内白的水果。芒果，一种外黄内黄的水果。土鸡蛋，一种外白内黄的食品。这里，强调外与内、白与黄，为的是拟人。

香蕉人，即外表黄肤色，内心认同白种人思想与文化的人。泛指在西方文化熏陶下出生与成长的华裔后代。在美国、澳大利亚、加拿大，“香蕉人”较为普遍。由于中华文化的强大吸引力，现在许多“香蕉人”开始满怀热情地关注起中文来。

祖籍福建，出生在印尼的陈先生，18岁进入美国加州大学洛杉矶分校主修人寿保险精算专业课程，现定居西雅图。他是美国一家房地产开发公司和网络“出版在线有限公司”的老板，同时还在拉斯维加斯开着十数间咖啡屋。除了那黄色的脸和中国南方男人的中等身材，陈先生似乎是一个真材实料的美国人。他喜欢运动，爱唱歌，说话时的手势跟美国电视节目“迪克曼的科学世界”里的主持人迪克曼很相似……可这位“香蕉人”却口口声声说自己是中国人，并常为自己不会讲汉语、不了解中华文化而内疚不已。像陈先生一样，印尼不少华侨华人华裔为不懂中文而苦恼。

香蕉人

在陈先生居住的西雅图，周末常有一些汉语教学班，他发现有的教学班从每班20余人迅速发展到约400人。这件事启发了他。2000年，他建立了一个旨在把中华文化呈现给全世界华裔家庭的网站，希望借此平台使中华文化在海外代代相传，使全世界任何种族的人都能在这里感受中华文化的魅力，使全世界所有的“香蕉人”都能由此而变成“芒果人”。

芒果人

“芒果人”，这是近年对那些在接受西方教育同时也具有中国传统文化思想的移民子女的称呼。由于身处“夹缝”的尴尬（中国人会对他们说：你是中国人？你怎么不会说汉语？外国人会对他们说：你是中国人？你的英语怎么说得这么好？），更由于中华文化的吸引力（中华文化博大精深、丰富多彩，汉语是互联网上第二大语言），今天已经有越来越多的移民子女选择做一个“芒果人”。

出生于美国刚满九岁的李存中，尽管只有一半的中国血统（爸爸是犹太裔美国人，斯坦福大学计算机系博士；妈妈李笑冰，是美籍华裔，哈佛硅谷校友会会长），其国学基础却令人羡慕不已。与她相处几个小时，你会发现，李存中的中国话出口成章，成语、俗语的运用挥洒自如。一次，存中一家与华语电视台记者去餐馆用餐，刚好餐馆门口有部车离去，存中妈妈便将车停到那个空位里，岂料存中竟能脱口而出：“来得早不如来得巧！”记者惊讶于她运用熟语的能力。李笑冰说，存中的业余爱好都是“中国化”的，中国古典、民族舞的技巧和表演，还有中文歌曲演唱、韵律体操、国语朗读，都是她的爱好。

为什么存中会如此钟情于中国文化呢？

资料回放

在全国政协十一届二次会议上，美国华盛顿同乡会会长何晓慧说，海外很多华侨华人都很重视子女的中文教育，也希望中华文化能被主流社会接纳。目前，在美国接受中文教育的学生中，不仅有华人华侨子女、被美国家庭领养的中国儿童，而且还有为数不少的对中国文化感兴趣的美国成年人。

“我知道中国有京剧、昆曲，甚至知道粤剧、河北梆子，还有脸上的油彩可以变来变去的川剧。”人称“中国通”的丹尼斯滔滔不绝地说，“我还喜欢中国的五粮液，口感比我自己家窖藏15年的威士忌还棒，我要带它回爱尔兰给我的老父亲尝尝。”

李存中写给华语台叔叔阿姨及听众的祝福

因为她有一个视中华文化为生命的“芒果”外祖母。小存中的外祖母李华英早年带着女儿移民美国，多年来一直坚持与女儿只讲中文，并和女儿一起见缝插针地鼓励小存中学习中华文化。李华英认为，中华文化是华人华裔的命根，丢不得；中华文化是华人华裔的骄傲，少不得。她很欣赏王力宏在《华人万岁》里的唱词：“华人万岁全世界都听到，我的文化就是我的骄傲。”

有人说，李存中皮肤白皙，长着一副地道的美国人面孔，与其说她是“芒果人”，不如说她是“鸡蛋人”。“鸡蛋人”，白皮黄心，泛指那些热爱中华文化，学习并弘扬中华文化的西方人。当前，随着中华文化与世界文化交流日趋频繁，越来越多的西方人已成为痴迷中华文化的“鸡蛋人”。

说到“鸡蛋人”，最典型者非“大山”莫属。大鼻子、蓝眼睛的大山是加拿大人，本名马克·罗斯韦尔。在中国一住就是20多年的大山，用纯正的京味儿中文让自己在中国的艺术舞台上征服了无数观众。

大山高山，山外有山——

“我来晚了，真是对不起。今儿个出门不顺，哪儿哪儿都堵车，的哥还忒厉害，哪条道都不想绕。这样我才姗姗来迟，对不住，真是对不住哇。”这位两片薄嘴唇吧唧吧唧地翻腾出一口“京片子”的人，是来自法国的李霁霞，一个能演能唱、被称为“女大山”的相声演员，一个自诩有了中国相声“瘾”、中了中国文化“毒”、最后索性将自己嫁给了中国人的古灵精怪。

典型的“鸡蛋人”大山

如今，不仅有男大山、女大山，还有不少

的小大山呢。如果你看到洋娃娃似的外国小孩儿字正腔圆地念叨着“鹅，鹅，鹅，曲项向天歌。白毛浮绿水，红掌拨清波”的时候，不用诧异。因为，中国古典诗词是中华文化中的瑰宝。源远流长的中华文化在世界上颇具影响：它不但让亚洲一些国家钟情，而且在欧、美一些国家和地区也得到了越来越多的认同，正越来越多地吸引和凝聚各种肤色的人们，正越来越多地孕育和衍生出各种“鸡蛋人”。

为什么会这样？

因为，中华文化博大精深，有着极强的吸引力。

中华民族凝聚力研究丛书《永恒的民族古典》

专家评点

文化之根，连着形，连着神，连着魂。优秀的中华传统文化植根于全世界华夏后裔的心灵之中，成为一条看不见、摸不着，却可把全世界华人华裔紧紧联系在一起的精神纽带。这条精神纽带在中华民族几千年的团结奋进中发挥了并将继续发挥重要作用。与此同时，中华文化博大精深、丰富隽永，令中华儿女为之骄傲，为之自豪，亦令外国朋友为之吸引，为之倾心。

2008年12月20—21日，北京师范大学文学院与北京语言大学对外汉语研究中心联合主办的“不同环境下的汉语教学”国际学术研讨会在珠海分校隆重举行

相关链接

当前，被称为“汉语托福”的中国汉语水平考试（HSK：“汉语水平考试”的汉语拼音缩写）正吸引着越来越多的外国考生。中国汉语水平考试是为测试母语非汉语者的汉语水平而设立的国家级标准化考试。上世纪90年代初此项考试刚设立时，每年只有200多位考生。之后近20年，考生人数每年以40%~50%的速度增长。据不完全统计，现在全世界学习汉语的人数已经超过2800万。此项考试已经在中国以外的30多个国家的90多个城市设立了考点。

中国共产党党旗

那一杆高扬的旗

关键词　政治核心的吸引力
为民　利民　中流砥柱

斗转星移，大浪淘沙。在百年的历史演进过程中，各种政治力量在中国近现代舞台上奋斗、博弈，演出了一系列惊天动地的大事件。其中，许多势力昙花一现，成为“其兴也勃焉，其亡也忽焉”的历史过客。最终，泱泱中华，中国共产党力主沉浮，成为中华儿女拥戴的政治核心，成为中华大地坚强的中流砥柱。

为什么？

因为，得民心者得天下。

是啊，人民群众由衷地拥戴以人为本的共产党，爱戴那些用实际行动诠释为民谋利的共产党人——

■ 做官先做人，万事民为先

2003年初，在通过中央电视台评选出的“感动中国”十大人物中，评委给排名榜首的湖南省第九届人大常委会副主任、党组副书记郑培民的评语是：“他身居高位而心系百姓，他以‘做官先做人，万事民为先’为自己的行为标准，直到生命的最后时刻仍然不忘自己曾经许下的诺言。他树立了一个共产党人的品德风范，他在人民心里树立起一座公正廉洁为民服务的丰碑。”

湖南省新宁县盲人作家曾令超说：“我称培民书记是‘平民书记’。他为政清廉，没有一点官架子，特别关心老百姓的冷暖。”长沙县印山村党总支书记李焕然

说：“培民书记作风务实，爱民亲民，是一位真正的为民书记。”

在首都北京，人们也感慨系之：“这样有着平民心态，又保持着党员领导干部高标准和严要求思想的领导干部，社会太需要了。我们的社会有千千万万个郑培民式的优秀领导干部，我们的国家一定会发展得更快。”

草原上那一杆不落的旗

锡林郭勒草原，美丽壮阔，一望无垠。1974年夏，新中国开国少将廷懋的儿子、19岁的蒙古族小伙子廷·巴特尔从呼和浩特来到这里插队，在草原深处扎下了根。一次次返城的机会，他都让给了别人，而把自己的身心全留在了草原。数十年来，作为锡林郭勒盟阿巴嘎旗（县）洪格尔高勒苏木（乡）萨如拉图亚嘎查（村）的党支部书记，廷·巴特尔到底为牧民做了多少事，谁也数不清。

有一年春节，他回呼和浩特探亲，母亲看着皮肤黝黑的儿子，心疼地说：“巴特尔，我和你爸都老了，你回来吧，回到我们身边来。”他说：“妈妈，我不能回来。我一走，牧民就哭。”廷·巴特尔一点也没夸张，母亲的确亲眼看到，当巴特尔风尘仆仆地回到萨如拉图亚时，闻讯赶来迎接的牧民们“呼啦”一下子全围住了他，有人冲上前来紧紧地抱住他，好像生怕他跑掉了似的。

母亲深有感触地对记者说：“我知道了，儿子真的不能离开草原。”

记者不无感触地对老人说：“您的儿子由将军之子变成了草原之子。”牧民们十分深情地对记者说：“巴特尔是我们的主心骨，是我们草原上一杆不落的旗。”

名句索要

意莫高于爱民，
行莫厚于乐民。
——《晏子春秋》

先天下之忧而忧，
后天下之乐而乐。
——范仲淹

衙斋卧听萧萧竹，
疑是民间疾苦声。
些小吾曹州县吏，
一枝一叶总关情。
——郑燮

反映周国知先进事迹的电影《沉默的远山》海报

■ 用生命撑起一片屋檐

2003年9月27日，在湖北省恩施土家族苗族自治州宣恩县椿木营乡，20年如一日坚持不懈地为群众做好事、办实事、解难事的民政干部周国知，走完了他短暂而光辉的一生，用生命谱写出一曲情系大山百姓的壮丽凯歌。

这位普通的基层党员干部，心中时刻装着党的宗旨，装着所有最需要他帮助的困难群众，唯独没有自己。在生命弥留之际，他念叨的还是那些“消除茅草屋工程”联系户、还没有入住福利院的孤寡老人……

得知他去世的消息，那些他曾走遍了的散落于崇山峻岭的数百茅屋居户为失去“心里装着困难户”、“只要民众有灾就会及时赶到”、“捧着一颗心来，不带半根草去”的好干部而悲声一片。“消茅”联系户胡柏春的小儿子辗转难眠，这个高中肄业生，写下平生第一首诗，献给他心中最感激的人——周国知：

> 有人说 / 你远去了 / 可你没有 / 只不过站得更高 / 肩负黄土 / 凝固成一尊雕塑 / 每一个日夜 / 还在用你不曾疲惫的双目 /守望着这一片你放心不下的乡土……

中华大地上有无数个郑培民、巴特尔、周国知，他们是平凡的，又是伟大的！他们用党性，诠释着生命的真谛；他们用党性，谱写了人性的辉煌；他们用党性，凝聚起民族的力量；他们用党性，引导出希望的明天！

想民，为民，利民，这是中国共产党的党性要求。在战争年代，共产党人用“为了祖国，向我开炮！”的无比壮烈实践了这一党性；在和平建设时期，共产党人用忘我工作、不计名利的无私奉献谱写着这一党性；在灾害突袭之际，共产党人用迎难而上、力挽狂澜的无比坚强铸造着这一党性。

汶川地震当天，青川县瓦砾乡党委、政府办公楼全部倒塌。有人用从废墟中捡到的红纸拼接制成一面临时党旗，张贴在未倒塌的墙上。这面临时党旗召唤着全乡党员干部带领群众抗灾自救，成为受灾群众对未来生活的希望。

在支书、主任双双遇难的情况下，已退休的乡党委书记王天才主动请缨，担任临时村党支部书记，他臂膀上戴着的“共产党员”袖章和帐篷边那面鲜红的党旗，成为受灾群众的主心骨。

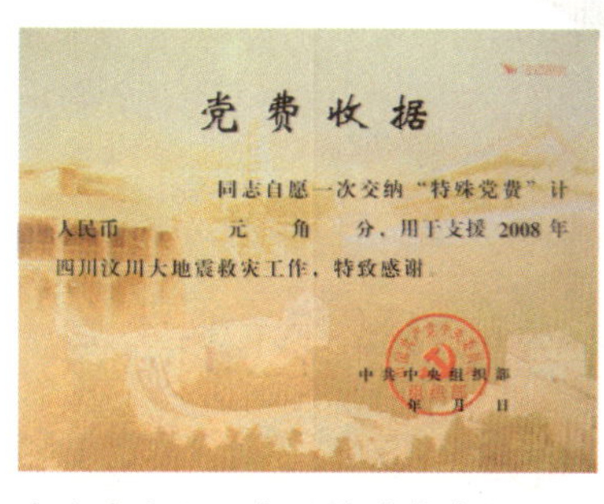

党费收据

同志自愿一次交纳“特殊党费”计人民币　　元　角　分，用于支援2008年四川汶川大地震救灾工作，特致感谢。

中共中央组织部

年　月　日

中共中央组织部“特殊党费”收据

在失去15位亲人的巨大悲痛面前，北川县民政局局长王洪发义无反顾地救人、救人、再救人，成为组织民政人员抗震救灾的“领头雁”。

在家园的恢复重建中，一场自愿交纳抗震救灾“特殊党费”的活动在全国各地党员中展开。据不完全统计，从5月18日到6月11日，全国3420万名党员自愿交纳“特殊党费”69.83亿元。在党员们的带动下，共青团员、工会会员、普通群众一次次慷慨解囊……

“情为民所系，权为民所用，利为民所谋”，中国共产党高扬的“为民”旗帜下，凝聚着无数为振兴中华民族而努力奋斗、无私奉献的人们。

共产党员在抢险第一线宣誓

专家评点

任何民族、国家凝聚力的组织核心都是不同时期领导民族国家事业发展的社会集团。任何领导民族国家事业发展的社会集团，都应该以进步的世界观、人生观、价值观为指导，以全民族和全国人民的根本利益为一切行动的出发点。能否真正努力实践为人民谋利的宗旨，是能否最大范围地吸民心、凝民力、聚民智的决定性因素，也就是民族凝聚力强弱的决定性因素。

新奥博为副董事长甘中学博士

“海龟”为何纷纷上岸

关键词　政策的吸引力
留学生　归国　政策　平台

2002年6月，当“9·11”的阴霾还在美国的空气中隐隐弥漫之时，“中国河北文化周”为芝加哥带来了丝丝平和的气息。其间，河北省委常委、宣传部长张群生，河北省信息产业厅副厅长王福强与一位名叫甘中学的河北籍留美博士，在新泽西州小镇纽瓦克酝酿了一场意义深远的“壮举”——八位留美博士将要成为上岸“海龟”（人称留学归国人员为“海龟”）。

就是这八位“海龟”，绘制出了“技术报国”的绚丽蓝图：2006年4月，在深圳国际医疗器械博览会上，他们创立的新奥博为技术有限公司推出了世界第一台0.45T永磁磁共振成像系统，突破了业界公认的永磁磁共振系统4000G场强使用极限；同年秋季，他们又把永磁磁共振系统场强提升到让人难以想象的7000G；在2007年4月大连国际医疗器械展会上，他们推出了结合超声技术和光散射成像技术的超声光散射乳腺成像系统，将乳腺诊断及治疗领入了一个全新的视野……

改革开放以来，“海龟”频频回归于中华大地——

在党代会会场上，有具斯坦福大学博士、东京大学硕士学位的代表。

在全国人大、全国政协各专门委员会，国务院发展研究中心、中国社科院等国家级智囊机构中，都活跃着大批海归的身影。

在北京大学、清华大学、复旦大学、南京大学……从哈佛、牛津、剑桥、巴黎理工、斯坦福大学以及麻省理工学院等世界名校学成归来的人比比皆是。

北京市科委《吸引海外留学人员来京创办高新技术企业》研究报告对目前旅美的千余名留学人员心态的调查表明，有81%的人员准备回国创业。据教育部的统计，1978年到2007年底，我留学回国人员共计31.97万。2008年，回国的中国留学生达5万人，是2004年的两倍多。人事部提供的数字显示，中国回国留学人员正以年均13%的速度增长。

海归细流渐成归国大潮，这与我国积极采取的吸“龟”政策息息相关。

2001年8月19日，中华人民共和国人事部、教育部、科技部、公安部、财政部联合下发了鼓励留学人员为国服务的第一个比较全面系统的文件——《关于鼓励海外留学人员以多种形式为国服务的若干意见》，要求国家在各学科和技术领域为海外留学人员为国服务提供方便，要求各地区、各部门和用人单位为留学人员为国服务创造良好的工作和生活条件。

除中央给予留学回国人员宏观优惠政策外，各地方各行业更有落到实处的各种便利措施：

北京利用三大优势（一流的国内国际政商界人物优势、东方文化代表优势、高新技术产业发达优势），吸引“海龟”创业。

上海实施降低企业注册资本、提供资助资金、实施居住证制度等措施，从创业、工作、居住、社会保险和子女入学等方面为“海龟”提供优惠和便利。

广州打通资金通道，设立3000万美元的基金，用以吸引海外人才，并分3年拨款

□ 相关信息

2009年伊始，中央人才工作协调小组制定了关于实施以留学人才为主体的海外高层次人才引进计划。

国家人力资源和社会保障部、国家外专局、全国青联、中国科协、欧美同学会都设立了留学回国咨询服务窗口。

中央企业优秀归国留学人员表彰大会（2008年4月28日）

教育部、科技部共同主办的“春晖杯”留学人员创新创业大赛创业基地授牌

400万元作为留学人员创业专项基金。

深圳注重资金政策，投巨资补贴“海龟”创业，每年拨出3000万元作为出国留学人员来鹏城创业资金，并发给海外留学人士深圳居住证。

天津、重庆均出台利好政策，其《关于鼓励海外留学人员来津工作或为津服务的若干规定》（天津）、《关于进一步优化人才环境的决定》（重庆）从投资、住房、就业、收入、家属等方面给予全新优待，吸引海外人才。

广西等西部省区则实施了创新创业人才小高地计划，努力创造条件吸引海外人才归国或以多种方式为国服务。

高校、企业、银行、政府机构也纷纷出台各种具有吸引力的方案和措施，热情洋溢地向“海龟”们打开了大门……

于是，“海龟”纷纷“上岸”，并且怀抱报国之心，像喷泉一样释放出自己的能量。据中国社科院社会学所的《中国留学归国人员的调查报告》：大部分海归选择回国后的工作时最看重能尽其才，78.8%的人选择“能更好发挥本人才能的职业”，而选择“能挣钱”职业的仅占3.3%。实际上，在全国创办的60多个留学人员创业园中，留学人员创办的企业就多达5000多家。截至2010年5月，在国家重点项目学科带头人中，就有72%的是“海龟”。81%的中科院院士、54%的工程院院士也是“海龟”。2006年，国家自然科学奖获奖项目的第一完成人中的67%、国家技术发明奖第一完成人中的40%、国家科技进步奖项目第一完成人中的30%，同样还是“海龟”。

对于留学归国人员来说，要更好地发挥本人的才能，既要靠专业，更要靠政策。完善的政策保障是吸引海外学子回国的强大动力。正如一位留学归国人员所言：“祖国感情留人、事业留人、政策更留人。”

政策留人，是因为政策具有吸引力，具有凝聚力。党和政府的政策，是群众利益的体现。为实现每一个历史时期的战略目标，党和政府必须制定具有吸引力的政策，才能广泛而有效地凝聚广大人民群众，为既定目标而奋斗。

专家评点

政策和策略，是政党和国家在一定历史时期为实现一定任务而规定的行动依据和准则。政策和策略决定了政党和国家的纲领和目标能否实现，决定了革命队伍能否不断扩大。所以，政策和策略的正确与否直接关系到党和国家事业的成败，关系党和国家的生存与发展。正是从这个意义上说，政策和策略是党的生命，是国家和民族凝聚力强弱的关键。

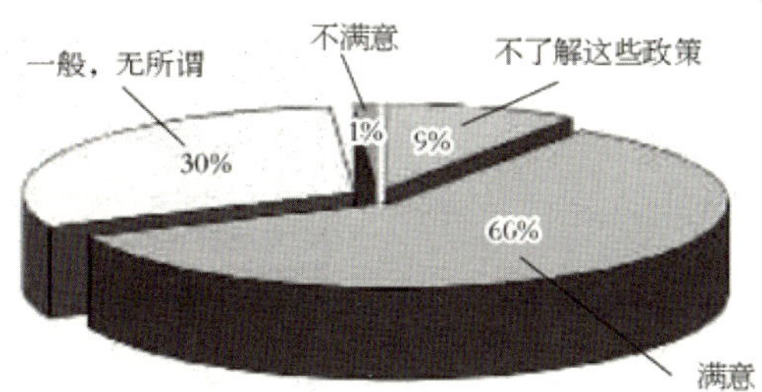

对国家目前海归人才优惠政策满意情况
（《人民日报》海外版）

资料回放

中国之有“留学热”，不自今日始。30年代初起一直到后来很长的时间内，此“热”未消，而且逐年增温……尽管在当时留学生出国的目的各不相同，但是也有共同的地方。据我的观察，这个共同性是普遍的，几乎没有任何例外的。这就是：出国是为了回国，报国，想呆在或者赖在外国不回来的想法，我们连影儿都没有，甚至连“一闪念”中也没有闪过。

——季羡林《一个老留学生的话》

一代伟人邓小平

优“康熙”+优“彼得”

关键词　领导者的魅力
励精图治　勤政爱民　远见卓识

17、18世纪之交，中国和俄国的天空几乎同时出现了一颗相似得惊人的巨星，这是被马克思极力褒奖的两个震古烁今的帝王——康熙与彼得：一个是运筹帷幄的中国皇帝；一个是锐意改革的俄国沙皇。

这两颗巨星出现时代相同，在位时间相当，博学勤政相似，且都试图为自己的国家开辟一条富强之路。然而，康熙和彼得都是由自己所处的社会塑造出来的伟人，不同的领导素养注定他俩会使各自执掌的航船驶向不同的方向——

康熙是浑厚博大的中国传统文化土壤层层堆积起来的高山，他谨记祖母“得众则得国”的谆谆教诲，深谙“水能载舟，亦能覆舟”的君王之术，一生尊奉“敬天、法祖，勤政、爱民”的信条，给自己设计了“家给人足，百姓乐业”的为政蓝图。为实现这一目标，在位61年里，他废寝忘食，有奏必签，每天“未明求衣，辨色视朝”，把御案搬到乾清宫门前办公，辰时准时上朝，御门听政，无论酷暑严

寒，从不间断。在其任上，平定内乱，收复台湾，发展经济，使清朝成为当时世界上幅员辽阔、人口众多、经济最富庶的封建帝国。

不过，康熙继承的是“治大国若烹小鲜”的古训。当看到天下太平、国势日盛时，便提出了“持盈保泰”思想，仅仅满足于百姓岁足年丰、人民鼓腹讴歌的社会图景。故而，康熙虽呕心沥血地试图开辟富国之路，却只是重建了小农经济的盛世王朝，而这个盛世王朝与工业革命失之交臂，很快便步入落日辉煌。

彼得则是俄罗斯广袤原野上自由疯长的参天巨树，是一位百折不挠的改革家。彼得接手时的俄罗斯正处于封闭蒙昧之中，95%的人是极度贫困的农奴。而当时，荷兰已辉煌了近百年，英国已完成君主立宪制的政治改革，法国已成为欧陆首强……为使自己的国家摆脱落后、贫穷与愚昧，彼得开始了系列改革，建立军事工业，引进千余名各类专家，建立众多实利主义性质的学校和科学院，并派出一批批年轻人到国外学习。在狂飙突进的改革风暴之下，俄罗斯资本主义迅速发展，它终于紧跟世界先进潮流的步伐迎头赶了上来。

不过，彼得又是一个独断专横的暴君，他是用严酷的鞭子赶着俄罗斯在近代化道路上急行军，他是不惜一切代价地“用野蛮制服了俄国的野蛮”（马克思语），“用铁索勒激起俄罗斯腾跃向上！”（普希金语）

回望康熙皇帝和彼得大帝，人们深味，真正能得到人民大众拥戴的领导者应该是“优‘康熙’＋优‘彼得’”式的，即应该是既沉稳慎重、仁政爱民，又决绝果敢、勇于创新，能顺应社会发展趋势，正确把握时代潮流的人。

中国改革开放的总设计师邓小平，称得上是这样的一代伟人。

1976年，中国政坛发生了一连串重大变故。这些变

资料回放

彼得大帝下葬时，费奥凡·普罗科波维奇发表的著名悼词说：“他离开了我们，但我们已不再是乞丐和贫儿，我们有了无尽的力量和光荣……他留给我们的是精神、民政和军事方面的变革。”

在邓小平同志追悼大会上，国家主席江泽民致悼词云：“中国人民爱戴邓小平同志，感谢邓小平同志，哀悼邓小平同志，怀念邓小平同志，是因为他把毕生心血和精力都献给了中国人民，他为中华民族的独立和解放、为中国的社会主义现代化事业建立了不朽的功勋。”

故连同史无前例的十年浩劫，猛烈地摇撼着正在困惑的中国人。

中国的路在何方？谁来带领中国前进？

既倒狂澜须力挽，将倾大厦应扶之。在历史的关键时刻，人民选择了邓小平。邓小平不负于伟大的人民，他以巨大的勇气和非凡的智慧，带领全党全国人民找到了一条建设中国特色社会主义的道路，中国现代化的巨轮破浪向前——

针对“文革”后的混乱，邓小平大声疾呼：“解放思想，实事求是，团结一致向前看。”在他的领导下，中国进行了一系列拨乱反正：否定“两个凡是”观念，确立实事求是的思想路线；平反冤假错案，解决历史遗留问题；抛弃“以阶级斗争为纲”，实现工作重心向经济建设转移。由此，调动了千千万万人民群众参与社会改革的积极性。

针对人民生活水平低下，邓小平明确提出：要把马克思主义的普遍真理同我国的具体实际结合起来，走自己的道路，建设有中国特色的社会主义。他明确指出“贫穷不是社会主义”，要“解放生产力，发展生产力，消灭剥削，消除两极分化，最终达到共同富裕”。由此，指明了中国新时期的社会发展道路。

针对人们对姓“资”姓“社”问题的困惑，邓小平强调“猫论”（不管白猫黑猫，能捉老鼠就是好猫），倡导经济中心论，明确提出“三个有利于”标准（是否有利于发展社会主义社会的生产力，是否有利于增强社会主义国家的综合国力，是否有利于提高人民的生活水平）。由此，澄清了各种“左”倾思想的干扰。

江西南昌八一大桥桥头两边的黑猫和白猫

针对国情，邓小平提出了社会主义

初级阶段理论。

针对现代化建设，邓小平提出了“三步走战略”。

针对祖国统一，邓小平提出了“一国两制”构想。

……

“如果没有邓小平同志，中国人民就不可能有今天的新生活，中国就不可能有今天改革开放的新局面和社会主义现代化的光明前景。”（邓小平悼词）人们深切怀念这位让中国人告别粮票布票时代的伟大领导者。

2004年8月20日，北京隆重举行纪念邓小平100周年诞辰大型文艺晚会《小平，你好》

邓小平深情地说：“我是中国人民的儿子。”

中国人民同样深情地说：“小平，你好！”“小平，你一路走好！”

邓小平与人民相互“深情地说”，这是领导与群众关系的一种极致。它启示人们：只有领导意图与领导行为符合国情和民意，符合社会发展规律和趋势，才能最大范围地凝聚民族力量，达成美好愿景。

专家评点

任何时代、任何社会都需要伟大的旗手。伟大的旗手之所以伟大，是因为在任何条件下，他比别人更能把握国情和民意，更能顺应社会发展趋势和进程，更能体现社会发展需要和特点。一个国家或民族乃至社会团体的领导者，如果具有非凡的品格、思想、智慧和远见卓识，能广泛地凝聚群体力量、带领自己所在的群体迅速前行，那么，他就是一个为民众所爱戴的举旗人。

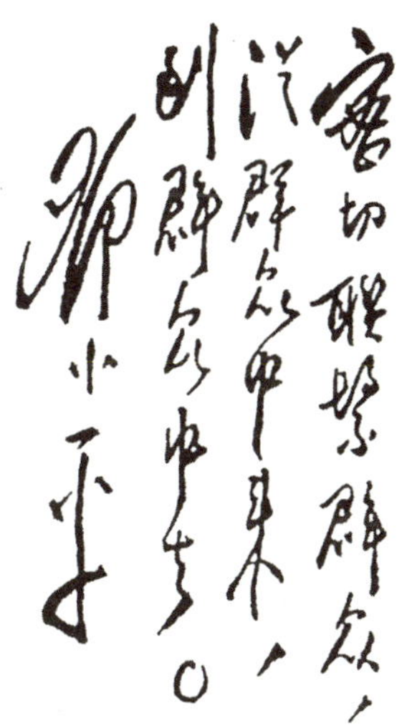

邓小平题词

5 向日葵情思

Xiangrikui Qingsi

“唯有葵花向日倾。”因为花盘常朝着太阳，人们送给了葵花形象而又美丽的名字：向日葵、朝阳花、望日莲。

“人是行走的葵花。”中华儿女就像向日葵，淡然静默，朴实无华，爱恋着、忠诚于养育自身的家园；就像朝阳花，不择地势，不惧风雨，守护着、回报着繁衍自身的厚土；就像望日莲，金华灼灼，绿叶婆娑，璀璨着、点缀着充满希望的神州。

中华儿女向心中华民族的这份向日葵情思就是一种向心力。

中华民族向心力，是指构成中华民族的各个民族及其成员对中华民族大家庭的认同、归属、

依附、融入的一种力。这一与中华民族吸引力呈因果关系的力量，常表现为中华儿女热爱祖国、向心祖国、眷念故土、认同中华文化、忠于民族国家、拯救民族危亡、维护祖国统一、投身祖国建设以及取向领导核心……

在历史的进程中，无论什么时候，无论什么境遇，中华儿女总是在感受太阳暖暖热力的同时，用各种方式从那浓酽的绿韵中托起一个个金色的花盘，齐刷刷地向着太阳，形成一道明媚、亮丽的风景。

对接阳光，感受阳光，回报阳光，中华儿女至死不渝地阐释着向日葵心语——爱恋、忠诚、奉献与执著。

百歌颂中华

绿叶对根的情意

关键词　热爱祖国
　　　　文化传统　民族精神　中国人

场景一：2009年9月9日，北京国家体育馆成了一座超级翰墨舞台，“祖国颂”千人笔会活动在这里举行。在巨大的“祖国万岁”字牌下，北京市朝阳区的老干部、老将军代表，驻区部队代表，街乡社区代表，教师、学生代表，残障人士代表等千余人现场泼墨挥毫，用笔墨抒发对祖国的热爱。

场景二：2009年9月14日晚，广东电视台演播大厅流光溢彩，前后长达半年、总人数逾15万的“祖国在我心中——广东省第九届‘百歌颂中华’歌咏活动”经过层层选拔后，在这里举行总决赛。一支支旋律或悠扬曼妙，或高亢激越，深深地表达了绿叶对根的情意。

场景三：2009年9月28日晚，广西电视台演播大厅灯火璀璨，来自全区各地市及部分行业的18支代表队在这里参加《我邀明月颂中华》——历代经典爱国诗词配乐朗诵大赛的决赛。一首首诗词或深幽隽永，或荡气回肠，唤起无数听众对中华民族的拳拳深情。

场景四：2009年10月，上海市青浦区文化馆人声鼎沸，“祖国颂”小戏小品创作大赛在这里举行，上海市昆剧团、上海市沪剧院等12家单位参赛。参赛作品主题鲜明，讴歌正气，针砭时弊，拳拳的爱国之情饱含其中，使人在欢笑声中既增强了国家意识，又深得感悟。

……

书画、歌曲、诗词、戏曲……生活在中华大地上的人们为什么这么热衷于用各种形式赞颂自己的国家和民族?

著名诗人王怀让的诗作《我骄傲，我是中国人》告诉我们：

我是中国人——
黄土高原是我挺起的胸脯，
黄河流水是我沸腾的血液，
长城是我扬起的手臂，
泰山是我站立的脚跟。

我是中国人——
我的祖先最早走出森林，
我的祖先最早开始耕耘，
我是指南针、印刷术的后裔，
我是圆周率、地动仪的子孙。
在我的民族中
不光有史册上万古不朽的
孔夫子、司马迁、李自成、孙中山，
还有那文学史上万古不朽的
花木兰、林黛玉、孙悟空、鲁智深。
我骄傲，我是中国人！

我是中国人——
我那黄河一样粗犷的声音，
不光响在联合国的大厦里，
大声发表着中国的议论，
也响在奥林匹克的赛场上，
大声高喊着“中国得分”。
当掌声把五星红旗托上蓝天，
我希望，我是中国人！

广西爱国诗词配乐朗诵大赛现场

❑ 心声重放

故土有万年沧桑，
故土有宫殿华堂，
故土有秦淮明月，
故土有赤壁敦煌，
故土有小桥流水，
故土有大豆高粱。
中国，中国，
我的东方。
东方，东方，
我的家乡。
我有一片骄傲的国土，
我心中充满希望，
充满希望。
——陈香梅《故土》

北京国家体育馆千人笔会场面壮观

我是中国人——
我那长城一样巨大的手臂，
不光把采油钻杆钻进外国人
预言打不出石油的地心；
也把通信卫星送上祖先们
梦里也没有到过的白云；
当五大洲倾听东方声音的时候，
我骄傲，我是中国人！
……

“无论我在世界的哪个角落，我爱你，中国，我爱你，中国。这是我心中一支最美的颂歌。这就是我的心灵，最真的诉说。”歌曲《祖国我爱你》道出了中华儿女亘古不变的情感——热爱祖国。中国在所有中国人的心中。

“我骄傲，我是中国人”；“我自豪，我是中国人”；“祖国，我爱你”；“祖国啊，我向你倾吐”；“祖国爱”、“爱祖国”……这绝不只是哪一个或哪几个人的肺腑之言，而是亿万中华儿女的由衷呐喊。这就是中华儿女对祖国矢志不移的向心力。正如一位中学生在其作文中所言：

“如果有来生，如果有来生的来生，我们还要做中国人！”

专家评点

任何人都有一种根的情结，中国人尤甚。那是因为，中国不仅有幅员辽阔的土地、千姿百态的山水、丰腴富饶的资源，还有悠久的远古文明、优秀的文化传统、坚定的发展理念、不屈的民族精神……而这一切，都产生于世界东方的这块黄土地——中华大地。故而，对于祖国，中华儿女有始终不渝的向心力。

绿叶对根的情意

1=E $\frac{4}{4}$
♩=63
从容、真挚地

王健词
谷建芬曲

1.2.不要问我到哪里去，我的心依着你；不要问我到哪里去，我的情牵着你。
我是你的一片绿叶，我的根在你的土地，春风中告别了你，今天这方明天那里。
无论我停在哪片云彩，我的眼总是投向你，如果我在风中歌唱，那歌声也是为着你。
喔，喔，不要问我到哪里去，我的路上充满回忆。请你祝福我，我也祝福你，这是绿叶对根的情意！
D.C.
不要问我，你不要问我到哪里去，我是你的一片绿叶，我的根在你的土地，这是绿叶对根的情意。

中国情结

在我出生之前
中国一次性地选择了我
我在出生之后
一千次地选择了中国
……
当我越出国境远飞国外
我的心却向天安门急切地回缩
当我辞谢蓝眼睛朋友的挽留
我说我的祖国在想念我
我抵不住黑眼睛的魅力
我摆不脱黄土地的诱惑
一声京剧
一滴川酒就能醉倒
中国
是一条我游不够的爱河。

——高平

土尔扈特首领渥巴锡塑像

回到太阳升起的地方去

关键词 向心祖国
土尔扈特部 渥巴锡 东归英雄

在新疆维吾尔自治区巴音郭楞蒙古自治州和静县的中心广场，高高矗立着民族英雄——土尔扈特首领渥巴锡的塑像。他，昂首挺胸，目光凝重，仿佛在向后人讲述一个不屈部族永垂不朽的故事——

明末清初，游牧于我国西北的厄鲁特蒙古人，分为准噶尔、土尔扈特、杜尔伯特和硕特四个部落。随着各部落人口和牲畜的增加，厄鲁特蒙古内部发生了争夺游牧地的纷争。土尔扈特部开始寻找新的生存环境，大部分人离开了世代游牧的故土新疆塔尔巴哈台，一路向西进发。经过十余年的跋涉，1616年前后，土尔扈特人来到了人烟稀少、水草丰美的伏尔加河下游地区。他们在这片未开垦的土地上劳动、生息，创立起游牧部落的封建汗庭，并维持了100多年。

为了将这块美丽丰饶的土地占为己有，俄国人想尽办法对土尔扈特人进行威胁：派兵进驻土尔扈特人居住区附近，监视他们的一举一动；命令16岁以上的土尔扈特青壮年全部从军，使之在战场上倒下；要求土尔扈特上层把子弟送到彼得堡，强制实行人质制度；极力扶持东正教势力，企图改变土尔扈特人的宗教信仰。与此同时，哥萨克移民不断向东扩展，逐步吞食土尔扈特的游牧地。

遭受俄国威胁欺侮的土尔扈特部众十分眷念故土。

公元1646年，土尔扈特首领书库尔岱青亲自返回西藏拜见五世达赖喇嘛，并于次年派遣使臣向清廷进呈表贡。在以后的康熙、雍正、乾隆年间，土尔扈特从未间断过遣使进贡。公元1709年，土尔扈特首领阿玉奇汗派萨穆坦等人到北京进贡。为表示对寄居异域的土尔扈特的关怀，清政府于1712年派出由侍读学士殷扎纳为首的使团，探望土尔扈特部众。殷扎纳一行历时一年多到达伏尔加河流域，向阿玉奇汗转交了康熙皇帝的问候和敕书。这份用满文和古老的蒙古文字托忒文撰写、装帧精美的敕书，为历代土尔扈特汗所珍藏，并在东归时随身带回。

土尔扈特东归情景

日渐强大起来的俄国要求土尔扈特俯首称臣，土尔扈特人已经走到了民族十分危急的关头。公元1761年，土尔扈特阿玉奇汗的曾孙、年仅19岁的渥巴锡继承汗位。在民族危难之际，他毅然决定率部返回故土。

土尔扈特万里归国路线图

经过精心策划、酝酿，土尔扈特东归的计划日趋成熟。

1771年1月5日凌晨，寒风凛冽。

渥巴锡点燃了自己的木制宫殿。刹那间，无数村落也燃起了熊熊烈火，辽阔的草原升起了滚滚浓烟。当旭日的光芒洒向大雪覆盖着的伏尔加草原时，成千上万的土尔扈特妇孺和老人，乘上马车、骆驼和雪橇，在铁马横刀的骑士们的护卫下，一队接着一队陆续出发，彻底离开了他们寄居了一个半世纪的异乡，他们唱着自己的民歌《土尔扈特故乡》，朝着太阳升起的地方走去。

土尔扈特东归的消息很快传到了圣彼得堡。俄女皇叶卡德林娜二世认为，让土尔扈特人从自己的鼻子尖下溜走，这是沙皇罗曼诺夫家族的莫大耻辱。她立即派出大批哥萨克骑兵，去追赶东去的土尔扈特人。

新疆博斯腾湖南岸“土尔扈特东归”沙雕

漫漫征程，阴霾密布。面对俄军的紧紧追杀，土尔扈特人浴血奋战，义无反顾。渥巴锡将3.3万多户近17万人的队伍分成三支，巴木巴尔和舍楞率领精锐部队在前面开路，其余领主在队伍的两侧行进，渥巴锡和策伯克多尔济居中。三路大军像三条舞动的巨龙，在雪地上向东挺进。队伍很快穿过了伏尔加河和乌拉尔河之间的草原，甩掉了尾追的俄军，越过了结冰的乌拉尔河，进入大雪覆盖的哈萨克草原。就在这时，外翼的一支土尔扈特部队遭到哥萨克的袭击。由于土尔扈特人是赶着牲畜前进的，他们来不及集中散布在广阔原野上的队伍，9000名战士壮烈牺牲。为了向往太阳升起的故乡，他们长眠在东归路上。

东归队伍的一个必经之地是奥琴峡谷，一支庞大的哥萨克骑兵队伍抢先占据了这个险要山口。面对强敌，渥巴锡镇定指挥，他组织五队骆驼兵从正面发起进攻，并派枪队从后面包抄，几将哥萨克军队全歼，为牺牲的9000名同胞报了仇。

一路上，除了残酷的战斗，土尔扈特人还不断遭到严寒、饥饿和瘟疫的袭击。由于伤亡、疾病、饥饿，土尔扈特人大量减员。在这困难时刻，渥巴锡及时召开会议，鼓舞士气，他坚定地告诉大家：一定要回去！回到太阳升起的地方去！我们宁死也不能回头！

1771年7月初，一个阳光明媚的夏日，冲破艰难险阻的土尔扈特人终于到达了西北边境的伊犁河畔，回到了祖国的怀抱。

据史载，离开伏尔加草原的17万土尔扈特人，“其至伊犁者，仅以半计”。在历时近半年、行程上万里的东归路上，土尔扈特人用鲜血和生命为我们多民族国家的凝聚和发展谱写了一部悲与欢、血与火的壮丽诗篇。

英国作家昆德赛在其著作《鞑靼人的反叛》中曾这样评价：“从最早的历史记录以来，没有一桩伟大的事业，能像土尔扈特人跨越无垠的草原、东返祖国那样轰动于世界和激动人心。”

《土尔扈特全部归顺记》碑

土尔扈特东归之所以轰动世界和激动人心，是因为这是一个永垂史册的伟大壮举。连对东归意义颇有微词的法国汉学泰斗伯希和先生也不得不认为：“土尔扈特人的这种大迁移具有一种史诗般的特征。”

土尔扈特东归之所以轰动世界和激动人心，是因为它展示了向心祖国的民族力量。向心故土的共同愿望，使得土尔扈特人走上了回归祖国的道路；向心故土的共同行动，使得土尔扈特人最终获得了回归祖国的胜利。

专家评点

外来力量的高压，往往会促使民族成员产生出一种强大的向心力，土尔扈特回归的壮举证明了这一点。然而，外因是通过内因而起作用的。中华民族是一个民族大家庭，各族人民都热爱自己的家园。土尔扈特部摆脱沙俄压迫，万里东归，表现了中华儿女对祖国的热爱和向往，凸显了中华民族的强大凝聚力。

❑ 歌词重温

在那高高的山冈上
云雾缭绕在山上
生我养我的土尔扈特故乡
依稀出现在我的梦里
在那连绵的山冈上
云雾缭绕在山上
富饶宽广的土尔扈特故乡
时常萦绕在我的心里
骑上我的黑骏马奔向家乡
美丽富饶的土尔扈特故乡
是我日夜向往的地方。
——《土尔扈特故乡》

骏马离不开草原，
孩子离不开亲娘；
英雄的渥巴锡王爷呵，
率领我们回到美丽的故乡。
我们永远忘不了
苦难的过去，
是凶恶的罗刹
夺走了我们全部牛羊，
如果没有
各族兄弟姐妹的无私援助，
土尔扈特人
哪会有今天的幸福吉祥。
——《英雄的渥巴锡王爷》

静夜思
李白
床前明月光
疑是地上霜
举头望明月
低头思故乡

两处相思一样愁

关键词　眷恋故土

王褒和庾信　余光中和洛夫　故土之思

脚下这块世代生息、繁衍的土地，是哺育我们的故土家园。中华儿女的根情结就源于对这片土地的最朴实、最真诚、最执著的爱。请看——

历史上的两个文人

魏晋南北朝时期，有两个生于南而侍奉北的文人——王褒与庾信。南方梁政权所管辖的江陵陷落时，王褒被掳掠到西魏的京城长安。由于素有文名，王褒在北方西魏和北齐政权中都受到了礼遇，并被封爵。庾信是出使北方时故国沦亡被迫留在北方的。后来南北达成和议，允许被俘于北方或其他原因留在北方的人回到南方。但是，北方统治者爱才心切，舍不得放走王褒、庾信。尽管在北方有着很好的待遇，王褒、庾信两人仍时时表现出对故土深深的思念。

王褒被掳北上时写下了《渡河北》，诗云“秋风吹木叶，还似洞庭波”，在秋风扫落叶的时节，他看到的黄河水中的波浪就如同江南洞庭湖的水波。因为心念家乡，所以才有“心悲异方乐，肠断陇头歌”的感叹。后来，在北方统治者允许南方人回归的情况下，王褒眼见一个个熟人陆续回到南方，自己却羁留北国不得归，更引起对家乡与亲友的想念，只有将心中的情愫通过一首首凄绝的诗篇表达出来。他在诗中吟道：“书生空托梦，久客每思乡”，“行路皆兄弟，千里念乡亲”。“每思乡”、“念乡亲”说明他无时无刻不在思念着家乡与亲人。由于无法实现自己的回乡梦，王褒甚至羡慕那在天空飞翔的鸿雁，“岂若云中雁，秋时塞外归”。这些根据季节变化而不断迁徙的候鸟，按时到塞北作客，当回归的季节来临时，它们又高高兴兴鸣叫着飞回南方。比之候鸟，自己却永远不得归去。强烈的故土之思，时时困扰着客居他乡的王褒。

庾信在被羁留北方时也写下许多思乡诗篇，他在《怨歌行》中写道：“回头望乡泪落，不知何处天边。胡尘几日应尽，汉月何时更圆。”他的“咏怀诗”被后人称为“故国之思”。他流传于文学史册的《哀江南赋》，凌云健笔，苍凉劲拔，不但集其文学作品之大成，也是六朝文学的最高杰作。该赋不仅在于表达了乡关之思，更在于写出了他沦为“事二主”之胥吏的深刻屈辱感。该赋题目源自屈原《招魂》的最后一句“魂兮归来，哀江南”，发出了对故乡故国的最眷恋、最凄绝的呐喊。

现实中的两个文人

在当代中国，有两个同年出生于大陆、同年从大陆到台湾、同样长期客居台湾、同样用诗作表达深深的故土之思的文人。这两个人就是当代著名台湾诗人余光中和洛夫。

余光中生于1928年，南京人，1949年到台湾，1953年与人创办《蓝星》诗刊，开创了台湾现代派诗歌的创作潮流，成为台湾三足鼎立的现代诗派之一。脍炙人口的《乡愁》是其代表作：

小时候　乡愁是一枚小小的邮票
我在这头　母亲在那头
长大后　乡愁是一张窄窄的船票
我在这头　新娘在那头

❑ 相关资料

历史上东南沿海一带的中国人远出南洋时都会带上一捧故乡的泥土，无论走到哪里他们都要带到哪里。那一捧故乡的泥土代表整个故乡，对故乡的情感与记忆都寄托在那捧散发着家乡气息的泥土中。

诗人余光中80寿辰
回南京母校含泪诵《乡愁》

后来啊　乡愁是一方矮矮的坟墓
我在外头　母亲在里头
而现在　乡愁是一湾浅浅的海峡
我在这头　大陆在那头

诗作按照“小时候”、“长大后”、“后来”、“现在”四个阶段的时间变化和空间物象的转换来表达思乡的情绪。从小时候的母子别，到长大后的新婚别，再到后来的生死别，离别的情感层层加深，思念的情感也愈加浓厚，到最后“乡愁是一湾浅浅的海峡”，将离别故乡多年企盼两岸团圆的思乡之情推到极致，突出了诗人向心故土的执著情愫，饱含了对祖国大陆的眷恋和对民族命运的担忧。在古今中外同类文学题材中，这首《乡愁》获得极高的赞誉，在海内外广为流传。

82岁的台湾著名诗人洛夫书画

洛夫亦生于1928年，湖南衡阳人，1949年随国民党军队到台湾，1954年与同人创办《创世纪》。他说自己晚期的作品是“抒发乡愁，关怀大中国”。1979年3月中旬，洛夫应邀访港。到了香港，离家乡越近，乡愁越浓。有一天，洛夫与诗人余光中去参观落马洲的界河，在小山头上用望远镜看深圳。这是他离开大陆40年后，第一次看到故乡的土地。洛夫深有感慨：“当时有轻雾，望远镜中的故国山河隐约可见，而耳边正响起数十年未闻的鹧鸪声，那种浓郁的乡愁和‘近乡情怯’的感觉，大概就是当时的心境吧。”此次在边界看到故乡，引起了洛夫的乡愁，于是他有感而发地写下了《边界望乡》：

说着说着　我们就到了落马州
雾正升起　我们在茫然中勒马四顾
手掌开始生汗　望远镜中扩大数十倍的乡愁
乱如风中的散发　当距离调整到令人心跳的程度
一座远山迎面飞来　把我撞成了严重的内伤
……
惊蛰之后是春分　清明时节该不远了
我居然也听懂了广东的乡音
当雨水把莽莽大地译成青色的语言
喏你说福田村再过去就是水围
故国的泥土伸手可及
……

南朝与北朝，虽均属中国版图，对故乡故土的深深眷恋却是人之常情，毋庸置疑。海峡对岸的同胞对大陆故乡故土的眷恋，是中华儿女向心自己祖国的真情体现，毋庸置疑。向心故乡故土，是中华民族实现完全统一的强大动力。

专家评点

对于农业民族来说，土地是生活的一切来源，故乡的一山一水、一土一木都与人的各种情感紧紧联系在一起。因此，农业民族特别注重乡土情怀。在中国民间信仰崇拜的神灵中，土地神是常年敬拜的神灵之一。家国同构，是中国封建社会政治结构的一个基本特征。从这个意义上看，向心故土即向心国土，故土之思即国土之思，故土之情即爱国之情。

诗词撷英

临江仙

惆怅当年风雨，花时横被摧残。平生幽怨几多般。从来天壤恨，不肯对人言。
叶落漫随流水，新词写付谁看。惟余乡梦未全删。故园千里隔，休戚总相关。
——叶嘉莹

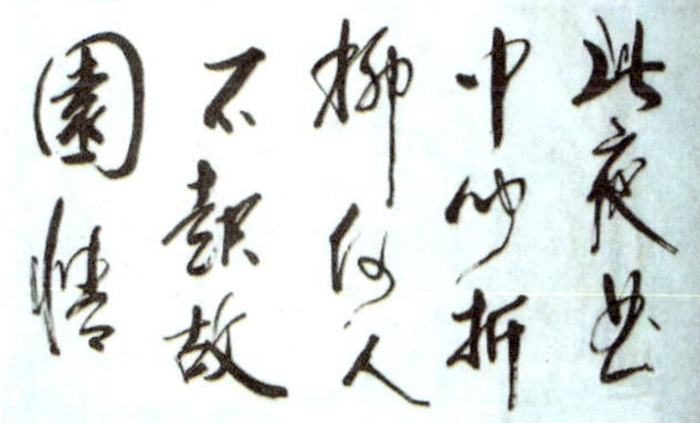

此夜曲中闻折柳，
何人不起故园情。
——李白

意大利唐人街

唐人街的“唐”景观

关键词 认同中华文化

唐人街　华人　地缘　中华文化

“唐人”一词由来唐代。唐代，是中国古代最繁荣强盛的一个朝代，从唐太宗贞观开始，拓土开边，威震中亚、西亚及南海诸国。到唐玄宗开元之治，国威繁盛，远近各国都来“访问”。从此，外域对中国以“唐”字加称，如称中国人为“唐人”，称中国字为“唐字”，称华人聚居地为“唐人街”。放眼世界，华人足迹遍布各地。华人多了，唐人街也就多了。作为地缘上的一种地标性风景线，世界各地的唐人街有着各具特色的“唐”景观——

伦敦：华埠令人“一生难忘”

200多年前，在伦敦东部船坞区的彭尼费特斯和莱姆豪斯考斯韦形成了最早的华人聚居区。20世纪初，英国媒体开始把这片区域称为“华埠”，当地华人称它为“唐人街”。20世纪60年代，伦敦市政府发展市中心的苏豪区，华人社区随之东移至苏豪区的爵禄街一带。经过多年的发展，苏豪区成为现代化的休闲饮食中心，爵禄街一带也成为世界闻名的伦敦唐人街。

如今的伦敦唐人街一派繁华景象。这个靠文化血脉联系起来的街区涵盖了华人生活各个方面：超市、银行、旅行社、律师楼、会计师楼、中医诊所、书店等等。多日不见的华人常常会在电话里相邀：“走，去唐人街喝茶。”于是，一杯香茗，佐以虾饺、肠粉、小笼包，海阔天空地神聊一通，花钱不多却倍感惬意。华人打工仔也会三三两两聚集于中式凉亭，与老乡拉家常、交换打工信息、兜售电话磁卡……2009年，温家宝总理访问伦敦唐人街时，感叹“一生难忘”。

温家宝总理在伦敦唐人街

温哥华：华文借助“中心”弘扬

加拿大多元文化的国策为在那里居住的各民族保持和弘扬本民族文化提供了宽松的政治环境。华人华侨紧紧抓住这一机遇，凝聚社会各界力量，在异国他乡铸造起一座座弘扬中华文化的殿堂。大温哥华中华文化中心就是位于温哥华唐人街的一道亮丽的风景。

2009年11月21—23日在加拿大温哥华中华文化中心展厅隆重举行第四届加拿大中华诗书画大展

成立于1972年的大温哥华中华文化中心，具明代建筑风格，设有行政大楼、多功能大会堂、博物馆、图书馆、李世坤中文学校等。该中心以推动和弘扬中华文化为宗旨，以传播中华文化、传承中华文明、分享文化传统、增强合作交流、促进族裔和谐为目标。通过华文学校的教学，组织“中国寻根之旅”活动，举办绘画、功夫、剪纸、书法等专题夏令营和中文作文、诗歌、普通话比赛等丰富多彩的活动，开展中华文化教育，使中华文化在华裔青少年中传承；同时，也发挥了中华文化对其他族裔的辐射性影响。

墨尔本：华人教育推动楼市

墨尔本City里的中国“麻辣诱惑”

澳大利亚墨尔本的华人通常居住在偏东南部的Box Hill和Glen Waverly两个区。Box Hill很大，东西很多，没车的华人去那里买东西很方便。Glen Waverly是一个新兴华人区，学校、医院、车站、饭店应有尽有，商业中心已被数家中国火锅店、水饺店和杂货店所覆盖。走在那里的街道上，两旁满是中文招牌，听到的是各式各样的中国方言，俨然身处北京王府井。

海外华人文艺骨干在暨南大学认真地学习中华才艺

华人把重视教育的传统也带到了华人区。华人区的公立中学在维多利亚州每年的大学入学考试中都取得了不俗的成绩，因此带动房价节节高升，家长们为了让孩子上最好的公立学校而在学区内购房挤破了头。由于公立学校的名额有限，校方通常会优先满足学区内的家庭。这导致了学区内的房子通常比非学区内的贵10万澳元。有很多家庭是外面住着一套房，学区内租着一套房。尤其是近几年，新兴华人区的房价翻了一番，连周边的房价也跟着往上暴涨。

巴黎：华人政坛施展拳脚

随着巴黎唐人街的发展，不少华人不仅在经济上站稳了脚跟，而且还开始向法国政坛施展拳脚。在2008年法国市镇选举中，第二代潮人青年陈文雄以中华传统的“务实进取”获得了选民的选票，他被选为巴黎十三区副区长。

巴黎十三区被称为“欧洲最大的唐人街”。走进十三区，你会以为来到了中国。在这里，街上的黄种人明显多于白人，每家商店的标牌几乎都是汉字；在这里，你能听到字正腔圆的普通话，还能听到粤语、闽南语、温州话以及各地方言。虽身在巴黎，很多华侨华人仍保存着中华传统和习惯，如中秋节吃月饼，端午节吃粽子，春节舞龙狮等，而一年一度的迎新春大游行，更是巴黎的一大看点。

巴黎首位华人副区长陈文雄上任承诺要提升华人参政能力

作为法国首位华裔副区长，陈文雄说自己当选后的任务是争取为当地华人做点事情，为包括华人社区在内的所有十三区居民谋福祉，积极促进海外华人融入当地社会，推动当地居民共建和谐社区。陈文雄的施政目标印证了巴黎市长德拉诺埃的话：“这是划时代的事件。”

除以上例子外，米兰的华商闯出“华人街”，洛杉矾的“城中城”融入主流社会，吉隆坡不变的有中国茶室和戏院……无一不展示出唐人街的“唐”文化。

“唐人街”文化，是中华文化的域外景观。中华文化，是中华民族的特有标记。海外华侨华人认同中华文化，是中华文化具有无穷魅力的佐证，是炎黄子孙认同中华民族的佐证，同时也是中华民族具有较强凝聚力的佐证。有了海内外一大批有心人士的执著与推动，中华文化的影响力将不断增强，中华民族的凝聚力也将不断增强。

南非约翰内斯堡唐人街的端午节气氛

专家评点

一个民族的文化，凝聚着这个民族对自身和世界的历史认知和现实感受，积淀着这个民族最深层的精神追求和行为准则。在几千年的历史长河中，中华民族创造了灿烂的中华文明，形成了优良的文化传统。华侨华人对中华文化的传承和弘扬，不仅成为凝聚中华儿女的精神纽带，而且促进了世界文明的丰富与发展。

2009年9月20日，美东地区的华侨华人以60年来最大规模的庆祝活动迎接中国国庆节的到来

民众视角

近年来，中国外交逐渐褪去其高高在上的政治特性，转而更加重视民间的力量。在这一点上，海外华侨华人将发挥重要作用，如何向世界介绍中国，如何推进中华文化的传播，如何引进世界先进文化等，都大有文章可做。海外华侨华人终将成为中国“公共外交”的一支积极力量。

他为何自杀

关键词　忠于民族国家
　　　　　蒋百里　陆军军校　为国尽忠

中国近代著名军事思想家蒋百里

1913年6月18日，中华民国直隶总督府所在地保定，一股紧张的气氛正弥漫全城。位于城中的保定陆军军官学校戒备森严，校门外的马路上布置了大批换上新制服的持枪军警。

不多时，一辆黑色马车向校门疾驶而来，站岗的士兵一眼便认出这是校长的专用马车。马车进入军校后便停在校长办公楼门前，但下车的不是校长，而是神情紧张的医护人员。

人们在交头接耳："蒋百里自杀了！"

蒋百里何许人也？

蒋百里，名方震，晚号澹宁，民国时期著名的军事理论家：1933年赴日考察时，认为中日战争不可避免，并拟就多种国防计划；1936年春赴欧美考察，倡议发展空军，建设现代国防；1937年发表代表作《国防论》；抗日战争爆发后发表《抗战的基本观念》，断定日本必败，中国必胜。蒋百里的军事著作大都收入《蒋百里先生全集》。

在近代中国，蒋百里不仅以军事理论著称，而且诸事令人注目：他与梁启超是师生、与蔡锷是同学、与徐志摩共同组织新月社，他智斗墨索里尼、娶日本女人左梅做太太、招钱学森为女婿……

这位传奇式人物为什么要自杀？这还得从头说起。

1882年出生于浙江省海宁县硖石镇的蒋百里，少年时期就表现出极高的天赋，被誉为“硖石才子”。1900年，八国联军入侵，迫使清政府签订丧权辱国的《辛丑条约》，深受刺激的蒋百里认为，靠三寸毛锥，无法救国，必须弃文从武，献身军事。1901年，蒋百里进入日本士官学校留学。当时，在国外学习军事的留学生十分受欢迎，各方纷纷延请。但蒋百里坚持要回国。

1906年回国后不久，蒋百里任东北新军训练公所总参谋长。作为年轻有为的军官，上任三个月后的蒋百里又被清廷选送德国学习。在德国，蒋百里的军事才能得到了同行的钦佩。德军最高统帅兴登堡元帅召见了他，并与之长谈。临别时，兴登堡拍着蒋百里的肩膀说：“从前，拿破仑说过，若干年后，东方必出一位伟大的将才，这或许就应在你的身上吧！”

1910年秋，蒋百里回国。他决心用所学的知识，为自己国家的国防和军队建设作出贡献。后经总统府高级顾问、侍从武官长荫昌力荐，袁世凯任蒋百里为保定军校校长，并授予少将军衔。

保定陆军军官学校正式创办于1912年，为当时全国最高军事学府，是中国近代军事教育史上成立最早、规模最大、设施最完备、学制最正规的一所军事学府。清末民初，全国兴起练兵热。按当时的规划，各省设军事小学；相邻数省设一所军事中学，全国共设四所；设最高军事学府于保定，这就是保定陆军军官学校，直属陆军部。只有陆军小学毕业后，才能报考陆军中学；只有陆军中学毕业后，才能报考保定军校。而立之年就能当上全国最高军事学府的掌门人，蒋百里十分自豪，他决心为国家培养人才，实现自己多年的夙愿。

到校后，蒋百里将西方的先进军事理论和自己的办学思想付诸实践。他任用精兵强将，改革教学内容，聘请学成归国的青年才俊做教官。每逢星期六，他必集合

保定陆军军官学校

名句重温

岂余身之惮殃兮，
恐皇舆之败绩。
——屈原

愿得此身长报国，
何须生入玉门关。
——戴叔伦

臣心一片磁针石，
不指南方不肯休。
——文天祥

只解沙场为国死，
何须马革裹尸还。
——徐锡麟

拼将十万头颅血，
须把乾坤力挽回！
——秋瑾

1919年，欧洲考察团在巴黎参观时合影（前左二为蒋百里，左三为梁启超）

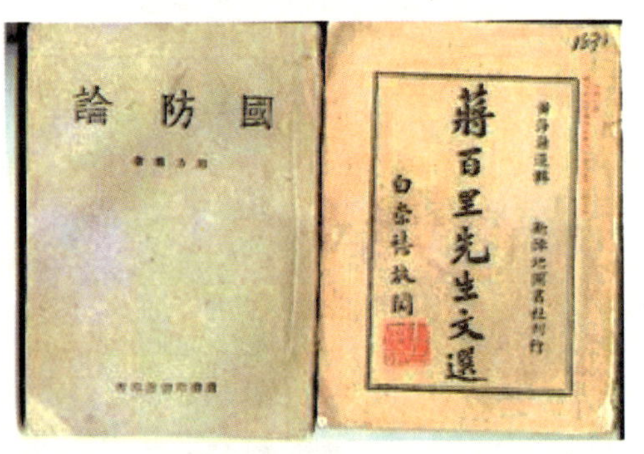

蒋百里先生著作

蒋百里先生手稿

全体教官和学员举行讲演会，讲述中外古今军事名人的言行，用以激励大家励志成才。他签名赠送学员每人一册梁启超著的《中国武士道》，内容都是军人忠于国家和忠于职守的嘉言懿行。在蒋百里的治理下，几近破产的保定军校展现出生机，学校面貌大为改观。绝大多数教官和学员发自内心地佩服这位年轻的校长。

对于蒋百里大力改造保定军校，以段祺瑞为首的旧派军人极为仇视，他们设置种种障碍，千方百计阻止蒋百里计划的实施。最直接、最有效的手段就是不给学校划拨经费。

蒋百里多次函电催要，均不答复。

蒋百里亲自进京交涉，亦没结果。

蒋百里致电袁世凯要求辞职，不予批准。

万般无奈之下，蒋百里选择了自杀，他要用鲜血和生命来兑现自己第一天来校时对学生的承诺："我此次奉命来校，一定要使本校成为最完整之军校，使在学诸君成为最优秀的军官。将来治军，能训练出最精锐良好之军队。我当献身这一任务，实践斯言！万一不效，当自戕以谢天下！"

6月18日早晨5点，全校教职员及学员2000多人齐集尚武堂前听校长紧急训话。校长蒋百里用低沉的语调说："我初到本校时，曾经教导你们，我要你们做的事，你们必须办到。你们希望我做的事，我也必须办到。你们办不到，我要责罚你们。我办不到，我也要责罚我自己。现在看来，你们一切都还好，没有对不起我的事。我自己却不能尽校长的职责，是我对不起你们……你们不要动，要鼓起勇气来担当中国未来的大任！"说到此，他从腰间拔出了手枪。勤务兵见势不妙，冲上去奋力夺枪。枪口一歪，子弹朝蒋百里肋骨间射入……

湖南长沙岳麓山陈天华、姚宏业烈士公墓

蒋百里自杀前分别给母亲、学校教育长张耀亭和好友蔡锷留了遗书。给母亲的信中说：“为国尽忠，虽死无关重要，然于陆军及民国前途有益。”给张耀亭的信中说：“仆之殉职，为国家故，虽轻若鸿毛，而与军人风气有关。”

“为国尽忠”，“为国家故”，对国家民族的忠与爱，是蒋百里矢志不移的意愿和敢于赴死的动因；对国家民族的忠与爱，也是中华民族一以贯之的传统。屈原赴泉，姚宏业投江，陈天华跳海，续范亭剖腹……皆因于此。

正是因为有了始终不渝的对国家民族的忠与爱，我们的民族才有了强大的凝聚力；正是有了这股强大的凝聚力，我们的民族才会昌盛，我们的国家才能富强。

相关点击

姚宏业投江：1906年，为求得社会对留学生创办的中国公学的支持，公学干事姚宏业投江自杀，以昭示国人。社会顿时震撼，赞助者增多，中国公学得以开办下去。

续范亭剖腹：1935年，为反对蒋介石政府“攘外必先安内”的不抵抗政策，任职于西北国民军的续范亭在中山陵前剖腹自戕（后被救），极大地激发了全民的抗日热情，续范亭被誉为“热血大丈夫”、“中华好男儿”。

专家评点

在人类历史的长河中，爱国主义是一种伟大的精神力量，它鼓舞过千千万万的人为着自己民族国家的独立、繁荣、进步和富强而奋斗不息，甚至不惜为此流血牺牲。在中华大地上，对民族国家的忠与爱是民族向心力的体现，是民族凝聚力的源泉，是中华民族最宝贵的精神财富。

山西省原平市范亭中学内续范亭将军塑像

大刀
向鬼子们的头上砍去

关键词 拯救民族危亡

民族魂 爱国精神 民族精神

电视剧《大刀向鬼子们的头上砍去》是一个关于中国大刀的故事，是一个关于中国男人保卫自己的家园和女人的故事。

本剧围绕北平耍刀艺人郑承龙一家展开：郑承龙和三个徒弟郑德、郑羽、郑飞、女儿郑莺先后以不同的方式卷入战场，与日军奋勇作战。同时本剧以真实的历史视角——中国大刀对日本军刀，展开了中日之间的残酷厮杀，展现了自1933年长城抗战到1945年抗战胜利，发生在平津、华北以至整个中国的数个历史事件，谱写了一曲中国军民上上下下团结御侮的慷慨悲歌。

看《大刀向鬼子们的头上砍去》后，始终有一种震撼在内心翻腾，那就是贯穿全剧的铮铮民族魂！

剧中顽强倔强的郑承龙、骄横霸气的路传虎、老实胆小的郑德、耿直勇敢的郑羽、机灵聪明的郑飞、阴险的曹忠豹、义气的大刀秦、活泼的路明珠、朴实的秦小容、糊涂的路有光，性格各异，活灵活现。在历史与个体的命运交错中，尽管他们每个人的性格不同，选择有别，遭遇相异，但是，他们的命运却揭示了相同的道理——唯有挺起脊梁，才能获得生命的价值。郑承龙、路传虎、郑家三兄弟以及那些抗日将士和普通百姓面对残暴的敌人，视死如归，不屈不挠，坚忍不拔，舍生取义，用鲜血和生命维护民族尊严的行为，是为人所称道的壮举。

离开电视屏幕，眼前仍浮现出郑承龙孤身杀敌、路传虎刺破剑谱时那无畏的身影、悲壮的场面；耳边仍回荡着郑飞扑向三岛利剑时那不屈的呼唤：“二哥，不能输！”郑羽刀劈三岛后那气壮山河的怒吼，郑德血刃鬼子后在郑飞怀里那一声欣慰的话语：“这回见到爹，他不会骂我了。”

看《大刀向鬼子们的头上砍去》后，始终有一种情感在内心翻腾，那就是对英勇奋战的国军将士之爱国情愫、爱国精神的钦佩！

国军将士，抗日战争正面战场上的主力军。在中华民族生死存亡、千钧一发的紧要时刻，他们顺应潮流、慨然赴死；在八年抗战（确切地说，应该是14年抗战）的艰苦岁月里，他们用碧血和忠魂捍卫了万里河山，用鲜血和生命迎来了中华民族的曙光！

国军将士，与日寇浴血奋战的英雄们，他们也许曾只是一介艺人，一个放牛娃，还可能是个打铁匠、泥瓦工，他们也许没有崇高的理想，没有伟大的信念……他们老老实实，他们默默无闻。他们所有的，就是作为一个中国人的最纯朴的感情：天下兴亡，匹夫有责！赤胆忠心，保家卫国！为正义而战，为民族而死！

国军将士在抗战中的表现是不容抹煞的。如，国军王牌74军贯彻“以空间换时间”及“持久抗战”的正确方针，牢记孙中山先生“天下为公”和“革命尚未成功，同志仍须努力”及三民主义思想，抱定“马革裹尸”、“以身许国”和

史海钩沉

1942年初，中华民国政府为支援英军在缅甸（时为英属地）抗击日本法西斯、保卫中国西南大后方，抽调了10万精锐部队组成远征军出征缅甸，配合盟军作战。这是中国与盟国直接进行军事合作的典范，也是甲午战争以来中国军队首次出国作战。远征军历时半年，转战1500余公里，浴血奋战，屡挫敌锋，使日军遭到太平洋战争以来少有的沉重打击，取得了同古保卫战、斯瓦阻击战、仁安羌解围战、东枝收复战等胜利，给英缅军有力的支援。

开赴缅甸作战的中国远征军

抗战中的国军骑兵和八路军炮兵

“敌寇一日不退出中华，则一日不停止战斗”的决心，坚持国家主权和民族利益至上，坚持焦土抗战和持久抗战，全军上下万众一心，众志成城，视死如归，前赴后继。在无数的硬仗恶仗中，74军中数以万计的将士英勇殉国，仅常德一役，其辖下的57师一个整师几乎全部牺牲。面对强大的敌人，将士们以对国家民族至死不渝的忠诚，用血肉之躯筑成了中华民族新的长城。我们应该向他们致以崇高的敬意！

抗战胜利了，它是千百万军民用鲜血和生命换来的。中华民族，悠悠五千年。抗日战争，堪称五千年历史中最伟大的一次卫国战争。从某种意义上说，它缔造了中华民族自卫反击战的奇迹。

看《大刀向鬼子们的头上砍去》后，始终有一种信念在内心翻腾，那就是为了民族国家，我们必须弘扬像当年抗战将士那样的崇高爱国精神。

抗战14年，面对世界一流军事强国、面对大半国土沦陷的不利局面，在这狂澜既倒、大厦将倾的危急时刻，无论是重庆政府，还是延安政权，无论是上层高官，还是底层庶民，都以大无畏的精神和勇气抗战到底，终于赢得了伟大的胜利。这其中的气壮山河与光荣悲壮，是民族魂在演绎；这其中的同仇敌忾与团结一致，是民族精神在高扬。鲁迅先生说过：“唯有民族魂是宝贵的，唯有它发扬起来，中国才有真进步”。

在日渐文明的今天，虽然烽火早已远去，但没有硝烟的战场无处不在。只有弘扬我们的民族精神，并以它为人格支柱，民族才能延续和发展。而面对当今和平时期的歌舞升平，有些人的意志变得脆弱起来，个人主义、享乐主义萌生。个人主义、享乐主义是一种涣散剂，能泯灭理想，颓废精神，腐蚀责任，消解斗志，是产生离散力的一大诱因。要遏制离散力、增强凝聚力，就必须以弘扬民族精神来唤醒人们。展示英雄情结、高扬民族精神、呼唤民族意识的《大刀向鬼子们的头上砍去》担负起了这一重任。

专家评点

鸦片战争以来，中华民族一步一步地陷入半殖民地半封建的深渊，挽救民族危亡，是中华儿女的共同愿望。19世纪30年代，日本发动侵华战争，企图一举吞并中国，不能不激起了全体中华儿女的英勇反抗。抗日战争的胜利，不仅结束了近代中国在外敌入侵时屡战屡败的历史，展示了强大的中华民族凝聚力，而且启示人们：无论何时何地，为国意识应该强化，民族精神应该高扬。

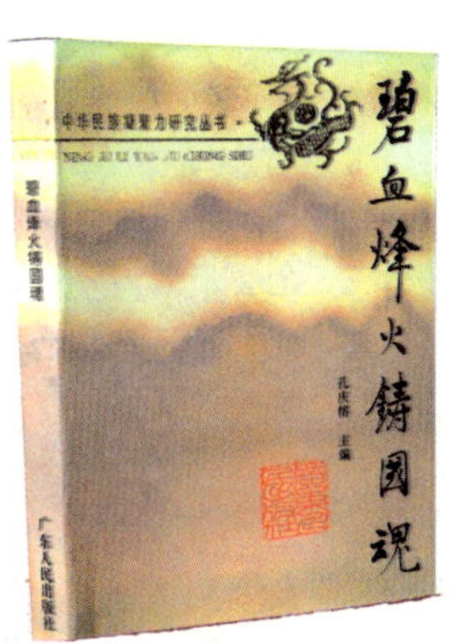

中华民族凝聚力研究丛书
《碧血烽火铸国魂》

资料回放

风云恶，
陆将沉，
狂澜挽转在军人。
扶正气，
励精神，
诚真正平树本根。
锻炼身体，
涵养学问，
胸中热血，
掌中利刃，
同心同德，
报国雪恨，
复兴民族，
振奋国魂！

——《国民革命军陆军第二十九军军训团歌》

反藏独T恤

穿反“藏独”T恤去上课

关键词 维护祖国统一
反疆独 反藏独 反民族分裂 反国家分裂

打开互联网，一篇《穿反“藏独”T恤去上课》的帖子映入眼帘：

> 今天上午的课是一个支持ZD老师的课，我决定穿反“藏独”T恤去上她的课。
>
> 早上我特地比往常早到教室，我脱去外套，选择坐在最正面的位置。过了两分钟左右，老师盯着我看了半天才明白，大叫一声：“oh my god！”其他同学不知道怎么了，都去看她，然后她说我今天穿了件很特别的T恤。同学都看着我，还不明白什么意思，老师让我解释一下。我特地降低说话的语速，一字一顿地说：“所有人都知道大熊猫是中国特有的动物，也只有中国才有。正如西藏一样。西藏属于中国，所以大熊猫也是，反过来说，如果说西藏不属于中国，那么你得认为大熊猫也同样。”
>
> 那个ZD老师说：“oh，你把政治带进了我们的class。”我就晓得她会说这句话，我也正在等她这句话，等了一年多了。
>
> 我反驳道：“我不是第一个把所谓的政治带到课堂来的人。事实上，真正第一个把政治带进课堂的人是你，也许我这样说会有点不尊。但是，难道你不记得去年的这个时候，是谁花了两个小时在课

堂上宣扬达赖喇嘛，宣扬支持ZD，是谁向大家说我是达赖的虔诚弟子，每次他来都要和他亲自见面？是谁置我们所有在座的中国学生的感受而不顾？那个人就是你，我的老师。”

……

制作反“藏独”T恤，绝妙的创意！

穿着反“藏独”T恤去上课，绝妙的举动！

2008年4月7日，巴黎发生“藏独”分子破坏奥运火炬传递的恶性事件；我外交部就美国有线电视新闻网（CNN）节目主持人发表攻击中国的言论表示震惊和强烈谴责。一时间，以反对分裂为主题的爱国T恤等制品，在网上网下受到热烈追捧。无论是商家还是网民，都以实际行动发出强烈呼声：维护祖国统一，支持北京奥运！

在猫扑网上，人们发现一张名为“法国，你阻挡了奥运的脚步”的设计图，后面跟帖多多，引人注目。设计图样上，在埃菲尔铁塔、卢浮宫等法国标志性建筑形状的阴影中延伸出黑色的烟云，象征着奥运五环的五种颜色被团团围住，并在燃烧。图案上用英文写出“France Make the games stop”。该设计图样一经上传，立即在网上引起强烈反响，不少网友都跟帖表示，如果有类似T恤出售，一定会考虑购买。

在淘宝网上，一位出售支持祖国统一T恤的卖家告诉记者：“类似这种印有中国国旗、中国地图的T恤，我以前也卖过，但销售情况都不及最近一个阶段来得火爆。”记者联系到一位网友，他说“我已经订购了三件T恤。主要是觉得可以通过穿这类爱国主题的T恤，表达对祖国的热爱，对某些国家无理歪曲、干涉西藏事件的愤慨，也是对北京奥运的声援。”

2008年4月6日，奥运火炬在伦敦传递，两个“藏独”分子跳到特拉法尔加广场喷泉台上作秀，以吸引人

们的眼球，一位留学生带着满腔的愤怒，在气温摄氏零度以下且下着雨和雪的情况下，毅然跳下水池，高举五星红旗，向西方记者们展现出中华儿女维护祖国统一和国家尊严的坚强决心。

2008年4月9日，奥运圣火在旧金山传递，华人华侨为这次传递活动租用了两架直升机，盘旋在沿途上空。一架飞机上用英文打出长幅，意即“西藏永远是中国的”；另一架的长幅上写着“欢迎到北京看奥运会”。

事实上，中华儿女反对民族分裂、维护祖国统一并非始自今日，上世纪60年代的电影《冰山上的来客》讲的就是一个反分裂的故事。

1951年，一股匪特企图从新疆某山口入境。匪特利用古兰丹姆与边防战士阿米尔青梅竹马的恋爱关系，派一女特务冒充流浪多年的古兰丹姆潜入境内，伺机窃取情报。边防军杨排长识破敌人诡计，并顺着这条线索掌握了敌情。匪特计划失败，又施新招：匪首骗得真古兰丹姆信任，亲自送她回乡。当匪特要借真古兰丹姆和阿米尔的婚礼做文章，在当地里应外合偷袭我边防哨所时，杨排长将计就计，周密部署，将匪特一网打尽。

在申志远、魏春桥合著的长篇纪实文学《中国电影的激情年代》里，《冰山上的来客》的历史背景被揭示为新中国建国之初的新疆反“疆独”斗争。电影中的“匪徒”其实就是现在的“东突”等“疆独”分子的前身，影片中出现的那个代号“真神”的匪首阿曼巴依，真名叫亚生。这个亚生就是解放初期新疆分裂主义伊沙的主要干将，在新疆策划分裂活动时被歼灭。

电影《冰山上的来客》剧照

无论举反分裂旗帜，还是穿反分裂T恤，放反分裂电影，如此种种行为都在告诉人们：具有强大凝聚力的中华民族素有渴望和平统一的崇高愿望和维护国家主权与领土完整的坚定意志。无论过去、现在，还是将来，这种崇高愿望和坚定意志都不曾改变，也不会改变。

因为，中华民族拒绝分裂！

2004年3月14日全国人大代表表决通过《反分裂国家法》

专家点评

中华民族是一个有着维护统一、反对分裂光荣传统的伟大民族。尽管中国历史上也有过多次内忧外患，也曾出现过若干次分裂局面，但都是短暂的，最后总是归于统一。作为一个统一的多民族国家，中国始终屹立在世界的东方。中华民族在五千多年文明史中培育起来的深厚的爱国主义精神和强大的凝聚力，是我们维护国家统一、反对民族分裂的强大力量。

台湾高金素梅文化团队在北京奥运会上表演《我们都是一家人》

资料回放

2005年3月14日，第十届全国人大三次会议审议并高票通过了《反分裂国家法》。本法围绕反对和遏制“台独”分裂势力分裂国家的活动、促进祖国和平统一这个主题，充分体现我们以最大的诚意、尽最大的努力争取和平统一的一贯主张，同时表明全中国人民维护国家主权和领土完整，绝不允许“台独”分裂势力以任何名义、任何方式把台湾从中国分裂出去的共同意志和坚定决心。

2008年8月8日，在北京奥运会开幕式上，高金素梅文化团队集合了台湾布农部落独特的“八部合音”演唱、卑南部落最具特色的舞蹈“卑南跳跃”和兰屿达悟部落的“头发舞”等元素，质朴、热情地表演《我们都是一家人》，既展现出台湾少数民族的文化之美，又表达了中华儿女维护祖国统一的良好愿望。

著名科学家钱学森

归去来兮

关键词　投身祖国建设
海外华人　回国　奉献

"中华人民共和国成立了！"

1949年10月1日，听到毛泽东主席的庄严宣告，美国加利福尼亚理工学院超音速实验室主任和古根罕喷气推进研究中心主任钱学森从心中迸发出一个强烈的愿望：早日回到祖国去，用自己的专长为国家建设服务。

然而，对于这位因发表了"时速为一万公里的火箭已成为可能"的惊人理论而誉满全球的稀世之才，对于这位曾跟随导师冯·卡门参与了"二战"期间美国绝密的"曼哈顿工程"——导弹核武器研制开发工作的导弹专家，美国岂能轻易放人。

于是，美国对钱学森的阻拦和迫害由此开始。

不久，美国把战火烧到了中国的边境——朝鲜，中国不能坐视不管了。这时，在挑起这场战争的美国国内，掀起了一股反共政治逆流。这股逆流毫无例外地波及加利福尼亚理工学院，学院马列主义小组书记威因鲍姆被捕。1950年7月，美国政府以钱学森与威因鲍姆有朋友关系之由，取消其参加机密研究的资格，并指控钱学森是非法入境的美国共产党党员。

钱学森决定以探亲为由立即返回自己的祖国。当他向主管他的研究工作的美国海军次长金布尔声明自己准备立即动身回国时，金布尔大为震惊。他认为"钱学森无论放在哪里，都能抵得上五个海军陆战师"。他曾恶狠狠地对人说："我宁可把这个家伙枪毙了，也不能放他回红色中国去！"所以，当钱学森一走出办公室，金布尔马上通知移民局：千方百计阻止钱学森离开美国！

就在钱学森打算举家离开洛杉矶的前两天（1950年8月23日），他突然接到移民局的通知——不准离开美国。与此同时，美国海关扣留了钱学森的全部行李。钱学森被迫回到加利福尼亚理工学院。

北京师大附中钱学森纪念馆

事情远非就此了结。1950年9月6日，钱学森突然遭到联邦调查局的非法拘留，被送到移民局看守所关押起来，直到收到加州理工学院送去的1.5万美金巨额保释金后，才获释放。紧接着，海关又以有机密材料为由，没收了他的行李，包括800公斤书籍等，直到美国检察官再次检查了他的所有书籍后，才证明他是清白的。

然而，美国并没有撤除对钱学森的监控。他的行动时时受到联邦调查局特务的监视和移民局的限制：不许离开他所居住的洛杉矶，而且还要定期被查问。就这样，钱学森失去了五年的自由。

钱学森并没有因此放弃回国，相反，他那挚爱祖国的赤子之情更加炽烈。他直言不讳地对记者说："我相信，我的前途在中国。"他日夜思念着新中国，不断地向移民局提出回国的要求。当得知美国政府极力阻止自己离开美国，是想通过滞留他来阻拦新中国科学技术发展的意图时，钱学森又气恼又着急。

怎样才能消除回国障碍呢？

苦思冥想之后，钱学森做出了出人意料的选择——放弃火箭技术，从事新专业"工程控制论"研究。于是，钱学森焚膏继晷，孜孜矻矻。1954年，他写出了30多万字的《工程控制论》。在美国联邦调查

名家名言

我是大唐的后代，我的一腔热血只图报国。我的根在中国。

——钱学森

锦城虽乐，不如回故乡；乐园虽好，非久留之地。归去来兮。

——华罗庚

我不爱武器，我爱和平，但为了和平，我们需要武器。假如生命终结后可以再生，那么，我仍选择中国，选择核事业。

——邓稼先

局看来，钱学森潜心研究工程控制论，似已心无旁骛了。其实，工程控制论与生产自动化、与电子计算机的研制和运用、与国防建设都密切相关，愚蠢的美国当局却没有觉察到这一点。

钱学森在美国受迫害的消息传到国内，新中国震惊了。党和政府对钱学森在美国的处境极为关心，公开发表声明，严厉谴责美国政府在违背本人意愿的情况下监禁钱学森，并适时启动了中美谈判。

毛泽东（右）接见钱学森

邓小平（右）接见钱学森

1955年6月的一天，钱学森摆脱特务监视，在寄给在比利时亲戚的信中夹带了一封书写在香烟纸上、给全国人大常委会副委员长陈叔通的信，请求祖国帮助他早日回国。当天，陈叔通便将信送到了周恩来总理手里。1955年8月1日中美大使级会谈在瑞士日内瓦进行，王炳南大使按照周总理的授意，以钱学森要求回国的信为依据，与美方交涉，迫使美国政府允许钱学森离美回国。

1955年8月4日，钱学森收到了美国移民局允许他回国的正式通知。9月17日，历经层层坎坷和重重波折的钱学森，携妻子儿女登上了“克利夫兰总统号”轮船。“啊！终于回国了。”钱学森长长地嘘了一口气。

1956年4月，在解放军总参谋部的大楼里，召开了一次极不寻常的中央军委会议，会议的中心议题是由钱学森介绍我国发展导弹技术的设想。望着那么多共和国最高军事领导人的亲切目光，神圣的使命感和高度的责任感在钱学森心中升腾。

1956年10月8日，我国第一个导弹研究机构宣告成立，钱学森任研究院院长。从此，钱学森开始了新中国火箭、导弹和航天事业技术引领人的生涯。在他的主导下，1960年11月5日，中国第一枚国产近程导弹发射成功；1964年6月29日，中国第一颗自行设计的中近程导弹进行飞行试验获得成功；1970年4月24日，中国第一颗人造卫星发射成功……被誉为“中国航天之父”、“中国导弹之父”、“中国火箭之王”的钱学森戮力效国，使得中国导弹、原子弹的发射向前推进了整整20年。

钱学森虚心地笑了，他用实际行动证实了自己曾经说过的话：“我的事业在中国，我的成就在中国，我的归宿在中国。”

正是因为有了像钱学森、华罗庚、邓稼先、李四光、钱三强、黄翠芬、陈嘉庚等一大批海外爱国人士的归国支持，新中国在各个领域都取得了举世瞩目的成就，其发展速度之快，发展成果之显著，令世界震惊。

向心祖国，奉献祖国，是中华儿女的生命价值所在，是中华民族增强凝聚力的价值所在。

数学家华罗庚

“两弹”元勋邓稼先

专家点评

作为中华民族追求统一、发展、强盛的精神动力，爱国主义是一面高扬的旗帜。热爱祖国、忠于祖国、奉献祖国，是爱国主义的表现形式。所谓奉献，就是“恭敬地交付，呈献”。奉献祖国是一种爱，是对祖国事业的不求回报的爱和全身心的付出。这既是实现个人人生价值的高尚行为取向，也是实现中华民族伟大复兴的神圣行为取向。

地质学家李四光

爱国侨领陈嘉庚

医学微生物学家黄翠芬

核物理学家钱三强

乡村邮递员王顺友

“我要入党”

关键词　向心于党

在职者　离职者　和平日　危难时

家里有位好母亲，从小抚育我长大。

母亲名叫共产党，教我长大为国家。

这是四川省凉山彝族自治州木里藏族自治县乡邮员王顺友自编的一首山歌，在给藏区群众送信的途中唱起来，他的心里别有一番滋味。

四川省木里藏族自治县，位于青藏高原与云贵高原结合处，大山环绕、沟壑纵横，交通极为不便。时至今日，马班邮路仍是这里与外界沟通的唯一通道。1984年，年仅19岁的苗族小伙子王顺友从当乡邮员的老父亲手里接过了马缰绳，成为一名普通的马班邮路乡邮员。当时，老父亲拍拍儿子的肩膀，郑重地说：“送信就是为党做事，为党做事的人要吃得起苦。”王顺友把这句话牢牢地记在心里，走上了马班邮路的漫漫征途。

当他跋山涉水、风餐露宿，按班准时地把党和政府的温暖、时代发展的声音和外面世界的变迁不断地传送到雪域高原的村村寨寨而被藏民们热情包围的时候，他明白了，党就像母亲一样，是实实在在为人民群众谋利益的。

年轻的时候，王顺友看到乡里开党支部会，觉得很好奇，也想跟着听听，党员同志告诉他，你只有入了党才能参加。当时，他对党还挺陌生。

2001年，在雪域高原跋涉了26万公里，相当于绕地球赤道6圈、走了21趟二万五千里长征的王顺友荣获全国五一劳动奖章。他第一次走出大山，来到北京，受到党和国家领导人的亲切接见。他深感，这么多年没有白辛苦，党没有忘记自己，人民没有忘记自己。

从北京回来，一遇见州领导，王顺友便说“我要入党！”

“我要入党！”是在职者的心声，也是离职者的愿望——

2007年深冬的一天，川煤芙蓉集团公司社管委珙泉社区书记办公室的电话响了。赖明权书记拿起电话，电话那头一个苍老的声音说：“是赖书记吧，我是高县老杨，我要入党。”

老杨，名叫杨朝荣，1947年出生于四川高县。1990年，杨朝荣由川煤五十四处调芙蓉公司珙泉煤矿采煤队任瓦斯检查员，他业务技术好，经验丰富，工作认真负责，人们称他“杨师”。2003年，杨师退休，回到老家高县居住。

杨师在家乡处处典范行事，是乡亲们眼里威望极高的人。有一次，山上起火了，杨师和当地乡亲们奋不顾身地把火扑灭了，政府给他奖励，他说什么也不接受，因此，人们都认为他是共产党员。这件事，对杨朝荣触动很大。

2008年5月25日，杨朝荣第二次向党组织提出了入党要求并作出了思想汇报：“我坚信共产党，做一个共产党员，发挥我的余热，更好地为大家服务。所以，我要入党。”

“我要入党！”这一呐喊见于和平之日，亦见于危难之时——

情景一：2003年春天，当SARS病毒突袭，人民的生命安全遭受巨大威胁时，广州市第一人民医院参加救治“非典”患者的12名普通青年医护人员，带着对党和党

❑ 歌词精选

你是灯塔
照耀着黎明前的海洋
你是舵手
掌握着航行的方向
伟大的中国共产党
你就是核心
你就是方向
我们永远跟着你走
人类一定解放。
——沙洪《跟着共产党走》

61岁的新党员杨朝荣

2009年6月26日，22名务工人员在北京入党宣誓

员的切身认识与无比崇敬，认真地写下了13份（有1人写下两份）入党申请书；在抗“非典”期间，广东省卫生系统有238人递交了入党申请书。2003年4月30日下午，广东省30名抗“非典”一线医护人员，面对鲜红的党旗，凝视金黄色的锤头镰刀，庄严地宣誓入党。

2003年5月13日上午，一场别开生面的入党宣誓仪式在湖北省武警总队医院举行。远在北京抗“非典”一线的女医师刘章红，在鲜红的党旗下举起右手，在电话里宣读入党誓词……

“誓言中的‘随时准备为党和人民牺牲一切’是实实在在的，已经有医务人员为抗击‘非典’献出宝贵生命，他们是社会的楷模和榜样，我们要发扬这种奋不顾身的精神。那一刻，我感到了肩上所担负的使命和责任，也感到了作为一名党员的无上荣光。”一位新党员如是说。

情景二：2008年汶川大地震发生后，经过轮番挖掘，救援队员已经能够触摸到被困137小时的唐雄了。

为了转移唐雄的注意力，救援队员钟时星不断与唐雄交流：“你入党了没有？”唐雄说：“还没有！”钟时星说：“我也没有。如果你能活着……!”唐雄哽咽着说：“只要我能活着出去，我就马上写入党申请书！”

5月17日上午10点左右，压在唐雄大腿上的预制板终于被全部敲碎，唐雄获救了！

人群中一位记者问唐雄道：“你得救之后第一件事想做什么？”

“我要入党！我要回馈社会！”唐雄抽泣着说。

再一次听到唐雄说“我要入党”，“入党”这个概念深深地镌刻在钟时星的心中。5月21日，刚从灾区撤回重庆休整的钟时星即刻向救援队临时党委递交了申请书，强烈地表达了“我要入党”的意愿。

我要入党！我要入党！！我要入党！！！

因为，中国共产党和伟大、光荣、正确联系在一起；因为，中国共产党和奋斗、奉献、希望联系在一起；因为，刘胡兰、董存瑞、焦裕禄、孔繁森、高建成等共产党员的形象永远矗立在人们心中；因为，一个中国共产党党员就是一面凝聚力量的旗帜……

专家评点

中国共产党从带领全国人民救亡图存到领导全国人民实现国强民富，真正体现了其《章程》所言："中国共产党是中国工人阶级的先锋队，同时是中国人民和中华民族的先锋队，是中国特色社会主义事业的领导核心，代表中国先进生产力的发展要求，代表中国先进文化的前进方向，代表中国最广大人民的根本利益。"由于中国共产党的核心领导作用，各族各届人民对党产生了强大的向心力。这种向心力是当代中华民族凝聚力不可或缺的重要组成部分。

活动现场党旗飘扬

入党誓词

我志愿加入中国共产党，拥护党的纲领，遵守党的章程，履行党员义务，执行党的决定，严守党的纪律，保守党的秘密，对党忠诚，积极工作，为共产主义奋斗终身，随时准备为党和人民牺牲一切，永不叛党。

活动剪彩

2008年7月1日晚，惠州市举行了以"'惠民之州'党旗红"为主题的党员庆"七一"重温入党誓词活动。惠州市老党员代表、救灾代表、复退军人代表和惠州大中专院校师生代表等5000余人参加主会场活动；6个县（区）设立的分会场与主会场一起联动，整个惠州市参加此活动总人数达1万余人。

从四川地震灾区归来的消防官兵重温入党誓词

6 总有春风拂面时

Zongyouchunfeng Fumianshi

春风送暖，惠风和畅，描述的是一种自然风光，也是一种社会景象——相与为命，相响相济，给人以春风风人、如沐春风之感。

春风风人，如沐春风，是具有和顺、和睦、和美、和乐、和暖、和谐内涵的民族亲和力使然。

作为民族凝聚力重要组成部分的民族亲和力，是一种民族成员之间因关系亲密、协调而形成的力量。浸润于“尚中和”、“尚仁爱”等传统思想，中华民族素有许多对亲和力的形象表述：“亲不亲，故乡人”、“家和万事兴”、“远亲不如近邻”、“一方有难，八方支援”、“和衷共济，同舟共进”、“肝胆相照，荣辱与共”……它们表达了中华民族真诚、善良、豁达、宽容、尊重和共享的民族品格。

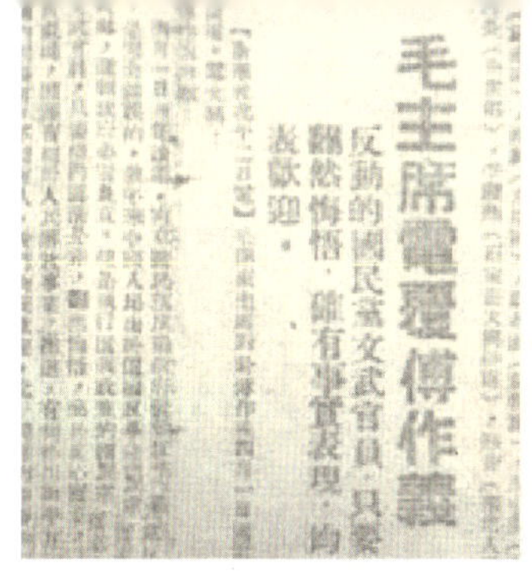

毛主席電覆傅作義

反動的國民黨文武官員，只要翻然悔悟，確有事實表現，均表歡迎。

事实正是这样，在中华大地上，人际之间、家庭成员之间、邻里之间、地区之间、阶层之间、政党之间、民族之间、宗教信仰之间，乃至海内外同胞之间，亲和力无处不在。正是因为有了这种亲和力，中华各族、各界人民才能像兄弟般地紧密团结在一起，获得和谐的生态环境和战胜一切艰难困苦的合力。

春风送暖，惠风和畅。

这是和谐社会的亮丽风景。

春风风人，如沐春风。

这是和谐社会的温暖氛围。

和谐社会，在我们的构建中；和谐社会，在我们的期盼中。“总有春风拂面时”，是我们对社会和谐景象的赞许与期待。

微尘标识尽显和谐之美

黄土地的诱惑
Huangludi De Youhuo

我是“微尘”

关键词　人际和谐
大爱　微尘　青岛爱心群体

……
大爱无言，降临天使之城。
献出你我的真情，追逐爱的梦，
愿我的眼睛永远看到你的笑容。
让我们手相牵，让我们心相拥，
让我们珍惜生命中每一次感动。
同写一个爱，严冬不会再来。
同写一个爱，小溪将汇成大海。
同写一个爱，希望和我们同在。
我们在天地间同写一个爱。

这首《同写一个爱》是公益电影《寻找微尘》的主题歌。它表现了人们对爱的祈盼和礼赞。

寻找微尘，微尘是谁？

微尘是人，微尘是2006年感动中国年度人物——青岛爱心群体。

作为人名，“微尘”最早出现在青岛——

2003年3月1日，青岛一位数次捐款不留姓名的普通市民以“微尘”的名义，为新疆地震捐助5000元。

2004年底，印度洋突发海啸，一对中年夫妇走进了青岛市红十字会，他们说是要替朋友为印度洋海啸灾区的灾民捐款5万元。当工作人员问其姓名以便开具收据时，他们留下了“微尘”的化名。微尘说：自己是一个

很平凡的人，做的事也很微小，就像一粒微不足道的尘埃。

之后，“微尘”继续不断地做慈善事业，关爱他人。在青岛市红十字会记录中，“微尘”多次为灾区、患者捐款。青岛媒体发起了寻找“微尘”的行动，化名“微尘”的捐款人与媒体记者电话联系说：永远都不会公开露面，心甘情愿做一粒“微尘”。

“微尘”的事迹不仅感动了青岛市民，而且吸引着一个又一个“微尘”加入其中，“微尘”群体像雪球一样越滚越大。如今在青岛，从城区到农村，大街小巷里，几乎每一本募捐册上都能看见署名“微尘”的记录，几乎每一个募捐点都会听到“我叫微尘”的回答。青岛市红十字会收到的捐款中，很多捐助者都署名“微尘”。在汶川抗震救灾中，青岛市以“微尘”名义捐款捐物的价值就达2.97亿元。十元、百元、千元，甚至万元，每一双充满善意的援手，每一张不同模样的面孔，都记录下一个共同的名字——“微尘”。

微尘，从当初一个爱心捐款者随手写下的名字，演绎成“一个群体的帮助”、“一座城市的爱心”。“微尘”是一个热心公益事业的群体，是一个诠释爱心的公益品牌，也是一个社会精神风貌的缩影。

❑ 相关资料

2005年6月1日，青岛市红十字会推出首批由市民自行设计的“微尘”徽章1000枚。每枚徽章底价10元，不限上价，结果千枚“微尘”徽章就义卖了20万元。6月15日，“微尘”标志、徽章及相关资料被青岛市档案局永久收藏。这是新中国成立以来该馆第一次整体收藏一项公益活动的相关资料。

为弘扬“微尘”精神，2009年青岛市委宣传部牵头精心策划拍摄了公益电影《寻找微尘》，艺术化地再现“微尘”事迹。该片讲述的是一对朴实的农村母女，在家境贫寒、母亲重病、女儿不得不放弃上大学的机会后，来青岛将助学金还给捐资人“微尘”的故事。尽管母亲危在旦夕，急需救治费用，但她们却坚守做人的诚信和尊严。故事从电台主持人帮助受助者寻找“微尘”展开，引出了一个又一个

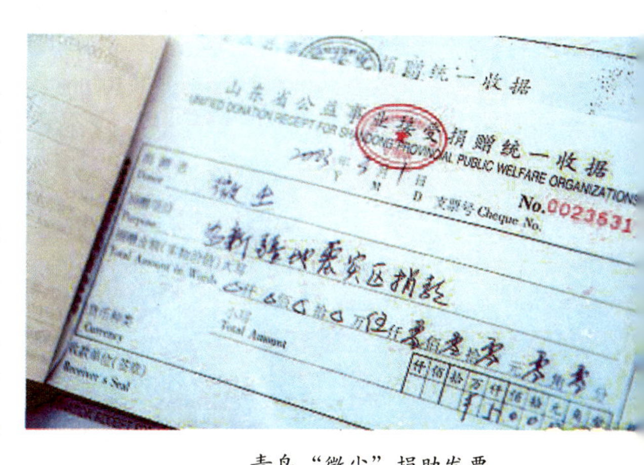

青岛“微尘”捐助发票

支援灾区人人献爱心

感人的爱心故事。该片得到专家和观众的一致好评，先后荣获2009年“五个一工程”奖、建国60周年重点献礼影片、金鸡百花电影节开幕影片、埃及开罗国际电影节唯一华语影片；《寻找微尘》剧组所有人员获得“2009感动青岛十大人物”群体奖。

对于惠人的“微尘”，2006年感动中国组委会推选委员会的评价是：他来自人群，像一粒尘土，微薄、微细、微乎其微，寻找不到，又随处可见。他自认渺小却塑造了伟大，这不是一个人的名字，这是一座城市的爱心。

其实，帮助人却不留姓名的“微尘”不只青岛有；在中华大地上，助人为乐的“微尘”随处可见，它已演绎成一个关爱他人的符号——

资料一：2009年10月4日，湖北黄石下陆区患有遗传性慢性胃炎等疾病多年的农村妇女严琼娥告诉记者，说她正在华中科技大学攻读国防专业的儿子张伦收到两位无名人士资助的爱心款6850元。

资料二：2010年4月22日上午，在黑龙江“心系灾区情牵青海抗震救灾爱我家园绿色环保进社区”活动现场，一名衣着普通的男子将一个厚厚的信封投入捐款箱后便转身离去。人们发现，他捐出了5000元现金，却没有留下姓名。

下岗职工为玉树灾区捐出5000元现金却没留下姓名

资料三：“太感谢他们了，可是，我却连他们的名字都不知道。”捧着失而复得的笔记本电脑，即将离开南充的外地人韩先生感慨万千。几天前，他将手提电脑遗失在公交车上。所幸电脑被好心市民拾得，几经辗转

终于回到主人手中。

……

太多了，无法尽数，亦无法尽述。对于“微尘”，我们有敬佩，我们敬佩他们无私奉献的精神及亲和助人的态度。对于“微尘”，我们要赞颂，我们的赞语正如组委会授予青岛爱心群体“微尘”的颁奖词那样：

微尘有心，微尘有情。

尘埃落定，大爱无声。

专家点评

“微尘”精神的意义在于，一粒“微尘”，掀起了博大的爱心大潮；无数“微尘”,汇成了爱心的真情海洋。当人人都争当“微尘”之时，人间春风将扑面而来，亲和之花将处处开放。增强中华民族凝聚力，就要弘扬“微尘”精神，就要增强人与人之间的亲和力。

3 要闻·关注 青岛日报

微尘：一面旗帜一个坐标

昨日首映后我市部分专家学者畅谈《寻找微尘》观感

电影《寻找微尘》青岛首映式

“微尘”代表说“微尘”

树品牌、联信息、通市场

国学今论

儒家伦理道德的基本核心是“仁爱”。孔子把“仁”概括为人的道德的最高原则，认为其他的道德准则都是由“仁”衍生出来的，这种“仁”的根本含义就是爱人，即仁者爱人。孔子要求人与人之间要充满爱心，要“己欲立而立人，己欲达而达人”，要“己所不欲，勿施于人”。孟子继承孔子的“仁爱”思想，认为人应有“恻隐之心”，要“老吾老以及人之老，幼吾幼以及人之幼”。对待别人，要将心比心，推己及人，推人及于万物，并认为“仁”是成人之道，不仁无以为人。孔孟的“仁爱”思想演变成了后来的“博爱之仁”，强调仁爱的对象是天下人和万物。这为我们当代构建和谐社会提供了有益的借鉴。

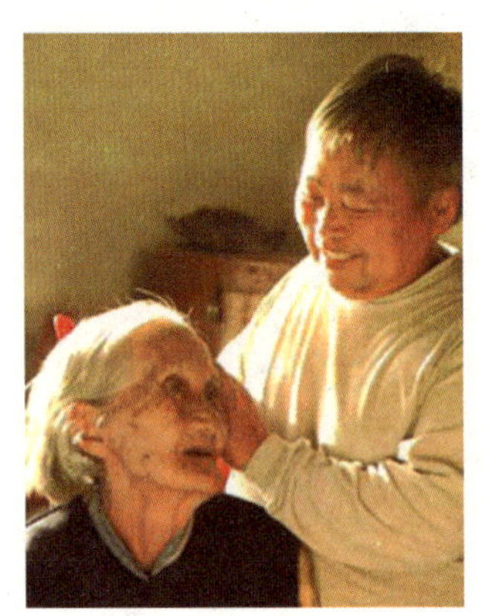

谢延信为岳母梳头

耀眼的黑金

关键词　家庭和谐
谢延信　责任　大孝至爱

他，谢延信，一个个头矮小，常年在192米井下工作的普通采煤工，没有井下舍身救人的壮举，没有先进劳动技能的发明，甚至没有任何一技之长，却能让自己的头像印成海报在中原大小城市张贴，却能让自己的事情变成展览吸引八方来客，却能让自己走进人民大会堂讲述亲历的故事……

谢延信似乎只做了一件事情：用半辈子的时间，照料病中岳父母以及呆傻的内弟。他一度被邻居视为“傻子”、“固执老头”。但他当了33年“傻子”后，几乎所有人都被感动了——“我真的做不到他那样”。

这是一个耀眼的小人物。

谢延信原姓刘，是河南焦作煤业（集团）鑫珠春工业有限责任公司的一个普通工人。1973年，刘延信与同村姑娘谢兰娥喜结良缘。但不幸很快就降临到这个原本幸福的家庭：1974年，谢兰娥生下女儿后因产后风撒手人寰，撂下四个等待照顾的人——嗷嗷待哺的女儿、年迈的父母和一个呆傻的弟弟。听着刘延信含泪许下的“我替你把这个家撑下去”的承诺，妻子欣慰地合上了双眼。

刘延信的生活由此定格：白天采煤、烧窑，晚上回家做饭、洗衣，给岳母烫脚、按摩，给智障的内弟一口一口地喂饭。

福无双至，祸不单行。1979年，岳父因重度脑中风瘫痪了。为在医院照顾重病的岳父，刘延信两个多月日日夜夜守候在岳父身边，困了，就趴在床沿上打个盹儿，实在顶不住了，就和衣躺在病房冰冷的地板上睡一会儿，那可是寒冬腊月，连个席子都没铺；为了防止老人得褥疮，刘延信每天坚持给老人翻身、擦爽身粉、背老人出门晒太阳；为给老人解闷，刘延信用半个月工资给老人买了部小收音机，并坚持给老人买武侠小说近百部。

常言道：“久病床前无孝子。”可这句话对刘延信无效。1983年，刘延信做出了他一生中最重要的决定——改姓，将自己改为姓谢。谢延信跪倒在岳父岳母面前，磕了三个响头，说：“爹、娘，兰娥不在了，有俺。从今以后，俺就是你们的亲儿子！你们放心，俺一定照顾好弟弟，俺替兰娥为你们二老养老送终。”

谢延信这一改姓、一磕头意味着承诺，这一诺就是30多年。

谢延信的内弟痴傻，吃饭得喂，大小便得照顾。有时内弟解大便弄得满身屎尿，谢延信就哄着他换洗衣服，从不厌烦；内弟吓着谁家小孩了，谢延信还得登门道歉，并将空闲时间里编织成的篮子送给邻居们，作为日常打扰的补偿。内弟虽然痴傻，然而，当有人问起谢延信时，他会不停地重复：“亮（谢延信的小名），好。亮，好。”他脑子里装不下太多

谢延信的全家福：谢延信（右二）、岳母冯季花（中）、内弟彦妞（左二）、女儿刘变英（左一）、妻子谢粉香（右一）

❑ 相关资料

被誉为“经典中之经典”的京剧《四郎探母》是根据杨家将的故事改编的一出剧目。它通过坐宫、盗令、别宫、出关、巡营、见弟、见母、见妻、别亲、回关、斩辉等情节，刻画了身陷家仇国恨、儿女情长等诸多因素冲撞交织情境中的杨四郎形象。与传统的“忠孝”观不同，该剧淡化了政治，张扬了人性，强化了亲情，凸显了家庭凝聚力。诚如著名作家龙应台所言，“《四郎探母》把本来封锁孤立的经验变成共同的经验，塑成公共的记忆，从而增进了相互的理解，凝聚了社会的文化认同。”该剧得到海内外华人的喜爱。

中国民间喜闻乐见的喜庆年画

词汇，在呆傻的他那里，这两个最简朴的词汇的含义是对等的。

岳母患有肺气肿、胃溃疡，丧失了劳动能力。谢延信想方设法为老人买补品滋补身体；老人头疼脑热了，谢延信就守在病床前喂水喂饭，端屎端尿；平常老人的洗头、梳头、剪指甲、洗脚更是谢延信的常规家务；有时老人心情不好，骂人了，谢延信一笑了之，从不计较。

为了支撑这个家，最好的方式只能是节俭，再节俭。谢延信省吃俭用，四元钱一双的塑料凉鞋，他补了又补，一穿就是六年；一件衬衣，白天穿脏了，晚上洗干净，第二天再穿，一穿就是十年。

这就是好人谢延信。

这就是大孝至爱的谢延信。

不是一家人，不进一家门。谢延信的孝心接力棒在一代代传递。

前妻去世后的第十年，谢延信与志同道合的同乡谢粉香结合，两人共同承担起家庭的重担。从此，谢延信在焦作上班伺候前妻的家人，把双方共有的四个孩子和四位老人的家完全交给了谢粉香。谢粉香做农活，干家务，有时间还去焦作帮谢延信前妻的家人洗洗浆浆、缝缝补补。2003年，谢延信因脑出血落下了反应迟钝、行动不便的后遗症，谢粉香就与他一起在焦作照顾前妻一家。

现在谢粉香年纪也大了，孝心已经传到了第二代。她的儿媳妇马海霞已经成了名副其实的“爱心大使”替补队员，悉心地照顾着这一家老小。他们的女儿也将这种“大孝至爱”的家风带到婆家，在那里发扬光大。

谢延信一家践行着中华民族尊老爱幼的传统美德，付出了自己的汗水、青春和幸福，甚至健康。“感动中国”推选委员感慨万千：谢延信对爱情忠贞，对老人孝顺，对

幼子怜爱，使家庭成为人世间最可依赖的社会细胞。

人们常说，家庭是社会的细胞，家庭和谐安定是社会稳定的基础。所以，古人把“齐家”放在“治国”、“平天下”前面。也许，对于为什么说家庭是社会的细胞，为什么只有“齐家”了，才能“治国”、“平天下”，怎样才能增强中华民族亲和力乃至凝聚力这样的问题，谢延信无法用语言说清楚。但是，他用实际行动为和谐家庭、和谐社会、增强中华民族亲和力乃至凝聚力作出了形象生动的诠释。

专家点评

家庭是社会的细胞，国家是家庭的集合。没有家便没有国，家和则国和，家兴则国兴。家庭生活的核心是爱，尊老爱幼、注重孝道是中国人的文化品格。“老吾老以及人之老，幼吾幼以及人之幼”，“齐家、治国、平天下”的规训，永远蕴含着构建和谐家庭乃至和谐社会与和谐世界的恒久价值，也永远蕴含着增强中华民族亲和力和凝聚力的恒久价值。

名词点击

实现社会和谐，建设美好社会，始终是人类孜孜以求的一个社会理想，也是包括中国共产党在内的马克思主义政党不懈追求的一个社会理想。根据马克思主义基本原理和我国社会主义建设的实践经验，根据新世纪新阶段我国经济社会发展的新要求和我国社会出现的新趋势新特点，我们所要建设的社会主义和谐社会，是民主法治、公平正义、诚信友爱、充满活力、安定有序、人与自然和谐相处的社会。

和谐联

家和万事兴互敬常从微处见
邻睦千秋好相谐总自乐中来

锦绣中华和字全民写
繁荣盛世谐音四海传

天和地和人和和融华夏
歌美舞美花美美在神州

六尺巷：邻里和睦的象征

无须面红耳赤

关键词　邻里和谐

六尺巷　大学士张英　远亲不如近邻

安徽桐城，一座有着“文都”美誉的古城。

大概是因为清代著名散文流派“桐城派”在这里发祥的缘故，桐城市内人文景观和历史遗存随处可见。城内有许多有典故的小街巷，如一人巷、钱尚书巷、双井巷、讲学园巷、小河边巷等等。其中，最为闻名遐迩的街巷要算六尺巷了。

位于桐城市区西后街与五亩园之间的六尺巷，是一条长百余米、宽两米、铺着鹅卵石路面的小巷。小巷出名，源于张英。据县志记载：清朝康熙帝时期的文华殿大学士兼礼部尚书张英在京城做官，他老家桐城的亲人起墙脚做屋时与邻居吴姓人家因地皮发生争执，家人飞书京城，想让张英打个招呼“摆平”吴家。而张英回馈给家人的却是一首劝解诗：

一纸书只为墙，让他三尺又何妨。

长城万里今犹在，不见当年秦始皇。

家人看了这首诗之后，觉得很有道理，于是主动在争执线上退让三尺，下垒建墙。邻居吴氏见状，深受感动，也退地三尺建宅置院。六尺巷因此而成。由此，六尺巷被传为美谈。如今的六尺巷，静卧在民风纯朴的龙眠山下，可这一段桐城佳话却流传千里万里，千年万年。

六尺巷不宽，两米而已，却含义颇宽。它的

"宽"，不是宽在"六尺"这个数目上，而是"宽"在人们的宽阔胸怀与和谐精神上。

中国的儒家文化讲求"和合思想"，讲求里仁为美、礼让睦邻的美德。俗话说"金厝边、银乡邻"，难得邻居，能做邻居是缘分，理应互帮互让，何必为蝇头小利争得面红耳赤，弄个两败俱伤呢？让人三尺，并非怯懦，而是舍利取义，舍利取福。张英的谦让、宽容、大度，换来了六尺巷，换来了邻里的和睦。也许，这就是古代禅师寒山与拾得对话的翻版（寒山问：世间谤我，欺我，辱我，笑我，轻我，贱我，恶我，骗我，如何处治乎？拾得答：只是忍他，让他，由他，避他，耐他，敬他，不要理他）；也许，这就是春秋时期"管鲍交谊"的遗风；也许，这就是清代郑板桥"吃亏是福"的含义……也许，六尺巷是中国传统文化里被"和合"哲学充盈得最宽阔的街巷之一。

六尺巷不长，百来米，却影响悠长。

事实一： 传承一种精神。20世纪80年代以来，桐城六尺巷旧址受到各级政府和有关部门的高度重视。1985年，桐城市政府将六尺巷公布为市级重点文物保护单位。1993年，安徽省政府有关部门拨专款进行部分修复；1999年，桐城市政府又拨专款在其遗址上进行扩建。安徽省政府告诉记者，修复与扩建六尺巷，是为了传承、倡导和弘扬六尺巷精神，一种包容万物、和谐中允的中华民族精神。

事实二： 演绎黄梅新曲。2007年，桐城市政府投入近百万元，邀请国内知名导演、作曲和编剧，精心

相关链接

当前，为促进邻里和谐，一些社区举办了别开生面的邻居节。举办该节的宗旨是提倡"以德为邻、与邻为善"，通过建立邻里之间良好的人际关系，在社会上形成融洽和谐的氛围。青岛四方区的邻居节歌《邻里就是一家人》云："窗挨着窗，门对着门，都说远亲不如近邻，楼上楼下，左邻右舍，难得咱们有这好缘分……"朴素的语言里包含着发自内心的亲和与友善。

大型黄梅戏《桐城六尺巷》剧照

皖桐六尺巷酒业有限公司广告

打造了新编大型黄梅戏《桐城六尺巷》。这个由安徽省文化厅主办的庆祝新中国成立60周年“向祖国和人民汇报”的唯一县级参展作品，已在桐城、淮南、湖北黄梅等地公演50余场，观众反响强烈。10月17日，在首届中国桐城文化节上，该剧又以二次打磨后的全新姿态，向来桐城的国内外客商奉献了一台精彩的“文化大餐”。

事实三：名巷传扬美酒。桐城合安路上，车来车往，最多的是前来运酒的车辆。那些远道而来的经销商们慕名而来，是冲着一个响当当的品牌——“皖桐六尺巷”而来。桐城六尺巷酒业公司以其系列美酒：“皖桐六尺巷·礼尚酒”、“皖桐六尺巷·礼让酒”、“皖桐六尺巷·和谐酒”、“皖桐六尺巷·同庆酒”，还有“喜酒”、“福酒”、“龙眠春酒”……招徕八方商家。

事实四：瞻仰历史遗迹。现在的六尺巷主体建筑包括巷道、东边的“礼让”石牌坊和西边的“懿德流芳”石牌坊、休闲广场、诗画照壁、假山石等。2007年4月“桐城文庙——六尺巷”成为国家3A级旅游景区，参观者络绎不绝，小巷深处常显现出少有的繁华，既张扬了文化传统，使得各方游客受到了很好的民族亲和力教育，又发展了旅游业，为桐城创造了极好的经济效益。

《生活报》邻居节特刊

毛泽东深知六尺巷的故事所蕴含的深刻内涵，特将其引申到处理国与国之间关系的态度上。1956年，毛泽东接见苏联驻华大使尤金时，针对当时中苏关系恶化的情况，谈古论今，巧妙借用六尺巷的故事，吟诵“万里长城今犹在，不见当年秦始皇”，旨在告诉苏联当局，国与国之间要化干戈为玉帛，只有互相礼让、平等相待，才能发展两国的睦邻友好合作关系。毛泽东由小推大，巧妙地将小小六尺巷的邻里关系引申到国与国之间的关系，当算外交大智慧了。

有趣的是，此后中国有多达十几个地方的人都认为毛泽东讲的这两句诗是来自自己的所在地。因为，在中国，还真有不少“六尺巷”，如山东六尺巷、泉州六尺巷、河南安阳六尺巷……各地争相认定六尺巷这个事情本身，足以说明中国人对邻里和睦的认同，对民族亲和的追求。

红树林畔莲花山下
涌动温馨和谐文明

深圳市启动第四届“社区邻里节”（2010年2月28日）

专家点评

邻里关系事涉社会的稳定，和睦的邻里关系是构建稳定和谐社会的内在要求，是社会主义精神文明建设的题中应有之义，也是增强中华民族凝聚力不可或缺的重要方面。中华民族自古以来就有和谐相处、团结互助的优良传统，由“六尺巷”的故事推演开去，我们得到了这样的启示：人与人、家与家、群体与群体、地区与地区乃至民族与民族、政党与政党之间，都要和睦，都要有亲和力。亲和力是我们中华民族发展和复兴的重要保证。

阅读思考

每个人都生活在大千世界、茫茫人群中，每个家庭都置身在左邻右舍、前街后坊的社会大环境中。社会大环境似乎是一个很抽象很概念化的名词，可它确实是由每一个生活于其中的人的具体行为来构造的。创建和谐社会，人人有责。如何做人，如何相处，如何构建自己所处的社会，是每个人都要思考的大问题。

万里长城

唐太宗为什么不修长城

关键词 民族和谐
唐太宗 和亲 互市 爱之如一

雄伟壮观的中国万里长城，是冷兵器战争时代世界上修建时间最长、工程量最大的防御性军事工程。

据史载，从战国（公元前475年—公元前221年）开始，有20多个诸侯国和封建王朝修筑过长城。最早是楚国，为防御北方游牧民族或敌国，开始营建长城，随后，齐、燕、魏、赵、秦等国基于相同的目的也开始修筑自己的长城。秦统一六国后（公元前221年），秦始皇派著名大将蒙恬北伐匈奴，把各国长城连起来，从而形成了西起临洮，东至辽东，绵延万余里，遂称“万里长城”。到了隋朝，在杨坚父子统治的38年里，曾大规模修建长城达五次之多。然而，到了唐代，修筑长城戛然而止。

唐太宗为什么不修长城呢?

众所周知，李唐王朝初年，唐太宗李世民继位以后，调整了统治政策，采取为政清廉、轻徭薄赋、团结各族人民、发展生产等一系列措施，使国家出现了前所未有的盛世景象。史称“贞观之治”。

但是，由于当时李唐王朝立国不久，尚处在外夷包围之中，北有东突厥，西北有高昌、突厥，西有吐谷浑、吐蕃，东北有契丹、高丽等。如何妥善处理好唐王朝与周边这些少数民族政权之间的关系，始终困惑着唐太宗。他冷静地总结了隋炀帝失败的经验和教训，认为

不能善待胡人是其中一个重要原因，决定自己不能步其后尘。在对外政治、经济交往及军事斗争过程中，李世民创造性地总结出“华夷一体”的安边理念，即在政治和外交上坚决屏弃历代封建统治者“贵中华，贱夷狄”的传统偏见，不是武断地修一道长城，将华夷隔绝开来，而是竭诚地广泛地团结周边各少数民族部落国家。为实现这一理念，唐太宗采取了联姻和亲、互市互利、不贱夷狄等一系列措施，取得了巨大成功。

联姻和亲是一种中央政府通过将皇室女儿或宫女远嫁少数民族首领，从而实现民族和解、民族友好的策略。据统计，唐代289年间，朝廷与少数民族和亲有23例之多，曾出现过20位“和亲公主”。其中最著名的文成公主入吐蕃同松赞干布结婚就发生在唐太宗任上。贞观十五年（641年），文成公主携大批丝织品、手工艺品、书籍、医疗器械、种子、文士和工匠等，远嫁吐蕃松赞干布。松赞干布和文成公主对汉藏两族的友谊和吐蕃社会的进步，作出了重要贡献。据2008年2月13日台湾《中国时报》报道，为协助教学功能与推广历史知识，该网站推出“历史大公投”系列在线活动，文成公主成为中国历史上最佳外交亲善大使。

与联姻相联系的另一种方式是赐姓。赐姓，也是唐太宗实行的一种招抚少数民族首领，使民族亲和的方法。当时的赐姓对象中，很大一部分为少数民族，即对外族赐姓。赐姓在当时不是一般的奖赏，它不仅意味着被赐者将成为具有高贵血统的李氏宗族一员，而且标志着他们将从此成为堂堂正正的汉族成员。在2006年我国新“百家姓”的顺序排列中，李姓占总人口的7.9%，成为名副其实的中国第一大姓，这当然与唐太宗当年大规模的赐姓不无关系。

互市是我国历史上不同民族或不同地方割据政权之间的一种以物易物的特殊经济交往与沟通形式，是一

相关知识

我国的56个民族分别是：阿昌族、白族、保安族、布朗族、布依族、朝鲜族、达斡尔族、傣族、德昂族、侗族、东乡族、独龙族、鄂伦春族、俄罗斯族、鄂温克族、高山族、仡佬族、哈尼族、哈萨克族、赫哲族、回族、基诺族、京族、景颇族、柯尔克孜族、拉祜族、黎族、傈僳族、珞巴族、满族、毛南族、门巴族、蒙古族、苗族、仫佬族、纳西族、怒族、普米族、羌族、撒拉族、畲族、水族、塔吉克族、塔塔尔族、土族、土家族、佤族、维吾尔族、乌兹别克族、锡伯族、瑶族、彝族、裕固族、藏族、壮族、汉族。

唐王朝与周边少数民族形势图

由中华56个民族成员组成的“56”

种互补性经济形式，在我国商贸史和民族史上占有非常重要的地位。唐代互市的基本内容是丝绢贸易和茶马贸易。实际上，隋唐时期是我国民族贸易的转型时期，贡赐贸易与互市同时并存。贡赐贸易作为民族贸易史上的一种特殊形式，在唐代西北民族贸易中占有比较重要的地位。据不完全统计，安史之乱前，西域前来唐朝的朝贡多达170余次。同时，在唐太宗的推动下，各民族之间互通有无的互市已经作为一种经济发展的补充模式发展起来了。

在用人问题上，唐太宗否定古人贵中华的偏向，将其匡正为“不贱夷狄，汉夷并重”的政策，不仅重用汉族的有识之士，而且大胆任用少数民族人才为各级官吏，以至宋祁等编撰《新唐书》时，专立《诸夷蕃将列传》，以显示夷族将领在太宗时代所占有的重要地位。此外，唐太宗还对汉、夷将领采取一视同仁的政策，对各族上层统治者采取同样的赏赐和责罚，对汉、夷的百姓一视同仁等。唐太宗在总结自己成功地处理民族问题的经验时曾说：“自古皆贵中华，贱夷狄，朕独爱之如一，故其种落皆依朕如父母。”他将“依朕如父母”的民族团结局面形成的原因归之于对四夷各族做到“爱之如一”，充分表现了他的民族平等观。

正是因为以上一系列措施取得了巨大成功，西域和北部边疆各族的君长纷纷来到长安，请尊奉唐太宗为各族共同的首领“天可汗”。这样，唐太宗不仅是唐朝的皇帝，还是各民族的“天可汗”，成为了当时的民族凝聚核心。

既然唐太宗是各民族的“天可汗”，当然就没有修长城的必要了。

如今，北京慕田峪长城在进行全面升级改造，将向西修缮2400米，登城步道也将全部翻新，使之成为开放段最长的旅游景区。当然，这绝不是修筑战争工事，而

是保护文化遗产。

在今天，修不修长城已不再是判断有无民族亲和观念的标准了。在对待少数民族的问题上，中国共产党比唐太宗李世民更为高明：坚持平等、团结、繁荣的民族发展方针，建立民族区域自治制度（在国家统一领导下，以少数民族聚居区为基础，建立自治地方，设立自治机关，行使自治权利）。实践证明，这个方针和制度符合中国的具体实际，有利于维护国家统一和充分尊重、保障各少数民族管理自己内部事务的权利，有利于最大范围地凝聚中华各族人民的力量，投身社会主义现代化建设。

专家评点

中华民族是一个多元一体的民族共同体。对于由56个民族组合而成的中华民族而言，各民族之间的亲和力尤为重要。这种亲和力来自民族大家庭内部各民族间相互尊重、相互信任、互助合作、和睦相处、荣辱与共的整体感和依赖感。增强了这种整体感和依赖感，就增强了民族亲和力，也就增强了中华民族凝聚力。

中央人民政府赠送的“民族团结宝鼎”
在广西南宁民族广场揭幕（2008年12月11日）

❑ 名词点击

中国当代社会主义新型民族关系：在由56个民族构成的民族大家庭里，各民族之间的关系是相互依存的关系，即汉族离不开少数民族，少数民族离不开汉族，各少数民族之间也互相离不开，简称“三个离不开”。

当代中国民族政策：一、坚持民族平等，维护民族团结，巩固和发展社会主义民族关系；二、实行民族区域自治制度；三、大力培养和选拔少数民族干部；四、积极帮助少数民族地区发展经济；五、发展少数民族和民族地区文化教育和科学技术，促进各民族的全面进步；六、尊重和发展少数民族语言文字；七、尊重少数民族风俗习惯和宗教信仰；八、高举爱国主义旗帜，维护祖国统一和社会稳定。

齐天大圣孙悟空

悟空，你算何方神圣

关键词 宗教和谐

孙悟空　三教合一　和谐社会

生无名，本无姓，天造地设有精灵。
来无影，去无踪，千锤百炼见真功。
闯东海，闹龙宫，鬼神惧，天地惊。
身披旋风，火眼金睛。

这是1982年版电视连续剧《西游记》的主题歌之一，它描绘了一个集神通广大、心地善良、聪明机智、正义敢为于一身的世间神灵——孙悟空。

在中国，孙悟空是一个家喻户晓、深受百姓喜爱的艺术形象。其扮演者六小龄童认为，孙悟空是儒释道三教合一的典范。换言之，是儒释道三教在孙悟空身上融为一体，才成就了人见人爱的齐天大圣。

孙悟空是一个道教追寻者——

众所周知，孙悟空本是天地间一块灵石，吸收日月精华后变成一个灵猴。他是自然孕育的精灵，自然就是他的生身之母。孙悟空的性格特征是狂放不羁，不守世间、天上规则，喜欢自由自在、无拘无束、任意而为的生活。孙悟空最早的师傅是隐居在西牛贺洲“灵台方寸山，斜月三星洞”中的菩提老祖尊仙。在他那里，孙悟空苦修七载，学艺三年，终于学会了七十二变和筋斗云两项赖以成名的绝技，成就了护送唐僧取经的看家本领。孙悟空追求长生不老、海阔天空的神仙世界。他的出身、性格、师傅以及人生目标，都与中国本土宗

教——道教密不可分。因为，道教崇尚自然，淡泊人生，讲求超凡脱俗，羽化登仙。可以说，孙悟空最早的思想启蒙来自中国道教。

孙悟空是一个佛学修行者——

孙悟空的名字是很有讲究的，仔细琢磨就会发现它与佛教有着密不可分的联系。孙悟空的姓氏“孙”是由“猢狲”演化而来，意指他本为“猢狲”。这个“猢狲”与佛有着较深的渊源关系，许多佛经里有把人心比作猴心的比喻，佛教经典也多有记录猴信奉佛法成道的故事。因此，该姓隐含着佛教思想中以猴说法的意义。再看“悟空”二字的来历。念经信佛，讲究一个悟性，信佛的人悟什么？悟“空”。因为，佛教全部理论可以用一个字来概括，那就是“空”字，四大皆空，五蕴俱空。孙悟空还有一个名字是唐僧给取的，叫孙行者，也有佛教含义，佛教将周游四方、以行乞为生的僧人称为行者。孙悟空取到真经后，佛祖为表彰其战无不胜，一路护卫唐僧取经的功绩，封其为“斗战胜佛”。而且，《西游记》九九八十一难的过程，也就是孙悟空这只猴子成佛的过程。可以说，从孙悟空的名字到其修炼过程都蕴含着丰厚的佛教内涵。

孙悟空是一个儒学坚守者——

《西游记》里有个青毛狮精，它变做乌鸡国国王后，把个乌鸡国治理得“风调雨顺，国泰民安”。然而，孙悟空照样将其赶走，请出真王继位。为什么？因为青毛狮精破坏了儒家提倡的君王尊严和尊卑秩序。对于师傅唐僧，孙悟空从来都是忠心耿耿，孝心一片，表示“一日为师，终身为父。我等予你做徒弟，就是儿子一般”。对嫁给黄袍怪的宝象公主，孙悟空斥责她是“不孝之人”，并说“孝者，百行之原，万善之本”，这是对儒家孝文化的弘扬。因此，孙悟空虽然“猴气”未尽，他对西天取经之大业心诚志坚，大智大勇，对

名词点击

儒释道三教合一是指儒家、道家、佛家三种宗教文化和谐共融现象。儒家主张伦理纲常，讲究仁义道德；道家强调道法自然，主张回归自然；佛教强调慈智双运，要求人们通过心灵的觉悟获得慈悲和智慧。儒、道是中国本土文化，释是外来文化。三者在冲突中相互吸收和融合，在保持各自基本特质的同时，又你中有我，我中有你，形成了儒释道三者相融、三位一体的精神结构，成为中华传统文化的重要内容，也是中华民族凝聚力的文化基础之一。

明代丁云鹏的《三教图》描绘了孔子、老子、红衣罗汉坐于树下共探玄理的情景：孔子敦厚儒雅地发表着言论；老子道貌岸然地注视着对方；红衣罗汉双目低垂地沉思着……

师傅的尊重和对师弟及百姓的关爱体现了儒家的精神内核。可以说，中国正统的、占主流意识形态的儒家的伦理道德在孙悟空身上得到了充分体现。

综上可见，孙悟空是儒释道三教的融汇体，是多种宗教亲和的产物。吴承恩在《西游记》中塑造的孙悟空这个艺术形象，是作者所处时代儒释道三教合一的现实反映。吴承恩所处的明代，儒佛道三教合流，是以儒家学者为中心，并由众多名僧、方士参与其间，互相交游，互为影响，最终导致佛、道的世俗化以及儒学的通俗化，外来宗教与中国本土宗教平等相处相容，互相补充。由此，体现出了中国传统文化的博大包容性。

中国人之所以喜爱孙悟空，是因为他神通广大，天上地下自由走，五湖四海任遨游；生死簿上无名姓，无拘无束无烦忧；一身钢筋铁骨，不避刀枪；七十二般变化，随心所欲。是因为他疾恶如仇，敢于藐视权贵，敢于挑战权威；视天庭如无物，偷蟠桃，盗御酒，噬仙丹，捣它个人仰马翻；敢向玉帝争座次，屡与佛祖论短长。是因为他乐观向上，遇见困难不回头，失败之后不气馁，对唐僧忠心耿耿，讲究朋友情谊……孙悟空在中国人的眼里，简直就是完美的化身。

这个完美，来自作者吴承恩的手笔，来自儒道释三教的融合，来自中华民族的“和合”观念。从这个意义上看，中国人对孙悟空这个艺术形象的钟爱，就是对宗教和谐的追求，就是对增强中华民族亲和力和凝聚力的追求。

甘肃崆峒山儒道佛三教共存共尊

在我国，从根本上说，五大宗教的教义教理与增强中华民族凝聚力是并行不悖的，如佛教的“庄严国土，利乐有情；诸恶莫作，众善奉行”，道教的“慈爱和同、济世度人”，基督教的“荣神益人”，天主教的“真福八端”，伊斯兰教的“两世吉庆”等，都是追求社会安宁、人际和谐的。由此可见，作为一种从关怀人们身、心、灵的角度来思考生活和生命意义的正向力量，宗教在建设和谐社会方面起着积极的推手作用。因而，宗教和谐不可忽视。

所谓宗教和谐，就是在承认宗教的多样性、自主性、平等性、和平性的基础上，努力构建宗教内部、宗教之间、宗教与社会其他组成部分之间“和而不同”的和谐状态，达至彼此尊重、和睦相处、美人之美、美美与共的美好境界。而这种和谐状态和美好境界，也正是增强中华民族凝聚力的必然要求。

相关资料

中国是一个多宗教的国家，主要有佛教、道教、伊斯兰教、天主教和基督教等。据不完全统计，中国现有各种宗教信徒1亿多人，宗教活动场所8.5万余处，宗教教职人员约30万人，宗教团体3000多个，培养宗教教职人员的宗教院校74所。中国的宗教具有和谐共处、亲和相融的历史传统。新中国成立后，党和政府制定和实施了宗教自由政策，建立起符合中国国情的政教关系，形成了各种宗教地位平等、和谐共处、亲和相融的局面。

专家点评

宗教是一种与超自然力量的信仰相适应的社会文化体系。宗教的主体是数以亿计的宗教信徒及其构成的社会组织。他们以特殊的精神追求和组织活动规范着自身，影响着社会。宗教领域的和谐既是社会发展对宗教的要求，同时也是宗教自身发展的需要。我国是一个多宗教的国家，各民族信仰宗教的群众有一亿人以上。儒释道三教合一给当代增强各宗教信徒之间的亲和力提供了有益的启示。

2006年10月18日，北京大学举行以“宗教对话、世界和平、社会和谐”为主题的国际学术研讨会

中国扶贫基金会会徽：一双援助之手捧出一颗慈爱之心

当扶助成为一种组织行为

关键词　缩小贫富差别
中国扶贫基金会　组织　活动　关爱

因贫穷而生活窘困，称之为贫困，是一种社会物质生活贫乏现象。据统计，时下（2010年）我国国家级的贫困县仍有375个，至于贫困人口，更是一个难以详考的大数字。毫无疑义，贫困是一种涣散剂。要增强凝聚力，建设和谐社会，就要致力于铲除贫困，避免贫困。

如何避免？

答案之一是：让扶助成为一种组织行为。

在中华大地，1989年3月，一个专业从事扶贫工作的大型全国性非政府组织——中国扶贫基金会诞生了。

一切遵循人类良知和善心的指引。
像企业家一样的经营谋略和高效管理，
像科学家一样的研究方法和学习理念，
像工作狂一样的职业追求和奋斗精神。

这是中国扶贫基金会的宗旨和要求，这个宗旨和要求支撑着这个非政府组织为凝聚力量、建设和谐社会发挥着重要作用。

2005年10月17日，“扶贫中国行”大型社会公益活动启动暨民生教育扶贫基金签字仪式在人民大会堂隆重举行。扶贫中国行活动招募千名爱心志愿者和百家爱心企业及社会富裕人群深入到百县、千村、万户（100个国家或省级扶贫开发工作重点县、1000个贫困村、10000个贫困家庭），在真切体验贫困中开展贫困家庭生存状况调查。同时，广泛发动新闻媒体，对贫困地区现状和贫困家庭生存状况进行宣传报道，尤其是对贫困地区人民反贫困的昂扬斗志、坚韧毅力和奋斗精神进行宣传报道，在全社会掀起和形成关注贫困、消除贫困、共创和谐的热潮。

于是，一系列扶助活动在中华大地上展开——

活动一：母亲节——一个祝福母亲的节日将至。然而，一组无奈的数字却真实地存在着：2005年，我国边远贫困地区孕产妇死亡率为53.8／10万，是城市的2.1倍，是沿海地区的7.2倍；婴儿死亡率为43.2‰，是城市的2.7倍，是沿海地区的4.5倍。这一切，源于贫困。因为缺少最基本的食品、营养品和社会保障，她们柔弱的身躯难以抵御饥饿和疾病的侵袭；因为缺少几百元的住院费，与她们一起迎接新生命诞生的不只是喜悦、幸福，还伴随着无助、恐惧，甚至死亡！

为了帮助贫困的母亲，中国扶贫基金会推出“母婴平安120行动”项目。“120行动”的寓意是，保全一个家庭，挽救两条生命，使孕产妇死亡率和新生儿死亡率降到零。基金会向社会发出倡议：

> 关爱母婴，呵护生命！请让我们一同来关注中国贫困母婴的生存状况，关注、支持母婴平安120行动项目。我们多献一分爱，身陷贫困的她们就多一分生存保障。我们呼唤：让生命远离贫困，愿关爱尽显真情！我们呼唤：让每个家庭都洋溢着欢乐、幸福和希望！

歌词重温

人生需要相互帮助，
生活需要相互温暖。
不管遇到什么困难，
大家需要朋友相伴。
……
请让我来帮助你，
就像帮助我自己。
请让我去关心你，
就像关心我们自己。
这世界，会变得更美丽。

伸出你的手，
让悲痛为爱化作力量。
有你有我在身旁，
天空总会晴朗。
伸出你的手，
让勇敢的心战胜摇晃。
无论多大的风浪，
我们要一起抵抗。
……

中国扶贫基金会携手肯德基、必胜客为灾区小学生健康成长“加餐”

活动二:一年一度的春节来临,每个人都为即将与亲人团聚而满心喜悦。可就在同一时刻,大学校园里艰难求学的贫困学生,面对并不高昂的回家路费,面对下学期还没有着落的生活费,他们选择留校过年,希望通过打工,为下学期攒下一些生活费。据不完全统计:2006年春节期间,仅北京因家庭经济困难而不能回家过年的大学生就达7200余名,其中68.5%的学生表示,留在北京打工挣钱,补贴下学期生活费是不回家的主要动机。鉴于此,中国扶贫基金会启动了新长城2007贫寒学子新春关爱活动,向社会发出呼吁:

> 请关注这些盼望回家过年、盼望自强自立的贫困大学生!无论您是一家企事业单位,还是一个家庭甚至个人,都可以为他们提供帮助,为他们送去关爱和温暖,帮助他们自强自立!我们希望,春节的天空,将被温暖和关爱装扮得更美丽,而这美丽的天空中有您的一份努力和贡献!

活动三:2010年,百年不遇的大旱摧残着美丽的大西南:河渠断流,农田龟裂,草木枯黄……持续5个多月的高温无雨,导致西南五省特别是云南46县市、贵州84县市和广西77县市不同程度干旱,部分地区已达到特大干旱等级。6000多万同胞生产生活遭受严重影响,2000多万同胞饮水困难。而据气象部门预测,干旱还将持续加重。于是,中国扶贫基金会向社会各界发出请求:

> 让我们都来做“甘霖使者”,携手同心、众志成城,把爱心和善心化作滋润心田的甘霖:捐款200

元帮助旱区的一户贫困家庭，解决一个月的基本生活用水或食品；捐款10万元帮助旱区的一个村解决人畜饮困难；每月认捐10元，或发手机短信“5抗旱”到10699999，为灾区同胞捐款5元，并转发此倡议给5位身边朋友，帮助干旱灾区建设引水工程。

……

此外，诸如组织“小额信贷扶贫”项目、组织“贫困农户自立工程”、组织紧急救援计划、组织“爱心与家园同在”救援行动、组织“消除贫困行动月”活动、组织“捐赠爱心包裹”活动、组织“扶贫中国行”系列活动、组织以“为高原贫困牧区孩子驱走严寒”为主题的“温暖行动”……有组织的扶贫活动在中国遍地开花。

扶贫是一种救助。当扶助成为一种组织行为，其作用将成倍放大：动员众多国际、国内组织、机构、企业、民众捐赠善款与物资，最大限度地凝聚全社会的力量，推动全民公益行动。如此，则将有力地推进社会的文明、和谐与幸福。

相关资料

中国扶贫基金会从创立之初的10万元启动资金开始，经过20年的探索和发展，已经成为拥有5亿多元总资产，年均筹资额超过3亿元、受益人口达50多万的全国性大型公益组织。20年来，中国扶贫基金会共筹措并投入扶贫资金和物资达23.9亿元，累计实施200余个扶贫项目，受益贫困群众达718万。2007年被民政部评为基金会评级体系中最高级别的5A级基金会。

专家评点

消除贫困，缩小贫富差距，促进共同富裕，是我国构建社会主义和谐社会的本质要求。但是，由于种种原因，一部人暂时难以依靠自身的力量走出困境，需要他人的扶助。爱心无止境，慈善见真情。要凝聚全社会的力量，就要求我们播下爱心的种子，驱除贫困的阴影，以收获和谐的果实和更加美好的明天。

中国扶贫基金会成立20周年纪念表彰大会在京召开（2009年4月1日）

傅作义

黄土地的诱惑
Huangtudi De Youhuo

新中国第一任水利部长

关键词 政党和谐

傅作义　党外人士　通力合作

“你是北京的大功臣，应该奖你一枚天坛一样大的奖章。”

“你对水利工作感兴趣呀？那河套地区恐怕不够你施展才华呢。我看将来你就当我们的水利部长。至于军队，你还是可以管，你可是很有才干的。”

“对水利这一行，你是钻进去了。”

这是毛泽东主席对傅作义作为军事将领和水利专家的充分首肯。

一位原国民党高级将领，在为人民事业作出贡献之后，共产党和人民给予了充分信任和照顾，使其心悦诚服地拥护共产党，并焕发出为国家建设努力奋斗的极大热情和主动性。这是中国共产党与各民主党派、无党派人士通力合作、肝胆相照的一个典型范例。

傅作义（1895—1974），字宜生，山西荣河安昌村（今属临猗）人，杰出的军事家。辛亥革命时期，任起义学生军排长，在太原参加反清起义；北伐战争时期，追随阎锡山参加北伐，以“守城名将”蜚声海内外；抗日战争时期，历任国民党第七集团军总司令，第八、第十二战区副司令、司令长官兼绥远省、察哈尔省政府主席。先后参与忻口会战、包头战役、绥西战役、五原战役，予日军以重创。毛泽东对傅作义领导绥远抗战胜利告捷十分赞赏，为此，赠送“为国御侮”锦旗一面。解放战争时期，傅作义任国民党华北剿匪总司令，中国人民解放军占领天津后，他以民族大义为重，响应中国共产党提出的“停止内战，和平统一”的主张，于1949年1月22日毅然率25万北平守军起义，使得北平（今北京）得以和平解放，古老的文化古都完好地归回人民，200万市民的生命财产免遭兵燹。对傅作义这一义举，毛泽东给予了充分的肯定和高度的评价：“北平问题的和平解决，贵将军与有劳绩。”

傅作义部队官兵高呼口号欢迎解放军入城（1949年）

毛主席電覆傅作義
反動的國民黨文武官員，只要翻然悔悟，確有事實表現，均表歡迎。

傅作義將軍通電
聲明政治立場
願在毛主席領導下實行新民主主義，建設新中國

1949年4月2日《人民日报》上发表的傅作义的通电和毛泽东的回电

新中国成立初期，针对党内一部分干部中存在的“关门主义”倾向和不愿与党外人士合作的错误思想，毛泽东多次在党的会议上讲到，我们要千秋万代坐北京，没有党外人士进入政府就不行。他还反复强调，对民主党派及党外人士，要给事做，尊重他们，当做自己的干部一样。

于是，在第一届中央人民政府任职的一大批党外人士中，国民党起义将领傅作义成了水利部第一任部长的人选。

中国是一个水旱灾害频繁且严重的国家，水旱灾害被称为中华民族的心腹之患。据统计，在中国，水旱灾害造成的直接经济损失占各类自然灾害直接经济总损失的60%左右。因此，科学防洪抗旱减灾是中国水利部门的重要任务，水利部长是关乎国计民生的重要政府职位。

在黄河边长大的傅作义深知水利事业的重要性，早在20世纪40年代，他就率部在河套西段大力兴修水利，改善引水设施，促进了当地生产的发展，繁荣了经济，河套被誉为“塞上江南”、“鱼米之乡”。可见傅作义不仅是军事家，还是酷爱水利事业的水利专家。

有实践经验的傅作义深知，中央政府委以重任，是为了发挥自己的专长。受托必须忠事。因而，从出任到逝世前一年的恳辞，傅作义为新中国的水利事业工作了

1949年，周恩来（左二）在西柏坡接见傅作义（右三）

国家水利部部长傅作义（立者）在伊犁考察水利建设

23年。在毛泽东“要把黄河的事办好”的号召下，年近花甲的傅作义整整18天坚持白天在高温下工作，晚上露宿在三门峡附近的沙滩上，进行黄河查勘工作；为落实毛泽东根治淮河的指示，他历时49天亲赴淮河流域进行水利地理视察、慰问民工和各地治淮干部、举行治淮座谈会，确定治淮方针和方法；为了解新疆的水利情况，他不顾天气炎热，在大戈壁滩和天山南北坐汽车日行500多公里视察新疆几十处水利工程；哪里有严重的水灾，哪里就有他亲赴抗洪抢险第一线的身影，长江、黄河、黑龙江、珠江、淮河、海河等许多水利工地，都留下了他的足迹。

为了很好地配合傅作义的工作，水利部的共产党员领导干部遵照毛泽东主席的指示，在工作中十分尊重和支持傅作义。在干部的配置和提拔上，对傅作义带来的干部大胆使用。水利部还教育党员干部不要贪图地位、荣誉和享受，甘于在党外干部领导下工作。就是在这样良好的工作环境中，傅作义竭心尽力，为新中国的水利电力事业作出了杰出的贡献，被选为政协第二、三届全国委员会常务委员、第四届全国委员会副主席，第一、二、三届全国人大代表，国防委员会副主席。1955年，毛泽东亲自授予傅作义一级解放勋章。

从旧中国的国民党高级将领到新中国为人民的水利事业鞠躬尽瘁，傅作义角色的成功转换，是中国共产党与党外人士通力合作的典范。

新中国成立之初，除了傅作义，中央人民政府各部门还广泛吸收了其他民主党派和无党派人士参政。如在选举产生的6位中央人民政府副主席中，党外人士有

3位；56位政府委员中，党外人士有27位；4名政务院副总理中，党外人士有2人；15名政务委员中，党外人士有9人；政务院所辖34个部、会、院、署、行中，担任正职的党外人士有14人。这充分体现了中国共产党与民主党派和无党派人士荣辱与共、亲密无间的关系，也成功地凝聚了党内外一切力量，调动了一切积极因素，促进了社会主义事业蓬勃向前发展。

专家点评

党外人士是在中国共产党领导的革命中形成的一个特定概念，专指中共党员以外的各民主党派、无党派人士中有影响有代表性的各界人士。党同党外人士的合作共事，是统一战线中最普遍最经常的一种关系，它存在于各个时期、各个领域、各个层次、各个环节。坚持共产党同党外人士的合作共事，是我国统一战线的主要内容，也是和谐党内外关系、增强中华民族凝聚力的重要途径。

中国各民主党派简介

中国人民政治协商会议

名称	成立时间	现任主席	人数
中国国民党革命委员会（简称民革）	1948年1月1日（正式成立）	周铁衣	8万多人（截至2007年）
中国民主同盟（简称民盟）	1941年3月19日（秘密成立）	蒋树声	19万多人
中国民主建国会（简称民建）	1945年12月16日	陈昌智	11万多人
中国民主促进会（简称民进）	1945年12月30日	严隽琪	10万多人
中国农工民主党（简称农工党）	1930年8月9日	桑国卫	10万多人
中国致公党（简称致公党）	1925年10月	万钢	3万人（截至2007年）
九三学社	1946年5月	韩启德	10万多人
台湾民主自治同盟（简称台盟）	1947年11月12日	林文漪	2300多人

辅助阅读

中国共产党同党外人士的合作共事，肇始于民主革命时期：1940年，毛泽东在《抗日根据地的政权问题》中明确指出："根据抗日民族统一战线政权的原则，在人员分配上，应规定为共产党员占三分之一，非党的左派进步分子占三分之一，不左不右的中间派占三分之一。"（即"三三制"原则）"对于共产党以外的人员，不问他们是否有党派关系和属于何种党派，只要是抗日的并且是愿意和共产党合作的，我们便应以合作的态度对待他们。"时至今日，随着阶级关系的变化，党同党外人十的关系已是一种崭新的同志式的合作共事关系。

中华民族凝聚力研究丛书
《统一战线与中华民族凝聚力》
《统一战线"凝聚力工程"研究》

我们心在一起

危难时，我们一起牵手

关键词　一方有难八方支援
雪灾　地震　泥石流　相濡以沫

2008年5月23日，在临时搭建的四川北川中学课室里，温家宝总理用粉笔在黑板上写下了四个苍劲有力的大字：多难兴邦！

苦难中不屈，危难中图强。这是中华儿女对“多难兴邦”的阐释。

团结有力量，拼搏能胜利。这是中华儿女对“多难兴邦”的回答。

困难时我们携手并肩，危难时我们一起牵手。这是中华儿女在困难和危难面前一次又一次的激情演绎。

■ 有你，这个冬天不会冷——

2008年初，50年不遇的特大雪灾袭击了华南地区，造成湖南、湖北、贵州、安徽等10省区3287万人受灾，倒塌房屋3.1万间；直接经济损失达62.3亿元。中国扶贫基金会筹集4000余万元的款物援助南方雪灾灾民；中国红十字会调拨2.45万件棉衣救助雪灾灾区；上海市红十字会第一时间向受灾地区电汇救灾款200万元；德勤华永会计师事务所、诺基亚（中国）投资有限公司、广旭广告公司、伊利集团、如新（中国）日用保健品有限公司、香港方树福堂基金等纷纷向灾区捐赠款物。

特别值得一提的是河北的13位农民兄弟。这13个人，都是唐山市玉田县东八里铺村二组里老实巴交的农

民。他们中年龄最大的已有62岁，最小的才19岁；其中有一对亲兄弟，还有两对“父子兵”。本着“到南方去出把力”的想法，大年三十那天，他们备上铁锹、铁镐，租了一台中巴车，于下午4时出发，日夜兼程，一路南下。对于他们来说，去湖南不是归途，是千里奔波，雪中送炭；湖南人不是邻里，素不相识仍出手相援。到初二上午，13位农民兄弟才赶到郴州电力抢险指挥部，成了湖南电力安装工程公司一支编外“搬运队”。他们起早贪黑、踏雪履冰，为抢修工地扛器材、搬材料、抬电杆，废寝忘食，一干就是16天。“30多年前，唐山大地震时，全国人民都支援我们。现在南方遭了雪灾，我们也应该来出点力。”13兄弟用纯朴、善良和倔强，告诉世人“兄弟”的含义。

唐山十三农民兄弟救灾情景

■ 重生，在“兄弟”的怀抱——

汶川地震，山河破碎，城毁人亡。中央作出“对口支援”决策后，来自祖国四面八方的援建者怀着对灾区人民的深情，背负着神圣的国家使命，纷纷奔赴灾后重建的战场。在这支大军里，有建设北京奥运会场馆的“八大主力”，有建设上海世博会的“王牌军”，有曾参加唐山大地震灾后重建的特级建设企业……18个省市的援建大军中，英才汇聚，院士、博士、硕士数以千计，许多都是百里挑一、经验丰富的优秀管理和技术人才，他们组成了一个空前强大的援建阵容。数十万来自全国各地的援建者携手同心、夜以继日，以前所未有的速度，改变着灾区。截至2009年年底，已确定对口支援项目3424个、援建金额744亿元，其中3139个项目已开工建设，援建资金到位449亿元，

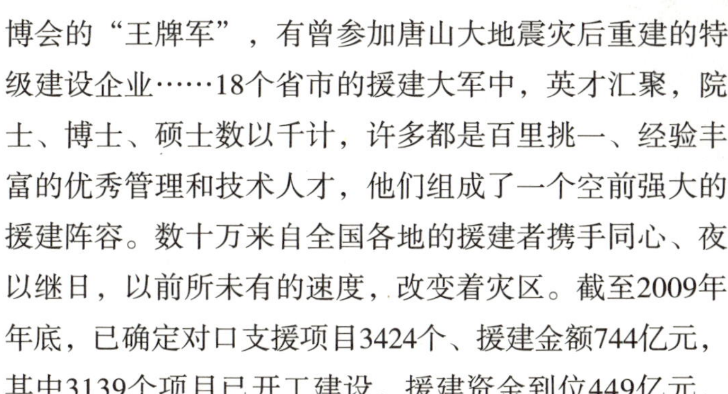

1833个项目建成并投入使用。

就这样，遭受地震重创的四川、陕西、甘肃灾区如今呈现出勃勃生机：一间间校舍书声琅琅；一座座工厂马达轰鸣；一幢幢漂亮而又浸染着各地文化符号的新房民居，连绵成片；一条条飞跨江河连通南北的桥梁公路，穿山越谷；一片片崭新精致散发着勃勃早春气息的村镇园区，生机盎然……村庄热气腾腾，田园生机勃勃，家庭幸福温馨，孩子绽放笑容，浴火重生的汶川正在“涅槃”。中华儿女以自己特有的方式，向世界展示着手足情深的中国力量。

■ 舟曲，我们永远在一起——

2010年8月7日23时左右，甘肃舟曲电闪雷鸣，暴洪骤泄，特大泥石流灾害造成重大人员伤亡。“手挽白龙江水，心疼我的舟曲；眼望舟曲古城，心疼我的舟曲。”全国各地情系舟曲——

8月8日上午，四川省卫生厅派出由25名医疗、卫生防疫和卫生监督人员组成的第一支医疗卫生救援队，携带价值数万元的医疗急救品抵达舟曲。

情系舟曲大型赈灾义演

8月8日下午5时30分，北京市卫生局抽调出胸外科、创伤骨科、神经外科和重症监护专业的医学专家，急赴舟曲县泥石流灾区。

8月9日下午1时，陕西省24名卫生防疫人员携带充足的消杀器械和药品在宝鸡市集结，奔赴灾区。

哈尔滨红十字会向舟曲捐赠价值500万元的药品。

大连市红十字会调拨10万元人民币捐赠给舟曲泥石流灾区。

洛阳市红十字会联合“80995慈善公益艺术团”为舟曲同胞募捐义演。

在安徽亳州市红十字办公室为舟曲泥石流灾区募捐现场，一位30来岁的女士深情地唱起了歌曲《众人划桨开大船》。

……

隔山隔水，我们在一起！
流血流泪，我们在一起！
风雨同舟，我们在一起！

无数真情洋溢的举动、铿锵有力的话语，是向舟曲人民援手，是为灾区同胞鼓劲，也是在向世人明示：中华民族有强大的凝聚力。

这是中华民族“一方有难，八方支援”传统的生动展示，这是中华民族“厚德载物、舍己为人”精神的伟大实践。中华民族以自己的牵手行为和救援效果感动世界，中华民族更以自己亲和厚爱的凝聚力震撼全球。

牵手，平日里是一种温馨，一种踏实；危难时是一种依靠，一种希望。众所周知，《诗经·邶风》里“执子之手，与子偕老”的名言，是生死不渝的爱情代名词。其实，在“一方有难，八方支援”的当今中国，中华儿女已经将其演绎成人与人之间、地区与地区之间永远携手并肩的代名词。

专家点评

中国地域辽阔，地貌复杂，灾难常常与中华民族同行。然而，灾难摧不垮中华民族。地不分南北，爱不分民族，万众一心，共渡难关，中华民族有一种力挽狂澜的传统。从千里驰援的生死营救，到举国之力的灾后重建，伟大的中华民族一次又一次在灾难中演绎着如歌如泣、荡气回肠的爱心传奇，凸显出“一方有难、八方支援”的民族亲和力。

歌词重温

我能感觉到你的心跳
因为我们的心连在一起
我能触摸到你的睫毛
因为我们在彼此寻找
我要驱散你眼里忧郁
用我的热血暖你身体
如果这一切可以改变
我愿意付出生命交换
——孙涌智
《我们心在一起》

同济大学校徽昭示着“同舟共济”的理念

全球华人春节网络联欢晚会

彼此的牵挂

关键词 海内外同胞一家亲
华侨 祖国 亲情中华 牵挂

曾经，有这么一些中国人，他们漂洋过海，到异国他乡落脚谋生。

曾经，有这么一些中国人，他们身居海外，却心系乡梓矢志报国。

曾经，有这么一些中国人，他们离别异乡，又挈妇将雏重返故土。

因为，中华儿女亲情中国。

因为，中华儿女彼此牵挂——

母亲有难了，儿女不帮谁帮——

20世纪30年代，日本帝国主义发动全面侵华战争，中华民族面临危亡关头。在陈嘉庚、司徒美堂、蚁光炎、庄西言等爱国侨领的领导和号召下，波澜壮阔的抗日救亡运动席卷海外华侨社会的每一个角落。广大华侨华人秉承“天下兴亡，匹夫有责”之古训，以各种方式加入到抗日战争的伟大洪流之中。他们或携手并肩，组织各种抗日团体，将千百万华侨凝聚在一起，在海外组成浩浩荡荡的抗日救国大军，成为祖国抗战的一支有生力量。他们或慷慨解囊，捐献大批钱财物资，据不完全统计，抗日战争期间，仅美国华侨购买救国公债、月捐和航空救国捐就达18亿元；抗战前三年，美国、菲律宾、新加坡、印度等华侨社团及个人捐献飞机217架、坦克23辆、汽车1000多辆。他们或回国杀敌，以生命和热血共赴国难，世界各地华侨组成的抗日“义勇军”、“血干团”、“游击队”以及“反法西斯总同盟”等，展现了中华儿女为了祖国视死如归的忘我精神。爱国华侨不愧为中华民族的“革命之母”（孙中山语）。

华侨用中华人民共和国国旗铺出“爱国路”

“非典”、雪灾、地震、洪水、泥石流……21世纪以来，中国发生的一系列灾难牵动着全球华侨华人的心。美国纽约侨界募捐大会一次就为祖国抗击“非典”筹集了10万美元捐款；旧金山侨界已先后两次募集了大量医疗用品和器械装运回国；印尼金光集团董事长黄志源先生在抗雪救灾中慷慨捐赠2060万元，后又向四川灾区捐款2100万元。泰国正大集团董事长谢国民有六家企业在地震灾区受损，却仍和旗下公司毫不犹豫地捐款2000万元。澳大利亚华夏董氏兄弟集团董事长董佩永先生向四川灾区一次性捐赠款物2300万元。美国成功集团董事长李玉玲女士在抗雪和抗震救灾中为灾区人民捐赠了2000万元的物资。美国中南集团控股有限公司总裁张茵女士、泰国TCC集团董事长苏旭明先生、中信21世纪香港有限公司执行副主席陈晓颖女士，他们为灾区捐赠的款物都在1000万元以上。2010年8月7日，甘肃舟曲发生泥石流灾害，美国、日本、荷兰等地华人社团又纷纷发起了救灾捐款活动……

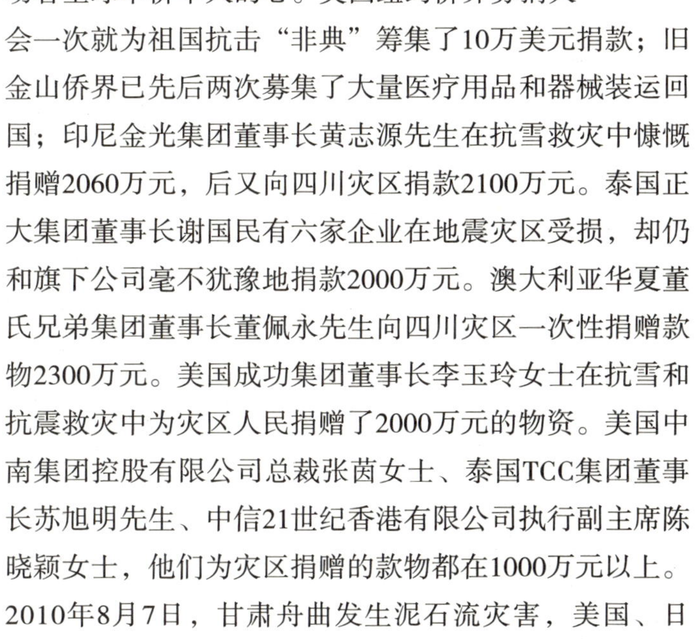

儿女有难了，母亲不管谁管——

海外孤儿有了娘——20世纪50-70年代，海外出现了多次反华排华浪潮，其中规模最大的有三次。如马来西亚、印尼和越南国内掀起了大规模的排华浪潮，许多华侨的财产遭到抢劫和毁灭，一些华侨遭到杀戮和驱逐。面对海外侨民被排斥、被迫害的遭遇，中国政府像一位伟大的母亲敞开怀抱，接纳了饱经沧桑的“海外孤

相关点击

华侨，是指侨居国外的具有中国国籍的人（不包括出国旅行访问人员、政府派在他国协助建设的工人和技术人员、国家派往外国的公务人员和在国外学习的留学生）。

中国人移居海外有上千年的历史，故而，华侨很多。东南沿海的广东、福建则是著名的侨乡。广东的江门市在海外的华侨有320多万，汕头市有490万，揭阳市（包括普宁市）有413万；福建省最多的泉州市有近760万，分布在海外130多个国家和地区。

周恩来总理视察海南兴隆华侨农场（1960年2月）

儿”。据不完全统计，新中国成立后到1978年，全国接待安置归侨、难侨近百万。当时重要的举措之一是在全国设立华侨农场，安置归国华侨。中国政府克服重重困难，在全国各地建立华侨农场，集中安置侨民。这些侨民有固定工资和工人编制，还有住房和基本保障，子女也被安排在农场的子弟学校读书，过上稳定的生活。全国现有华侨农场84个，其中41个是五六十年代为安置马来西亚、印尼、缅甸、印度等归国难侨而设立的，43个系是70年代末为安置越南难侨而设立的。它们分布在广东、广西、福建、云南、海南、江西、吉林等地。华侨农场的设立，充分体现了祖国母亲对海外华侨那种割舍不断的亲情牵挂。“海外孤儿有了娘”是当时华侨内心的真诚感慨。

撤侨行动在继续——“撤侨”是指当某地区发生大规模的战争、动乱或灾难时，一国政府把该地区的本国侨民撤离到安全地区或接送回国，以保证他们生命安全的行动。无论何时，中华人民共和国都是华侨华人躲避风雨的“方舟”。早在上世纪60年代，中国政府就曾经有过一次较大规模的撤侨行动——营救印尼华侨回国。近年来，中国政府的重大撤侨行动主要是因为侨居国发生了人为的或自然的灾难，如2006年4月所罗门骚乱、2006年4月东帝汶骚乱、2006年7月黎以冲突、2006年11月汤加骚乱、2008年1月乍得战乱、2009年1月海地强震等。中国政府最大规模的撤侨行动当属2010年6月14—17日南航九架救援包机撤侨，共接回在吉尔吉斯斯坦的中国公民1321人。一位乘南航包机由吉尔吉斯斯坦奥什抵达乌鲁木齐的侨胞走出机场廊桥时高喊“感谢政府！感谢党！”。乘坐中国政府的撤侨专机从发生骚乱的吉尔吉斯斯坦回国的维吾尔族商人卡米力江深有感触：“坐上祖国派去的飞机，有种躺在妈妈怀抱里的感觉。”

……

母亲和儿女心相连，海内外同胞一家亲。

这就是中华民族亲和力的形象再现。

中华民族凝聚力研究丛书
《新会侨乡凝聚力》

专家点评

中国有数千万海外侨胞。虽然海外华侨居住在世界100多个国家和地区，但那种和祖国彼此血脉相连、呼吸相通、休戚与共、同舟共济的亲情牵挂却永远不曾改变。新时期，我们应进一步维护侨益、凝聚侨心、汇聚侨智、发挥侨力，促进侨务资源的可持续发展，进一步和谐海内外同胞关系，再铸中华文明的辉煌。

中国侨联“亲情中华”慰问艺术团在英国伦敦举行广场演出
现场观众多达35万人（2009年春）

活动点击

中国侨联“亲情中华”主题活动，是中国侨联为进一步弘扬和传播中华优秀文化，加强海外侨胞与侨社的服务和联系，而开展的海外慰问演出、国内寻根问祖等系列活动。从2008年春节开始，中国侨联已组派了18个“亲情中华”艺术团，全国侨联系统共组派了40余个艺术团，赴世界各地进行了200余场慰问演出，在海外侨胞中产生了极大的反响，对加强侨联的桥梁和纽带作用产生了不可替代的作用。

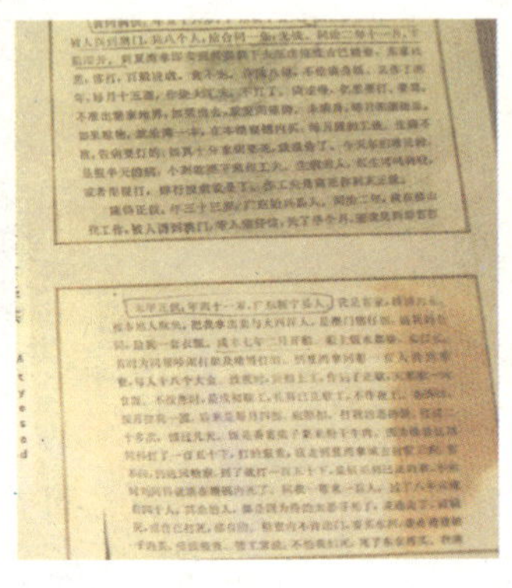

逆向的浊流

Nixiang De Zhuoliu

在中华民族历史发展的长河中，曾时隐时现、时强时弱地出现过与民族凝聚力逆向而动的浊流——离散力。降至近代，国情异昔，每况愈下，这种离散力更是一度恶性膨胀，以至于国人被称为涣散不聚的“一盘散沙”。

透视“一盘散沙”，我们不难发现，民族离散力是损害民族整体利益和长远利益、妨碍民族健康生存和正常发展的消极力量，是通过糅合民族内部政治、经济、文化中的消极成分和外部负面因素而形成的合力，是涣散中华民族凝聚力、削弱中华民族与世界其他民族和平共处能力的一股逆流。

民族离散力，主要表现为背弃民族大义的分

裂主义、断送民族前途的投降主义、流于盲目自大的沙文主义和陷于妄自菲薄的虚无主义。在当代，官权体系的腐败、民主法制的缺失、社会不公的存在等，同样会滋生形形色色的离散力。

历史向我们警示：民族分裂主义势必破坏国家的统一，弱化凝聚的基础；民族投降主义势必破坏领土的完整，出卖国家的主权；民族沙文主义势必模糊民族的视线，导致民族的封闭；民族虚无主义势必挫伤民族的自尊心、自信心和自豪感，诱发人们对外来文化的迷信和盲从。要遏制民族离散力，就必须正视其表现，清理其危害，铲除其根源。只有这样，才能使民族凝聚力健康发展，不断增强。

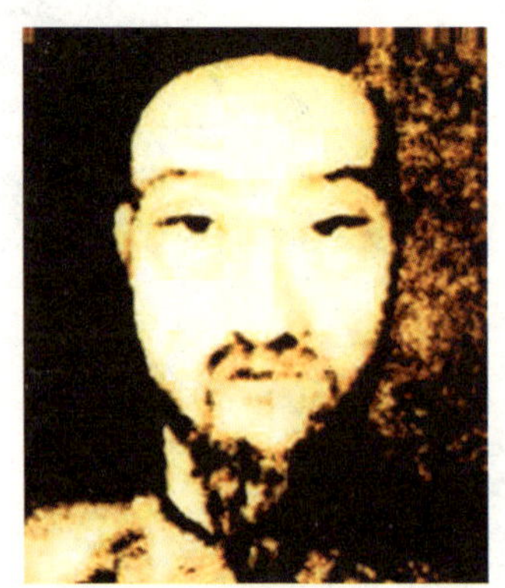

签订《南京条约》的耆英

画押“皋华丽”号

关键词 投降主义
道光皇帝 耆英 《南京条约》

1842年8月11日，南京。

下关江面。英国远征军战舰数十艘杀奔而来，炮口昂起，杀气腾腾。

下关江岸。南京黑云压城，城门洞开，数人手执白旗，俯首低眉，悄然出降。

由此，中英为结束第一次鸦片战争的谈判，在兵临城下的状态中开始。

1842年8月29日，下关江面英舰“皋华丽”号。

中英《南京条约》签字仪式在这里举行。当日，江面英国舰只全部悬挂英国国旗，官兵一律身着节日礼服，全然征服者弹冠相庆的做派。这边厢，屈膝求降的清朝代表耆英、牛鉴缓缓爬上“皋华丽”舰，伊里布因年老患病无力登舰，则被英军抬上舷梯。随即，耆英、伊里布、牛鉴和璞鼎查，分别代表中英两国在《南京条约》上签字盖印。

在南京下关江面的英国军舰“皋华丽”号上签订《南京条约》时的情景

《南京条约》是中国近代史上第一个丧权辱国的不平等条约。然而，耆英、伊里布、牛鉴于签字画押后，竟同英国强盗一起喝酒庆祝，还恬不知耻地为中国皇帝和英国女王陛下的健康而干杯，简直不知人间有“羞耻”二字。事后，英国人有一段耐人寻味的记载：

> 他们终于离去了，他们无疑感觉很难过，但也感觉相当满意，他们解救了这座古城的灾难，甚至挽救了他们君主的宝座，但是中国皇帝高于一切的统治，恐怕是一去不复返了。

这段文字多少道出了清政府的投降主义将招致涣散中华民族凝聚力的灾难。

《南京条约》史料陈列馆
（南京下关狮子山古静海寺遗址内）

前此，清政府和其他封建王朝一样，居有凝聚国人政治核心的地位，皇帝及朝廷命官具有不容置疑的绝对权威。然而，《南京条约》不仅使权威蒙羞，也使中国开启了前所未有的新三角关系，即“官”（清政府）、“民”（各族人民）、“夷”（侵略者）之间的关系。这种关系的基本态势是：“官”畏“夷”、“民”畏“官”、“夷”畏“民”。由此，中华各族人民便不能不对“官”产生怀疑和否定的情绪，也就是说，清政府不能像过去那样照旧维持与各族人民的关系了。

实际上，在《南京条约》签订前后，道光皇帝及其文官武将的拙劣表现，已经使他们丧失了充当各族人民凝聚政治核心的资格。这期间，道光皇帝始则虚骄轻敌，极力主战；继则患得患失，和战不定；终则畏敌如虎，执意主和，为维护自身的统治地位，最终作出了置民族大义于不顾向外敌投降求和的选择。

在道光这样的人君之下，自然不乏投降之臣。在《南京条约》上签字画押的耆英、伊里布、牛鉴，即被称为“投降三人组”。其中的耆英（1790—1858），字介春，爱新觉罗氏，满洲正蓝旗人，1842年3月奕经在浙江战败，他受命署理杭州

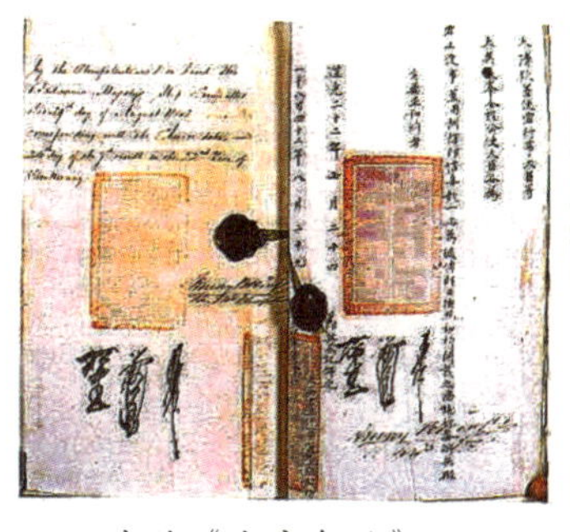

中英《南京条约》

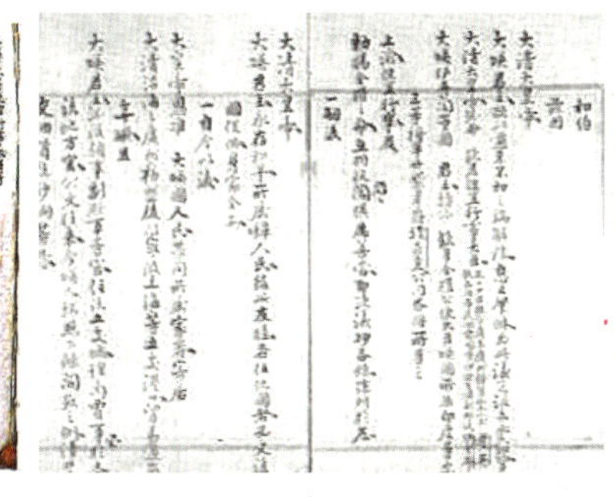

《南京条约》中文文本

号称“亚洲第一舰队”的北洋水师投降于日本联合舰队

将军，旋任钦差大臣。道光曾密令耆英等人要顺从英国，放胆投降，不必有所顾虑。所以，他一路紧跟在英舰后面求和，结果是走到哪里哪里就失陷。他也曾向英国人提出“警告”，大意是你们不要冒昧往内地打，否则，深入之后要退却就麻烦了。倘若英国人有知，实在应感谢他这种警告式的“提醒”。

伊里布（1772—1843），字莘农，爱新觉罗氏，满洲镶黄旗人，更是一个投降高手。1840年曾受命为钦差大臣，前往浙江筹办进剿。但是，他慑于英军船坚炮利，竭力散播悲观论调。当获悉前方军民俘获敌军20余名后，他对之优待备至，指望以此博取英国侵略者的好感。他还派人携带鸡鸭牛羊前往定海犒赏英军头目懿律，也收受了英军回送的哔叽、洋布、千里镜等，简直和侵略者打得火热。《南京条约》签订前夕，英方就这样照会道光：若必议和，必须派伊里布筹办，英方“愿厚接之”。可以说，在“投降三人组”中，唯有他获得了被英方点名参加签字画押的“殊荣”。至于曾任两江总督的牛鉴（？–1858年），与伊里布并无多大差别。当英军来犯之时，要求皇上议和几乎成了他的日常要务。

不言而喻，清政府奉行投降主义，丧失了往日的凝聚力和号召力；特别在《南京条约》签订后，中华民族内部的离散危机开始急剧严重起来。

《南京条约》共13款，其中的“中国割让香港给英国”，使得香港同胞被迫处于英国殖民统治之下，难以照旧和祖国人民凝聚一体；其中的“中国赔偿给英国2100万银元”，加重了中华各族人民的担负，弱化了中华民族凝聚一体的经济基础；其中的“协定关税”，使

列强得以逐步控制中国市场，加剧了中国自然经济的解体和阶级关系的裂变，使维系原有的凝聚秩序变得越发困难；其中的“领事裁判权”，开创了外国人在中国犯罪而不受中国法律管束的恶例，严重挫伤了中华民族团结凝聚的自尊心；其中的“保护汉奸”，变成了在中华民族内部滋生离散力的温床……

可见，投降主义是诱发民族离散力的罪恶之源。

专家评点

民族投降主义是民族离散力的主要表现之一。凡属为保全和扩大个人、小集团或狭隘民族利益而不惜借助、投靠外部势力，或屈服于外部势力的压力而出卖全民族整体利益的，概属投降主义之列。《南京条约》是清朝屈服英国侵略的压力的产物，必然要产生滋生民族离散力的恶果。

1895年4月17日，中日双方在日本马关春帆楼签订《马关条约》情景

相关资料

1895年，在投降主义的支配下，中日签订了《马关条约》，内容包括中国割领土、赔巨款、开四埠、允许列强对华资本输出四个方面。它是《南京条约》以来最苛刻、对中国危害最严重的不平等条约，不仅使中国大片领土沦为日本的殖民地，而且巨额赔款进一步弱化了中华民族凝聚的经济基础，还导致列强在中国掀起划分“势力范围”和强租“租借地”（被称为“国中之国”）的狂潮。由此，中华民族内部的离散力也变得越发严重。

慈禧太后

怪哉！结与国之欢心

关键词　卖国主义
八国联军　《辛丑条约》　“洋人的朝廷”

“结与国之欢心”，语出慈禧太后。此语的上半句是“量中华之物力”，二者合在一起就成了“量中华之物力，结与国之欢心”。其实，慈禧还有过其他类似的语言，如“宁赠友邦，不与家奴”之说。人们只要初通文墨，就知道这些都是臭不可闻的卖国言论。

慈禧为什么要“结与国之欢心”呢？这得从1900年说起。

这年，义和团反帝爱国运动在华北方兴未艾，并在山东、天津、北京形成燎原之势，慈禧无法驾驭。这是她心头一病。另一方面，她与光绪皇帝政见不合，有意立端王载漪之子为“大阿哥”（皇位继承人），以便进一步废掉光绪重新垂帘听政，牢牢把持大权，却不料遭到了列强的干涉。这又是她心头一病。这时，英、美、德、法、日、俄、意、奥等国合谋进一步掠夺中国，竟借口保护本国在华人士的权益，悍然组织八国联军，并气势汹汹地向北京杀奔而来。这同样是她的心头一病。

这年6月，慈禧收到了犹如五雷轰顶般的外国“照会”。6月17日，她在御前会议上宣谕：“顷得洋人照会四条：一、指明一地，由中国皇帝居住；二、代收各省钱粮；三、代掌天下兵权……”第四条尚未念出她已不禁号啕失声，因为其内容是勒令慈禧立即“归政”光绪皇帝。在嗜权如命的慈禧看来，前三条虽事关重大，但

尚可以容忍，唯独这第四条，简直是要她的老命。她原本习惯对列强摇尾讨好，但狗急了也会跳墙。就因为第四条，她决定不惜与洋主人翻脸。

四天后（21日）慈禧以光绪皇帝的名义发布了一道针对各国的“宣战”上谕，声称“与其苟且图存，贻羞万古，孰若大张挞伐，决一雌雄”。她的如意算盘是一箭双雕，即利用义和团去对付洋人，既可以大量消耗义和团的有生力量，又可以宣泄对洋主人的不满。不过，她的盘算完全落空，八国联军不仅连连得手，而且直扑北京。有鉴于此，她再也没有丝毫“宣战”的豪气，而是脚底抹油，一溜烟从北京西直门出逃，经怀化、宣化、大同、太原，龟缩到离北京千里之遥的西安去了。

再说八国联军。他们在攻陷北京后，极尽烧杀掳掠之能事，干尽了伤天害理的事情。他们到处“毁门而入，见人就杀”。坐落在西四北太平仓胡同的庄亲王府被他们付之一炬，当场烧死1800人。其中的德军还奉命：“在作战中，只要碰着中国人，无论男、女、老、幼，一概格杀勿论。”有一队法军曾用机枪把大批中国人逼进一条死胡同，并连续疯狂扫射15分钟，不留一个活口。日军则对被俘者施以各种酷刑，甚至做“一颗子弹能洞穿多少人”的试验，有的还乱枪射杀俘虏，以观看他们身中数弹痛苦死去的惨状取乐。

被毁前后的圆明园

皇城、故宫、颐和园、圆明园、衙门、官府、西山均属重灾区，许多国宝级珍宝文物难逃浩劫。慈禧寝宫用黄金和宝石精制的数十件珍宝，被俄军“洗劫一空”；英、法军把各类珍宝抢光以后，还拼命将许多大

英国《泰晤士报》报道英法联军劫掠圆明园时的情况：

「据估计，被劫掠和破坏的财产，总值超过六百万镑。在场的每个军人都掠夺很多。在进入皇宫的宫殿后，谁也不知道该拿什么东西。为了拿金子，而把银子丢了，为了拿镶有珠玉的时计和宝石，又把金子丢了，无价的瓷器和珐琅器，因为太大不能运走，竟被打碎。」

件物品抢回驻地；法军统帅佛尔雷一个人抢劫的赃物就多达40箱。《永乐大典》原本是多达22870卷的经典，继第二次鸦片战争被英法联军劫掠后，再次被八国联军大肆损毁，甚至被用于修建工事，以至于迄今只剩下200余册。

……

弹痕累累的北京前门

慈禧虽然“宣战”在前，但没过几天就祭出了摇尾乞怜旧招，当获悉外国勒令归政光绪的“照会”实属讹传和误会时，就更加求和心切，并推定庆亲王奕劻和李鸿章为求和代表。不过，她内心依然忐忑，唯恐列强要把她列为“宣战”罪魁加以严惩。

八国联军进入大清门

其实，这时的列强算盘更精，认准只有与慈禧打交道才能获得最大的侵华权益，所以狮子大开口，提出的《议和大纲》竟达12条之多。慈禧收到大纲，见列强没有把她列为罪魁，仍然承认她在中国的统治地位，不由得喜出望外。就这样，她置国家主权、民族利益于度外，立即命令奕劻和李鸿章完全接受侵略者的无理要求。紧接着，她在上谕中明确表示，要“量中华之物力，结与国之欢心”。臭不可闻的卖国名言就这样在国难深重之际出炉了。

《议和大纲》基本包括了《辛丑条约》的主要内容，在很大程度上说，次年9月7日签订的《辛丑条约》，正是慈禧为“结与国之欢心”而向列强开出的卖国大清单。《辛丑条约》的主要内容有：清政府赔偿各国4亿5千万两白银；拆毁北京至大沽的所有沿海炮台；各国留兵驻守北京至山海关铁路沿线重要城镇；在北京划定使馆界，允许各国派兵保护，不准中国人在界内居

住；永远禁止中国人成立或参加反帝组织和运动；将总理衙门改为外务部，班列六部之首。

《辛丑条约》是卖国主义的产物，具有破坏民族凝聚力、膨胀民族离散力的双重恶果。首先，巨额的赔款足以弱化中华民族凝聚力赖以维系的经济基础；外国军队长期驻扎在中国的战略要地，足以削弱民族国家的凝聚力；设置使馆区、提升外务部地位，显示清朝已堕落为“洋人的朝廷”，完全丧失了充当凝聚中华民族政治核心的资格；禁止中国人成立或参加反帝组织和运动，严重打击了中华民族的爱国感情，为以卖国主义为重要内容的离散力大开方便之门。正因为此，在《辛丑条约》签订后，中国“一盘散沙”的离散状态愈益严重。

专家评点

投降与卖国存在着天然的血缘关系，这是因为，乞降者通常都不惜以出卖国家和民族的利益为代价，从而导致民族离散的恶果。慈禧不仅集投降与卖国于一身，而且将二者发挥到极致。因此，她主政清朝的48年，也是中华民族内部离散力最为严重的历史时期之一。

李鸿章（前排右二）代表大清国与11国签订丧权辱国的《辛丑条约》（1901年9月7日）

名词点击

义和团，又称义和拳。义和团运动是中国清末群众性的反帝爱国运动。它是中日甲午战争后中国人民反瓜分、反侵略斗争的发展，又是长期以来遍及全国各地的反教会斗争的总爆发。它震动了当时的中国和世界，体现了中华民族不屈服于帝国主义的民族反抗精神。

《辛丑条约》亦称《辛丑各国和约》、《北京议定书》，是中国清朝政府在义和团运动失败、八国联军攻入北京后与英国、美国、日本、俄国、法国、德国、意大利、奥匈、比利时、西班牙和荷兰签订的一个不平等条约。条约签订于辛丑年（1901年）七月二十五日（阳历9月7日），故名辛丑条约，又有“九七国耻”一说。

清朝的剃发结辫场景

"辫发"的那段经历

关键词 沙文主义

清朝 薙发结辫 夜郎自大

只要看过关于清朝影视剧的人都知道，那时即便是八尺男儿也通常在脑后拖着一条长长的辫子。不过，关于辫发——民族沙文主义——民族离散力之间的内在关系，就不一定尽人皆知了。

男子剃发留辫，原本于北方女真族习俗。清军入关后，满族贵族为巩固其统治、压制汉族和其他民族反抗意识和民族自尊，在顺治二年（1645年）颁布了“剃发令”，内称：“自今布告之后，京师限旬日，直隶各省地方自部文到日，亦限旬日尽行剃发。若规避惜发，巧辞予辩，严惩不贷。”一时间，“留头不留发，留发不留头”风行天下。这种强迫其他民族结辫之举，当然深深打上了民族沙文主义的烙印，也是不折不扣的民族压迫政策。

提起清朝的剃发留辫，人们普遍认为与明末清初的著名汉奸孙之獬有关。孙之獬，山东淄川人，明崇祯时进士。曾因争《三朝要典》的存废问题，痛哭于朝堂之上，一时颇得直言敢谏的美誉。待清兵入关，他却率先迎降了。那时，清朝皇帝设朝，满汉大臣分列。凡明朝降官，仍服明朝衣冠。孙之獬认为这是个独邀眷宠的机会，便首先削发，穿上满族服装，上朝后，站在满族大臣序列中。满臣以他为汉人，将他驱逐出队；汉臣又以他削发着满装，不予接纳。这使得他狼狈之极。羞愤之余，孙之獬上疏清帝：“陛下平定中国，万事鼎新，而衣冠束发之制，独存汉旧，此乃陛下从中国，非中国从陛下也。”于是，清帝下令汉人薙（剃）发，违者杀无赦。

在汉族看来，剃发结辫简直是奇耻大辱。其中重要的原因是，汉族历来恪守身体发肤受之父母不敢损伤的儒家传统理念；另外，剃发意味着获罪蒙羞，在秦代的刑典中，便将剃发同文面、残肢并列，以羞辱奴仆与已定罪的犯人。然而，满族贵族全然不顾汉族和其他少数民族的尊严和习俗，不惜采用血腥镇压的手段来推行剃发令。那时，各地官府派士兵监督剃头匠挑着担子上街巡游，强迫留发者立即剃头梳辫，稍有反抗，便当场杀害。有的被害者还被割下首级，悬在剃头担子上示众。

清朝受刑的结辫犯人

当时，除不愿意剃发被斩杀者外，还有不少激士义愤而自杀的人。有个在明朝任少詹事职官的徐开就投水而亡，有个叫文震亨的也绝食六日而死，遗笔“仅保一发，以见祖宗于地下”。还有一个唱生角的名优周之兰对妻子说：“如果一定要剃我的头发，我宁可去死！”。妻子回答说：“那我也一块死！”于是，夫妻二人一同跳井而死！有的更举家逃入深山，以示抗议剃发暴政。温州雁荡山区就有一徐姓者，因不肯剃发，故约同宗数十人，携牛羊鸡犬、耕织之具，潜入深山，随塞来路，剪茅架屋数十间而居，以至于30年来人们既不得其音信，也不知其生死。当然，由剃发造成的血案，当首推“嘉定三屠”、“江阴屠城”等历史悲剧。

辛亥革命后剪辫
成为拥护民国的标志

“嘉定三屠”、“江阴屠城”均发生在清初的1645

当年抗清指挥部（江阴明伦堂）前的阎应元、陈明遇、冯厚敦三公像

年。这年，为反对强迫江南人民一律剃头的暴政，嘉定人民展开了顽强激烈的抗争，也惨遭三次骇人听闻的屠戮。当清嘉定知县强制推行剃发令时，群众一呼而起，迎击前来镇压的清军。就在清军攻入嘉定后，城中义民无一人投降，清军则屠城杀两万余人后弃城而去。接着，民众再次入城组织抗清，旋败，再遭清兵屠杀。后来明将吴之藩起兵反攻嘉定，又败，嘉定遭第三次屠城。这就是不堪回首的“嘉定三屠”。

同年，江阴（在今江苏）人民以“头可断，发决不可剃”相号召，举行反清起义，共推阎应元、陈明遇为领袖。满族贵族先后调动24万大军攻城，起义者浴血奋战，守城81天，虽取得了重创清军的战绩，但终因力量悬殊，粮食罄尽，城池不保。城破后，守城者遭到清军血腥屠杀，全部壮烈牺牲，繁华的大都市也化为一片废墟。感于此英勇壮烈之举，一女子咬破手指，在城墙上用鲜血写下这样一首诗：

尸山白骨满疆场，万死孤城未肯降。
寄语行人休掩鼻，活人不及死人香。

鲁迅先生说：“对我最初的提醒了满汉的界限的不是书，是辫子，是砍了我们古人的许多的头，这才种定了的”。这不仅道出了辫发与民族隔阂、民族离散的内在关系，也是对民族沙文主义辛辣的批判。

值得强调的是，清朝初年对内推行的民族沙文主义是表现在政治、经济、文化等诸多方面的。在经济领域，有大量圈地以供设立皇庄、王庄和八旗官员庄田之举；在文化领域，有大为后人诟病的文字狱；在政治领域，有“重满抑汉”的官制等。不言而喻，这样的民族沙文主义，势必产生离散民族的严重恶果。

在对外方面，清朝民族沙文主义的主要内涵是，闭关锁国，不思进取，夜郎自大，将中华民族拖入落伍于世界民族之林的境地，以至于饱受因“落后”而“挨

打”的痛苦。事实上，直至晚清，满族贵族统治者仍陶醉于“天朝上国”迷梦之中，视别国为“蛮夷之邦”，认为国外科技进步无非是“奇技淫巧”，外国使臣来华的目的无非是向大清帝国“输诚向化”。所以，在鸦片战争时期面对洋人的坚船利炮，他们的表现愚昧可笑达到了极点！皇帝求神问卜，占梦得吉，就命令士兵放弃简单的火器，只拿大刀、长矛上阵；指挥御敌的臣僚更荒谬，有的在阵前悬挂“姜太公像”求神，有的把老虎头骨投入水中，企图激怒“龙王”，达到掀翻“夷船”的目的。其结果只能是一败再败，求和赔款，向中华各族人民转嫁危机，严重削弱中华民族赖以凝聚的政治、经济、文化基础。

今天，涣散民族团结的沙文主义已没有什么市场，但是这不等于我们已与民族沙文主义绝缘。那种忽视民族政策、伤害民族感情的言论和行为，仍有可能散发出沙文主义的气息，并产生离散民族的负面效应。对此，我们必须保持高度的警惕。

清朝男子结辫发式演变

专家评点

民族沙文主义有四大危害：第一，妨碍各兄弟民族的融合，历史上的大汉族正统观念就是各民族融合的障碍；第二，妨碍各兄弟民族共同繁荣，这是因为它势将妨碍各兄弟民族加强交流和相互取长补短；第三，模糊各兄弟民族的视线，有碍于各族劳动群众正确认识社会关系，团结一致去对付他们的共同敌人；第四，易于导致民族的封闭，以至于产生盲目排外和自我窒息的恶果，难以吸收世界其他民族的文明成果。所有这些，势必从不同的侧面释放出民族离散力。

名词点击

沙文主义是外来语，原出自18世纪末19世纪初的法国，本来是鼓吹本位民族优于其他民族、本位民族利益高于一切、征服和奴役其他民族的反动理论。在中国，土产的沙文主义早已有之。在清朝，对内主要表现为取得统治大权的满族贵族不能正确处理本位民族与国内其他民族的关系，对汉族和其他少数民族实行野蛮的征服和奴役政策。强迫芸芸众生薙发结辫，就是一个典型的例证。

鲁迅笔下的“假洋鬼子”

呸！“假洋鬼子”

关键词 民族虚无主义
民族文化 妄自菲薄 崇洋媚外

提起“假洋鬼子”，人们大多会想起鲁迅先生的小说《阿Q正传》。作品中的假洋鬼子“是钱太爷的大儿子。他先前跑上城里去进洋学堂，不知怎么又跑到东洋去了……”回到家乡后，手中拿着黄漆棍子，头上拖着假辫子，衣着不伦不类，说话怪里怪气，因而被阿Q称为“假洋鬼子”。其实，这类“假洋鬼子”是土洋杂交的混血儿，既有封建性，又带洋奴味，深深打上了民族虚无主义的烙印。他们通常在老百姓面前飞扬跋扈，在“真洋鬼子”面前俯首帖耳，所以，说他们是帝国主义的奴才和走狗并无不妥。

“假洋鬼子”在中国近代开始出现是事出有因的。在古代，由于中华民族创造了辉煌的中华文明，贡献了伟大的四大发明，展示了绝不亚于世界任何其他民族的聪明才智和民族品格，所以，民族虚无主义难以在中华民族内部找到赖以滋生和膨胀的土壤。然而，近代以降，斗转星移，情势迥异。从鸦片战争开始，伴随着西方列强的“坚船利炮”，舶来的“虚无主义”也不期而至。受其影响，中华民族内部的一部分成员开始蜕变为“假洋鬼子”。

这些人对中华民族的传统文化由怀疑到否定，由否定到要求“全盘西化”，简直成了列强在华推行“西化”政策的马前卒。他们中，有的全盘否定儒学，有的

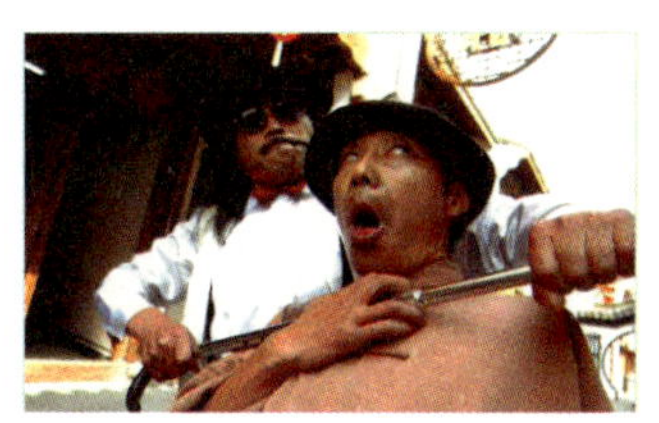
欺负百姓的“假洋鬼子”

认为要清除儒学的流毒，有的主张“将中国书籍一概束之高阁”，有的甚至叫嚣要废除汉文、采用世界语、“剿灭”中国文化。他们不但对“欧风美雨”顶礼膜拜，追求从里到外与“洋大人”的“神”似和“形”似，鲁迅先生笔下的“假洋鬼子”着洋装，打洋腔，就是这种数典忘祖的货色。

由于民族虚无主义者对中华民族传统文化大加否定，就必然要步入菲薄中华民族的歧途。早在20世纪初就有人哀叹，中国虽然人口众多，但有用之才却不到十分之一。他们煞有介事地分析说，在四万万国民中，纤弱缠足的女性就除去了一半；其余二万万国民中，羸瘠吸烟的东亚病夫，又除去了一半；所余部分的情况也不乐观，因为随处可见的乞丐、肢体不全的残废、走州过府的大盗、穿堂入室的小贼、青楼卖身的娼妓，闲居庙观的僧道、玩世不恭的纨绔、横行乡里的土豪等，又大量充斥其中。所以，他们只能得出中华民族内部有用之人“殆不及十分之一”的荒唐结论。

显然，民族虚无主义者们的要害在于一叶障目、以偏概全，不能如实、全面地认识中华民族及其创造的文化，他们散布的实际是“离散”民族的悲观主义论调。按照他们的逻辑，既然中华民族连同中华民族文化如此低劣，那么这个民族就没有什么凝聚的必要，更没有什么前途可言，唯一可行的是，沐浴“欧风美雨”，接受“全盘西化”。如果照此办理，中华民族在近一百多年来，不必同仇敌忾地去抵抗西方列强的侵略，也不必在抗日战争期间结成抗日民族统一战线。果真如此，中华民族绝无可能赢得今天的国家独立和民族解放，更无可能争取“振兴中华”光明前途，只能沦为在一盘散沙状

❑ 名词点击

虚无主义，源自德国唯心主义哲学家F.尼采。尼采把否定历史传统和道德原则的现象称为虚无主义。这种主义抹煞民族特点，无视民族差异，否定民族文化传统和历史遗产，甚至认为“民族”是虚构的概念，这就从根本上否定了民族的存在，实质上是大民族主义和大国沙文主义的一种表现。这种理论是列强推行民族扩张政策的张本，对于近代处于被侵略、被压迫地位的中华民族而言，无异是一种极其有害的麻醉剂。

全盘西化的困惑（漫画）

《中华文化原典选读》书影

态中倍受欺凌、惨遭宰割的羔羊。

新中国成立后，“假洋鬼子”和民族虚无主义一样，逐渐失去了往日的市场，但仍阴魂不散，并且屡屡借尸还魂。时至今日，还有人这样认为：“西方人所推行的殖民化客观上就是在推动世界的现代化，西方人在剥夺东方人的同时，也把自由经济和民主政治带给了东方人。当今世界中心亚太经济奇迹，很大程度上依赖于殖民化。”在他们看来，中华民族乃至东方人民都应该感谢海盗式的西方殖民主义者，“西化”仍是唯一光明前途，而中华民族乃至东方民族自身的努力则无足轻重。如果对这种说教听之任之，中华民族将丧失自我，而一个丧失自我的民族，只能是“一盘散沙”似的群体，只能给民族离散力留下巨大的空间。

有人还说，“世界上任何一种文化，都有升起衰弱。如果一个文化确要面临彻底的完蛋，也没有什么了不起”，“中国可能有很多文化要淘汰掉，彻底淹没，因为它不能适应新的发展。……所以文化灭亡不一定是坏事，不需要太介意”。文化认同是民族认同的基础，对中华民族文化遗产不分精华糟粕地一笔抹煞，并且要人们对此不要“太介意”，显然是离散民族的谬论。

无独有偶，当代民族虚无主义者也信口雌黄，说什么中国人一代不如一代，中国人的毛病越来越严重了，素质越来越下降了，甚至堕落了，窝里斗是中国人最可怖的祖传毛病。如此菲薄中华民族，只能产生伤害民族自尊心、自信心和自豪感的恶果，而民族自尊心、自信心和自豪感，却是中华民族凝聚力不可或缺的精神养料。

值得一提的是，时下一些民族意识淡薄者，特别是那些涉世不深的年轻人，确曾抵挡不住虚无主义的侵蚀。他们中有的对“仁义礼智信”这类中华传统文化精粹视而不见，见义而不为，吃喝嫖赌样样俱全，简直不知人间有羞耻二字；有的沉迷于欧美腐朽的文化和败坏

的生活方式，对脱衣舞、一夜情等津津乐道，仿而效之，还美其名曰“与世界接轨”，全然没有半点崇高的信仰和奋发的精神。如果长此以往，他们势将成为虚无主义的可怜牺牲品。

显然，民族虚无主义者具有误导中华民族的消极作用，无异于西方资本主义世界对华推行“西化”和“分化”政策的别动队。

专家评点

改革开放30多年来，民族虚无主义时隐时现，从未绝迹，甚至曾以极端的、尖锐的形式表现出来。民族虚无主义者所散布的种种言论，不仅涉及如何评介中华文化和中华民族的大是大非问题，而且还直接关系到“立人”和“立国”的根本问题，如果这些是非被颠倒，就会从根本上搞乱人们的思想，一个民族、一个国家就会失去立足和发展的凝聚力。我们要遏制离散力，就必须维护中华文化和中华民族的本来面目，高扬民族精神，并从历史主流中吸取前进的精神力量。

第二届许慎文化国际研讨会（2010年10月26—28日）在河南举行，海内外知名专家与商贾名流聚首沙澧河畔，研讨许慎文化研究的最新成果，共同缔造汉字文化的缤纷盛宴

❑ 资料介绍

中央电视台国际频道《国宝档案》栏目每期节目介绍一个具体的国宝文物，这些凝聚着中华民族智慧和传统文化的历代传世国宝，既有受到政府保护收藏在祖国大陆各个博物馆中的，也有收藏于民间被国人精心呵护的；既有因历史原因东渡海峡存于宝岛台湾的，也有历尽磨难流失海外漂泊他乡的……

《国宝档案》自开播以来，深受海内外观众喜爱。该栏目不仅弘扬了博大精深的中华文化，而且增强了国人和海外华侨华人的民族自豪感和向心力。

招工广告

美国人都很富，他们希望并且欢迎中国人到那儿去。那里工资高，房子又宽敞。至于吃和穿，更是任你挑任你选的。你可以随时给亲友写信寄钱，我们保证信和钱都能安全邮到。那可是个好地方，没有官府，没有士兵，人人平等。现在那儿已经有许多中国人了，你不会感到陌生的。那里也有中国财神，还有招工局代办处。别害怕，你会走运……。美国的钱多得很，随你花！

诱骗华工的招工广告

“猪仔”悲情

关键词　经济因素
生产资料　困苦无告　去国离乡

题下插图系一则招工广告，发见于广东台山博物馆。博物馆方面说明，这是晚清时期外国公司或“猪仔头”的欺骗性宣传。所谓“猪仔”，指的是当年被贩卖到海外的“契约华工”。为什么把华工叫“猪仔”呢？有两种说法。一说贩运华工的船，皆以木盆盛饭，途中叫华工一同就食，其呼声与呼猪相似；二说华工像猪一样被捆缚，人口贩子强行把他们拽入船舱贩运。“猪仔头”就是那些诱使华工上当受骗的人口贩子，他们显然是民族败类。

有人要问，外国公司或“猪仔头”凭什么去诱骗华工上当呢？

我们不妨浏览一下上述招工广告的具体内容。这是一则为美国招工的广告，内称：“美国人都很富，他们希望并且欢迎中国人到那儿去。那里工资高，房子又宽敞。至于吃和穿，更是任你挑任你选的。你可以随时给亲友写信寄钱，我们保证信和钱都能安全邮到。那可是个好地方，没有官府，没有士兵，人人平等。现在那儿已经有许多中国人了，你不会感到陌生的。那里也有中国财神，还有招工局代办处。别害怕，你会走运……。美国的钱多得很，随你花！”

这则广告打的是经济牌，把美国简直描绘成了人间天堂，对于经济困窘、生计无着的中国下层劳苦大众而言，其诱惑力自不待言。第一次鸦片战争以后广东五邑（即现江门市所辖的新会、台山、开平、恩平、鹤山）地区的一些歌谣，就形象地反映了当时受骗者的心态：

喜鹊喜，贺新年；爹爹去金山赚钱。
赚得金银成万两，返来起屋兼买田。

又云：

当初一文冇，否极泰来到。
旋过个边就富豪，移步何难财主佬。
时运高，老天庇佑我。
卖票霎时中仔宝，腰缠十万力唔劳。
……

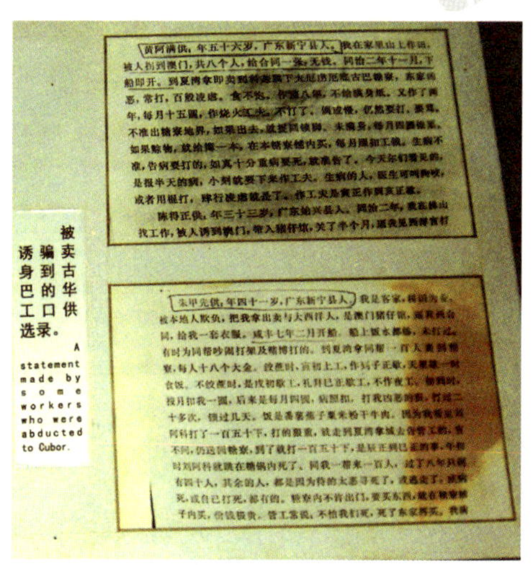

被诱骗到美洲的华工供词

后来的事实证明，等待他们的却是无法想象的人间悲剧。

广东是当年“猪仔华工”出口的大省，大批“猪仔”离乡背井，远走他国，实际意味着他们从原本凝聚的群体中游离出去。产生这种“离散”现象的重要原因之一，正是在经济上出现了严重问题，以至于“猪仔”们难以照旧与父老乡亲凝聚在一起。曾任两广总督的谭钟麟曾向皇帝报告：“广东省三面滨海，地狭人稠，一岁三收，农力已竭，茶叶果木到处成林，地利亦尽，人多无田可耕，野无不耕之土”，所以，生计无着者不得不出洋谋生。

地少人多的问题，在广东五邑地区可以得到更加详实的佐证。五邑的新会在清朝道光年间（1821—1850）以前，城乡民众的生活比较安稳。此后，人口上升到60多万，清朝末期更是达到80多万，“计每口得田不足一亩。一亩之入，岁以谷三百斤为率，是每口仅得半年之食”。号称“中国第一侨乡”的台山，情况同

运送契约华工的船只被称为“浮动地狱”

样严重。清末台山举人赵天锡在当地做了一个调查，称全县一年的粮食产量只够60万人“支半年”。实际上，19世纪中期是中国人口增长非常迅速、耕地不足的状况日益严重的重要时期，而这一问题在东南沿海的广东、福建、浙江等省表现得尤其突出。

在加拿大修筑铁路的华工“猪仔”

生存是人类的第一需要，当经济问题严重到足以威胁人们生计的地步时，就必然会产生一种不以人们意志为转移的“内推力”，也就是将人们从故乡、故土、故国推向外乡、外土乃至于外国的“离散力”。如果当年的契约华工在国内、在故土、在家乡衣食无忧，甚至丰衣足食，那么决不可能选择一条离乡背井、抛妻别子、远走天涯、凶多吉少的艰难之途。

1900年在夏威夷甘蔗园劳动的契约华工

契约华工的大量输出，是和国外对劳动力的需求度成正比例的。这种需求同样产生于经济领域，而且派生出了与中国国内“内推力”相应的“外拉力”。鸦片战争后，西方列强相继完成了工业革命，1848年美国西部加利福尼亚州发现金矿，1858年加拿大西部发现金矿，1880年加拿大太平洋铁路的动工等等，都大大提升了资本主义世界对外来劳工的需求。于是，方方面面出于不尽相同的经济原因，都不约而同地把目光投向中国，并锁定廉价的劳动力市场。这种来自域外的需求，正是驱使华工出洋的“外拉力”，亦即离散力。

国内外经济领域“内推力”与“外拉力”合成的离散力是巨大的，在这股力量的支配下，华工出国潮一发而不可收。据估计，从19世纪中叶到20世纪20年代，被贩卖到世界各地充当廉价“苦力”的契约华工，包括妇女和儿童，人数高达1200万左右。不过，等待他们的根本不是什么“人间天堂”，而是惨不忍睹的“世间地狱”。他们被起运之前，常常被迫披戴脚镣手铐“以辫相连，结成一串，牵往囚室”；在途中因受尽暴虐而死亡率极高，通常都在30%～85%之间；在到达目的地之

后，即开始了在毛瑟枪、长刀和皮鞭下劳作的非人生活，随时受到死神的威胁。时人易其彬的一曲《卖猪叹》，形象地唱出了“猪仔”们离别父老、飘泊海外的悲情：

……

不胜番儿役，鞭扑无完肤，
天风何惨惨，云雨常载涂。
父母不可唤，兄弟隔海隅，
此生有归期，敢怨衣食无？
死为冻死鬼，犹得依吾庐。

专家评点

中国人自然出洋的历史久远，但被大批掠卖出洋为契约华工，则是在贩卖非洲黑人为奴被禁止和鸦片战争之后。西方列强在华掠卖劳工的有商人、神甫、传教士以及“官商合一”的外交官。他们凭借享有的特权，到处为所欲为，名为“自由招工”，实为拐骗掳掠。恩格斯曾将这种充满血腥和凌辱的“契约华工制”称为“中国隐蔽的苦力奴隶制”。必须看到，当时中国自然经济解体，劳苦大众无以为生，从经济领域产生出的“外推力”、“离散力”，正为罪恶的贩卖华工提供了条件。

相关数据

广西北海于1876年后成为契约华工的出国口岸。合浦、北海、钦州、灵山、博白、容县、玉林等地的劳工，大多是从北海出发，被运往新加坡、苏门答腊、文岛、邦加等地做矿工或种橡胶、烟草等。外出者每年多达4000余人，少时也有好几百人。

据统计，在1888—1892年间，仅广东五邑的新会侨团从旧金山运回埋在新会会城镇圭峰山西南麓黄坑的无名氏华侨骸骨就有387具，这样的“义冢”在新会竟有六处之多。

广东新会19世纪修建美国太平洋铁路的华工墓葬群

“四一二”反革命政变中被捕杀的共产党人

“清党”血案

关键词 政治因素

“护党救国” “四一二”政变 日寇入侵

1924年国共两党第一次合作，首开中国政党合作之先河，是中国政治因素优化组合和良性互动的结晶，直接导致了国内民族大凝聚的盛大局面，促成了大革命高潮的到来。然而，1927年蒋介石国民党发动的“四一二”反革命政变，迅即宣告了国共合作的破裂，也使得中华民族来之不易的凝聚局面得而复失。

冰冻三尺非一日之寒。早在酝酿国共两党合作之时，国民党内就已存在着滋生离散力的政治因素，只不过尚未击破两党合作的外壳。例如，1920年的《中国国民党规约》载明，“党员不得兼入他党，并不得自行脱党”，否则将“宣告除名”。果真照此办理，中国共产党人便无从通过党内合作的形式来实现国共合作。庆幸的是，在孙中山主持下，使这一条文实际被冷冻搁置。在孙中山看来，民国成立后，国民党丧失了以往的革命精神，“几成了一盘散沙”，而共产党的革命性、进步性和真诚合作的态度则愈益彰显，所以极力主张改组国民党，并通过吸收共产党人加入国民党来实现党内的国共合作。

然而，当合作被正式提上议事日程时，还是遭到了国民党右派的疯狂阻挠。就在国民党“一大”召开前夕，即1923年11月29日，国民党的邓泽如、林直勉、吴

荣新等11人上书孙中山，既离间孙中山与苏俄的关系，又中伤中国共产党人。他们危言耸听，说改组国民党的政纲政策，全为陈独秀等共产党人所定，共产党内藏阴谋，就是要把国民党弄成傀儡……对此，孙中山义正词严，一一驳斥，展示了坚持两党合作不动摇的决心。

据林伯渠忆述，孙中山曾严厉斥责邓泽如等人说："你们不同共产党合作，我就解散国民党，加入共产党。"鉴于一些反对派坚持立场，冥顽不化，他又毫不犹豫地表示：如不悔改就坚决"开除你们的党籍"。就这样，1924年1月，经过遏制国民党右派的斗争，通过国民党"一大"，国共两党实现了中国历史上首次党际合作。

在中国这样的政党政治的国度，政党是制约社会生活最为重要最为关键的政治因素。如果没有孙中山这样站在正面组合中国政治因素的绝对权威，没有孙中山力挽狂澜的魄力，要实现国共合作、两党政治因素互动组合，是不可想象的事情。遗憾的是，就在国共合作后不久，即1925年3月12日，孙中山因长期艰苦斗争，积劳成疾，不幸以肝癌不治而溘然逝世。这使国民党内被遏制的反共势力看到了东山再起的机会。

果然，1925年11月23日，国民党右派集团于孙中山尸骨未寒之际，就在北京西山碧云寺召开了所谓"国民党一届四中全会"。这次会议宣布中国共产党"非法"，并通过了"取消共产党员在国民党中之党籍"、"开除国民党中央执行委员会中的共产党员"、"解雇顾问鲍罗廷"等反苏、反共、反对国共合作议案。

随即，通过经营黄埔军校执掌军事大权的蒋介石迅速右转。1926年3月10日，蒋介石指使其党徒以黄埔军校驻省办事处的名义，传达给海军局代理局长兼中山舰舰长李之龙(共产党员)一个命令，要李之龙调中山舰到黄埔候用。当中山舰开到黄埔时，蒋介石指使其党徒

资料回放

1925年11月16日，国民党中央执行委员林森、邹鲁、戴季陶、谢持等人在北京集会，联名写信给国民党中央及国民党上海执行部，要求"清党"。23日，国民党中央执行委员会在北京西山碧云寺召开所谓"国民党一届四中全会"，出席会议的有中央执行委员叶楚伧、居正、沈定一、邵元冲、石瑛、邹鲁、林森、覃振、石青阳，候补中央执行委员茅祖权、傅汝霖，中央监察委员张继、谢持共13人。会议宣布取消共产党员的国民党党籍，分别开除共产党人谭平山、李大钊、毛泽东等的中央执行委员会委员和候补中央执行委员职务，并取消他们的党籍。会议通过了《取消共产党员的国民党党籍宣言》、《开除国民党中央执行委员共产党人李大钊等通电》、《取消政治委员案》等决议。

在政变中遭枪杀的共产党人

散布共产党“阴谋暴动”推翻广东革命政府的谣言，说李之龙不服调遣，擅入黄埔。并以此为借口，于3月20日调动军队，宣布戒严，断绝广州内外交通；逮捕李之龙，扣留中山舰及其他舰只；包围省港罢工委员会，收缴其卫队枪械；包围广州东山的苏联顾问所；驱逐黄埔军校中及国民革命军中以周恩来为首的共产党员，明显暴露出其蓄意“清党”的图谋。7月，国民革命军开始北伐，蒋介石任总司令。11月，北伐军控制了长江流域。岂料，这大好的军事形势却成了蒋介石实施“分党”的背景。

1927年3月28日，国民党右派在上海召开中央监察委员会会议，吴稚晖提出要发动所谓“护党救国”运动。4月2日，蒋介石、吴稚晖等参加了中央监察委员会全体会议，会议订立了“清党原则”。4月9日，蒋介石成立“淞沪戒严司令部”，颁发“战时戒严条例”。同日，邓泽如、吴稚辉等联名发表《护党救国通电》。11日，蒋介石密令各省“一致实行清党”。一阵紧锣密鼓之后，蒋介石终于杀戒大开。

4月12日凌晨，受蒋介石指挥的刽子手向上海总工会纠察队的驻地闸北、南市、浦东、吴淞等处发起攻击。之后，蒋介石下令军队对工人纠察队强行缴械，杀伤300多人。4月13日，士兵又向游行示威的工人、学生扫射，当场打死100多人，伤者不计其数，酿成大血案。接着，蒋介石下令搜捕共产党人，并将首要人员枪决。至15日，有300多人被杀，500多人被捕，5000多人失踪。事变中，著名的共产党人汪寿华被蒋介石唆使的帮会头

目杜月笙秘密活埋，成为牺牲的第一位烈士。陈延年、赵世炎等共产党名人也相继遇害。

4月15日，“白色恐怖”在广州复制。一时间，广州全城大搜捕，一大批共产党人又倒在血泊中。紧接着，厦门、福州、宁波、南京、杭州、长沙、武汉等地，也弥漫起“清党”血雨腥风。

“清党”带来的灾难是严重的。它使来之不易的国共合作归于瓦解，大革命归于失败，中华大地上空又笼罩着内战、灾难和因政治因素裂变而产生的“离散”阴云。

专家评点

“清党”是政治层面出现问题的反映。中国历史上出现的政治问题，无论是发生在古代、近代或是当代，都要派生出民族内部离散力膨胀的恶果，这可以从唐代的“安史之乱”、民国初年的“府院之争”以及当代的“文化大革命”等诸多事件中得到反复的验证。可见，政治动乱必然导致民族离散，这是一条不容怀疑的规律。

陈延年烈士

赵世炎烈士

人物简介

陈延年(1898—1927)，陈独秀长子。1922年同周恩来、赵世炎等组织旅欧中国少年共产党。1925年6月和邓中夏、苏兆征等人领导了震惊中外的省港大罢工。1927年6月任中共江苏省委首任书记，“四一二”反革命政变后因叛徒出卖被捕，7月4日就义于上海龙华刑场。2009年被评为100位为新中国成立作出突出贡献的英雄模范之一。

赵世炎(1901—1927)，四川重庆市人。1920年赴法国勤工俭学，与周恩来等建旅法共产主义小组。1922年6月，与李立三等人在法国筹建旅欧中国少年共产党，赵世炎被推选为书记。1923年3月赴苏联莫斯科东方劳动共产主义大学学习。1924年7月回国，先后参加中共北方区委、中共江浙区委的领导工作。1927年7月2日被捕牺牲，年仅26岁。

《永不休战》书影

“女子与小人难养”吗

关键词 文化因素
传统文化 儒家 孔子

近年来，伴随着改革开放大潮的兴起，“文化”一词的使用频率越来越高，几乎达到了无处不文化的地步。在这股“热浪”的鼓动下，大到中华文化、岭南文化，小到茶文化、酒文化等，均高调出台，争奇斗艳，令人目不暇接。各种文化活动分头并起，也确实释放了凝聚志同道合者的功能。至于中华传统文化中的儒家文化，更加时来运转，倍受推崇，仅海外举办的孔子学院就不知凡几。

然而，我们在重视中华文化特别是中华传统文化时，不能步入不加分辨、照单全收的误区，而应甄别优劣、扬长避短。因为，中华民族的文化既有大量的精华，也存在若干糟粕；既有大量有利于民族“凝聚”的黏合剂，也存在若干导致人们“离散”的分解液。我们不妨以儒家文化为个案，对中华传统文化中的“离散”因子做一点约略的扫描，以便举一反三，窥斑见豹。

孔子是中华传统文化的代表、儒家学说的首魁，被称为“日月经天、江河行地”的大圣。不过，从记录他言行的《论语》和《礼记》、《春秋》等其他儒家经典来看，却也有不少失当、错误甚至荒谬之处。在政治文化方面，儒家经典有“继绝世”、“举逸民”一说，这当然是厚古薄今之说，没有什么积极意义。历史是向前发展的，对已经逝去的世道或朝代，有什么理由要对之加以理想化并作为追求的目标呢？被历史淘汰或落伍于时代的人物，有什么理由要让他们继续粉墨登场并唱主角呢？无怪此说被认为是复辟倒退之论。显然，它有碍于人们立足现实，放眼前瞻，互相凝聚，合力成事。

儒家经典还认为，人的智力是先天决定的，并且可以分为若干等级。孔夫子就有“生而知之者，上也”的观点。在他和他的弟子看来，生而知之者就是上等人，学而知之者次之，困而学之者更差一等，而困而不学者最为顽劣，也只能位居末等。根据这种理念，他们又得出了“唯上智与下愚不移”的结论。这样，社会成员就被分成了“上智”和“下愚”两大群体，属于“上智”群体的只能是极少数处于社会上层的所谓天才，属于“下愚”群体的只能是广大处于社会下层的劳苦大众，双方没有什么平等可言。所以孔夫子又明确表示：“民可使由之，不可使知之。”按照这种说法，“上智”和“下愚”的分裂和离散，是势所必然的事情。这种说教非但不能产生凝聚力，而且只能产生离散力。

这种说教还潜移默化地影响到当今。现时少数单位的领导自以为高明，视群众为群盲，思想深处并不承认群众的主人翁地位，也无意实践“领导就是服务”格言，他们和群众的关系只能是油与水不可融合的关系，这样的单位也通常凝聚力不足，离散力有余。

在物质文化方面，儒家文化同样存在着糟粕，比如片面宣扬“义重于利”观点等。孔夫子本来就讲究衣食之“利”，但他偏偏说“君子喻于义，小人喻于利”，这就使人感到老夫子有言行不一之嫌。他还责骂向他问稼的学生樊迟是和农民相近的“小人”，这就更不对头了。因为，物质生产是凝聚力的基础，人们须臾离不开物质生产和生活，瞧不起农民生产者，空喊大“义”，既变不来衣饰，也填不饱肚皮，生存问题就要接踵而来，哪里还谈得上相互之间的凝聚力。

这种说教也潜移默化地影响到当代。人们不会忘

史料链接

儒家文化中还存在其他一些明显的糟粕，并且都易于诱发离散力。例如，“礼不下庶人，刑不上大夫”，“万般皆下品，唯有读书高”。其要害在于缺失公平，不适当地将社会上层和知识阶层抬到了超越其他社会利益群体的高度，也必然要产生士大夫、士人与其他阶层特别是广大工农群众离心离德的负面影响。

河南南皮烈女碑拓

“文化大革命”中的标语

记，在“文化大革命”时期，革命大“义”喊得震天响，物质生产、物质生活简直毫无立锥之地，更有“宁要社会主义的草，不要资本主义的苗”等奇谈怪论。结果在革命大“义”掩盖下的是，党被“四人帮”分裂，国家运作失序，群众被裹进无数相互对立的组织，离散力得以恶性膨胀。

在处世哲学方面，儒家学说的糟粕也不鲜见。在多种儒家经典中可以看到这样一些有害于人们互相凝聚的内容：“唯女子与小人为难养”、“饿死事极小，失节事极大”以及“三纲”、“三从”等等。将女子与小人相提并论，显然是对天下女性的歧视，无论如何都无法令人信服。如果算一笔账就更可以看到此说大谬不然。首先，此说否定了占中华民族大家庭一半的女性，倘若加上男性中那些被视为“小人”者，岂不是说中华民族中有一大半都是难以凝聚的分子？而针对女性的“饿死事极小，失节事极大”，虽造就了不少节妇烈女，却不知断送了多少女性的幸福、性福甚至于生命，这些都是遭人唾弃的“吃人”礼教，毫无凝聚人心的功能可言。

封建礼教催生了无数这样的贞节牌坊

当然，除儒家文化外，其他传统文化也或多或少地存在着诱发离散力的糟粕，如法家的“有道之国，务在弱民”便是一例。这类糟粕，同样要产生涣散凝聚力的负面效果。

应该看到，在与儒、法、墨家等雅文化对应的俗文化层面，同样存在着有碍于民族凝聚的糟粕。例如，旧中国流行的男子长指甲、女子缠足之俗，就是一种消极丑陋的俗文化现象。一般地说，社会上层的达官显贵、士夫绅耆、文人墨客等乐于沿习“长指甲”的风俗，并以此作为权力、身份和风雅的象征。与此相应，社会上层的眷属则乐于沿袭“缠足”的风俗。这是因为，女子将足缠成三寸金莲，步履就易产生婆娑欲舞之态，这便于取悦于主宰她们的男子。显然，长指甲和缠足决不是广大劳动群众追求的目标。因为，这种陋习至少要妨碍他（她）们的生产劳动和日常生活。所以，在某种程度上说，长指甲和缠足二俗，恰恰在下层劳动者和上层剥削者之间，增设了既有形又有害的鸿沟，视其为滋生离散力的文化渣滓，显然没有什么不妥之处。

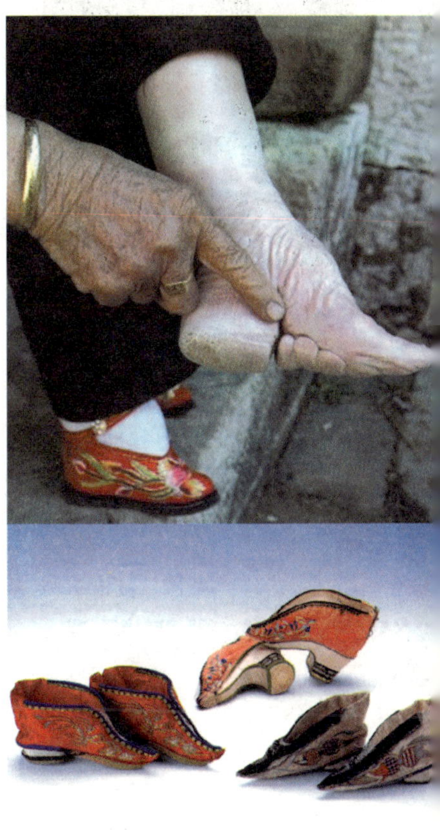
旧中国女人的小脚和“三寸金莲”鞋

专家评点

对待传统文化，通常有三种态度：一种是完全暴露弱点和缺陷，持全面否定的历史虚无主义态度；第二种是单纯赞扬和讴歌优点，取全面肯定的文化保守主义态度；之三是综合分析优点和缺陷，持“取其精华，去其糟粕”的现实主义态度。当前，人们普遍认同第三种态度。我们应弘扬中华传统文化中有利于增强民族凝聚力的精华，剔除其中易于诱发离散力的糟粕。

从鲍鹏到汪精卫

关键词 外部因素

汉奸　鲍鹏　汪精卫

明眼人一看便知，“从鲍鹏到汪精卫”这个题目就是要拿“汉奸”说事。在近代中国，随着帝国主义的入侵，离散中华民族的外部因素严重，以至于“汉奸”现象屡见不鲜，其中第一个臭名远播的汉奸，即为鸦片战争时期的鲍鹏。

鲍鹏（1792—？），原名亚聪，号望山，广东香山（今中山）人，自幼学习英语，1828年在广州充当美国洋行买办，翌年充当美商闭黎开办的闭馥馆买办，1836年在澳门充当英国大鸦片贩子颠地的买办，自身也多次贩卖鸦片。通过投靠洋人，鲍鹏挣的昧心钱不少，据说每年工资有洋银六十，还能拿两三百不等的奖金与外快。因贩卖鸦片，1839年被林则徐通缉，遂潜往山东潍县，改名鲍鹏，藏匿在知县招子庸处。

1840年受山东巡抚托浑布派遣，鲍鹏曾到登州海面英船上办理交涉。有记载说，鲍鹏和其他清朝官员一起与英方交谈时，他竟用英语痛骂同行的官员（清朝官员不懂英语）。当谈到琦善即将南下广州谈判时，他竟讨好敌人说：“可以去谈一谈……一定叫那个（道光）皇帝哭！”他将屁股完全坐到英国侵略者一边，全然一副令人恶心的汉奸嘴脸。不久，他经托浑布引荐，出任钦差大臣琦善的通事（翻译），授八品衔，随即南下广东。就这样，鲍鹏由林钦差缉拿的在逃犯，变成了琦钦

差的座上客。

琦善在广州与英国人的交涉，鲍鹏都参与其事。英国人关于鲍鹏的记载说：“我方和琦善之间的前前后后的一切接洽中，联络媒介就是前面提到过的买办鲍鹏，他是一个机敏聪明的人，约有四十五岁，混合话说得很流利。”这当然是洋主子器重奴才的一种表露。在与英国方面交涉中，鲍鹏多次泄露广东沿海防务及内地情况，琦善也正是在他的竭力唆使下，才通过《穿鼻草约》将香港割让给英国。可见，鲍鹏实际成了英国侵略者的亲信和间谍。

1841年，道光皇帝获悉琦善私订《穿鼻草约》，下令将琦善与鲍鹏一同逮捕进京问罪，同时强调要将鲍鹏“照交结外国例加等发遣”，“发往伊犁给官兵为奴，遇赦不赦”。这样，近代中国的第一个汉奸终于落了个身败名裂的下场。

如果说，鲍鹏是地位平平的汉奸的话，那么，汪精卫的地位就显赫得可以了。

汪精卫（1883—1944），原名汪兆铭，字季新，号精卫，后来人们多以汪精卫称之，原名兆铭反被忽略。汪精卫早年追随孙中山革命。以相貌而言，他堪称鼻正口方的俊男；以文采而言，他堪称泼墨如水的高手；以口才而言，他堪称妙语连珠的铁嘴。所以早在同盟会时期他就与胡汉民齐名，成了孙中山的左右手。1910年，汪精卫不惜身家性命潜入北京谋炸清朝摄政王载沣，颇显勇士的豪气，也大得时人褒誉。人们很难想象这样的风云人物竟也会堕落成可耻

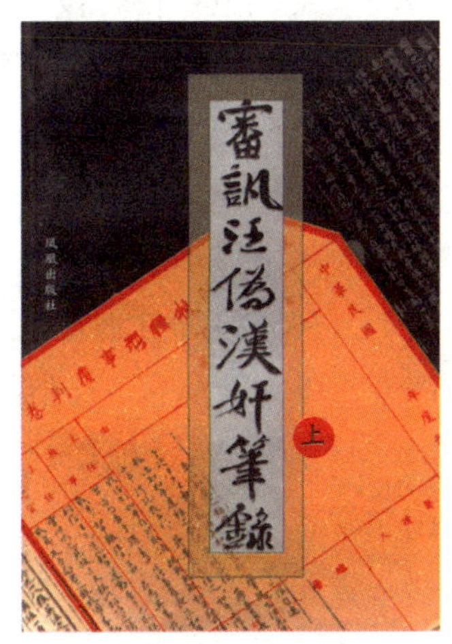

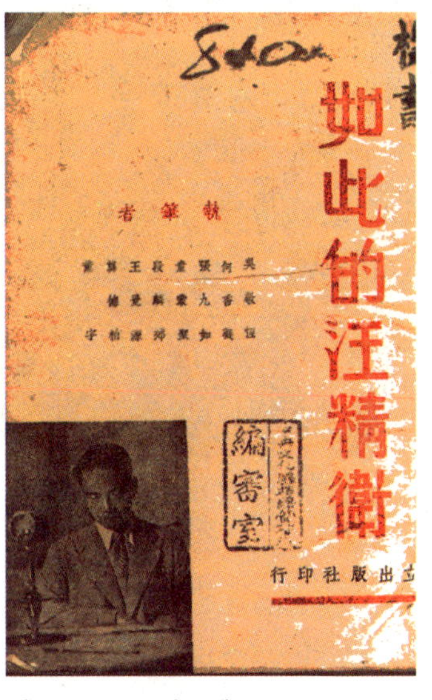

《如此的汪精卫》书影

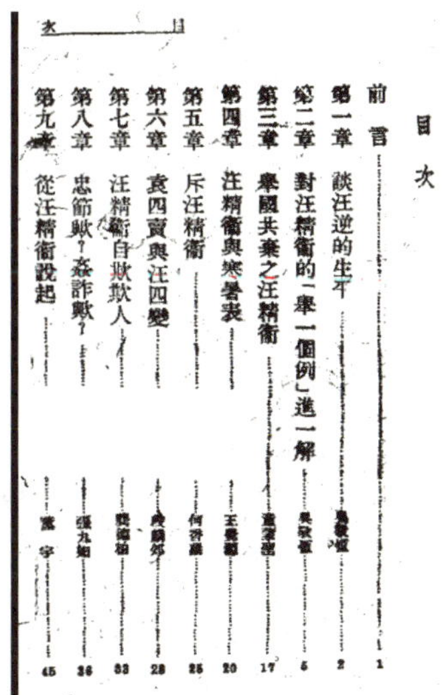
目次

—1—

《如此的汪精卫》目录

汉奸们欢迎日本鬼子进城

的汉奸。

汪精卫之所以堕落成汉奸，除主观因素外，一个重要的原因是外来势力的培植，这和鲍鹏类同。不同的是，鲍鹏主要是通过英国洋主子来获得金银钱财等物质利益，汪精卫则主要是通过日本侵华势力来满足自己的权力欲望。

早在进入汉奸营垒之前，汪精卫就盘算着与权力日隆的蒋介石争权夺利。1931年他纠合各派反蒋势力在广东另立国民政府。“九一八”事变后，迫于全国人民一致要求共同抗日情势，才再次与蒋介石合作。1936年西安事变后，又图谋乘机取代蒋介石出掌政权。1937年7月抗日战争爆发，他被举为国防最高会议副主席、国民党副总裁、国民参政会议长。虽然地位高得可以，但党政权势却均在蒋介石之下，这对不甘人后的汪精卫来说，简直是难以下咽的酸果。

于是，他将目光投向日本，试图寻找机会，以求一逞，并指派亲信在香港试探日本的底牌。当获悉日本政府“希望汪先生出马”的信息后，就又盘算起投靠日本充当“儿皇帝”的主意。1938年12月18日，他果然冒天下之大不韪，悄然出走重庆，叛逃河内，并且发表“艳电”，公开投降日本。至于此举涣散全民族抗日力量的严重恶果，则全然不在他的计较之内。

1939年5月，他亲赴日本与日本当权者直接进行卖国交易。8月，又在上海秘密召开伪国民党第六次代表大会，宣布“反共睦邻”的基本政策。12月，与日本特务机关签订《日华新关系调整纲要》，以出卖国家的领土

主权、承认伪“满洲国”为代价，换取日本对其成立伪政权的支持。就这样，1940年3月，日本卵翼下的汪氏伪国民政府在国人一片唾骂声中于南京响锣开张了。

汪伪政权严重冲击了在抗日民族统一战线旗帜下凝聚起来的抗日力量。一时间，大小伪政权粉墨登场，各地伪军为虎作伥……然而，恶有恶报。1944年11月，汪精卫在万民诟骂中病死日本，结束了曾经辉煌最终墨黑的一生，他所经营的伪国民政府，也在1945年8月16日，即日本宣布无条件投降的第二天宣告解散。

专家评点

“汉奸”是外部因素作用的产物，也是离散民族的罪人。新中国成立后，虽然帝国主义不可照旧欺凌中华民族，但是来自外部离散中华民族的因素依然存在，突出表现为国外敌对势力对中国的“分化”和“西化”政策。对此，我们决不可掉以轻心，否则，离散力有可能沉渣泛起，甚至恶性膨胀。

❑ 历史纵横

汉奸从古代到近代都有。由于古代是中华民族内56个成员不断融合的历史时期，所以那时的汉奸固然劣迹彰彰，被人们嗤之以鼻，但还不能说他们背叛了全中华民族和民族国家的整体利益。比如，南宋秦桧投靠的金国和女真族，现在已和其他民族同处于一国和一个中华民族大家族之中。在近代中国，由于帝国主义的豢养，在确切意义上出现了一个“出卖国家和民族利益”的汉奸群体，他们也在确切意义上成为离散中华民族的祸水。

汉奸在被枪决前游行示众

处决汉奸

“9898”案联想

关键词 当代离散因素
陈同庆 民主法制 信仰危机

在粤西的湛江，只要一提“9898”，人们便痛心疾首，因为它是1998年湛江特大走私受贿案的代号。

1999年9月16日，中新社报道的“9898”案情令人怵目惊心：它是中国解放以来走私数额最大，涉及党政机关、执法部门人员最多的一起严重经济犯罪案；从1996年初至1998年9月案发前，犯罪团伙走私总货值达110亿元，偷逃国家税收62亿元，严重扰乱了经济秩序，影响了湛江经济的发展和社会的稳定；到目前止，该案受查处的涉案人员共331人，其中公职人员259人，检察机关立案64件73人，收缴扣押赃款、赃物及不动产总值约4.7亿元。

2000年12月29日，《江南时报》披露了涉案人员的判决情况，其中包括：陈同庆，原市委书记，因犯受贿罪被判处死刑、缓期两年执行；吴文庆，原市委委员、副市长，因犯受贿罪、挪用公款罪被判处有期徒刑11年；罗鸿基，原市委委员、湛江经济技术开发区管委会主任，因犯行贿罪被判处有期徒刑1年，缓刑2年；郑亚奏，原市委委员、霞山区党委书记，因犯受贿罪被判处死刑、缓期两年执行（以上各人均被开除党籍）……

擒贼先擒王。在此，我们首先拿陈同庆说事。

1992年，陈同庆从高明县委书记的岗位上调任湛江市委书记。初来时，他住在一间简陋的旧房，连最常用

的电饭锅也是从佛山家里带来的，基本保持几十年养成的廉洁作风。然而，自1994年起，情况开始发生变化，他感到自己清贫为官数十年吃亏了，想最后几年要捞它几把。结果，在短短几年里他果真捞到真金白银100多万元，与此同时，他听任不轨分子在自己眼皮子底下酿成“9898”大案，终因东窗事发，致使自己和原湛江市委的头头脑脑，纷纷堕落为万人诟骂的阶下囚。

本来，陈同庆、吴文庆等作为党政机关的领导干部，已被600万湛江人民奉为“领头羊”和凝聚核心。1992年，在陈同庆履新之初，湛江人民就曾欢呼雀跃，有的还自发在公园张贴出以“××（指前任书记）下台，湛江同庆”为内容的对联，足见大家的期望之深。可是，人们渐渐发现陈同庆竟然是嗜酒成性的“蓝带书记”，就连湛江最偏远的农村老百姓都知道他的这一“美名”。至于政绩，实在令人找不出什么像样的亮点。“9898”案发后，湛江人民彻底失望了，以至于时至今日，人们仍禁不住对其嗤之以鼻：“湛江历届书记交班成绩最差的就是陈同庆”、“陈同庆是把湛江经济搞垮的罪人，不值一提”、“这个垃圾”、“同庆变成‘同恨’”……

服刑的陈同庆狱中现身说法

可见，如果居于凝聚核心地位的党和政府领导人与腐败结缘的话，那么，非但不能释放出对广大人民群众的吸引力，无从获得芸芸众生取向他们的向心力，而且要产生令人扼腕的离散力。

在改革开放、社会转型、经济发展的当今，为什么会产生屡有所闻的陈同庆现象？我们不妨看一看陈同庆在铁窗内的忏悔：“我忘了权力是人民赋予的，我权力

❑ 名词点击

“腐败就其实质是钻现行制度的空子，趁提供公共的‘政府品’之机，进行权力寻租。”（邹薇《腐败问题的制度透视与经济学分析》）腐败是“官本位”体制的衍生物。因此，要靠体制改革来消灭“官本位”存在的土壤。

❑ 反腐警句

把住权力、金钱、美色三道关，走好工作、生活、社交三个圈。

常怀律己之心，常排非分之念，常修为官之道，常思贪欲之害。

律己从严须从点滴做起，守纪以恒勿以小而不为。

不以物喜，不以己悲；毋为名累，毋为利困。

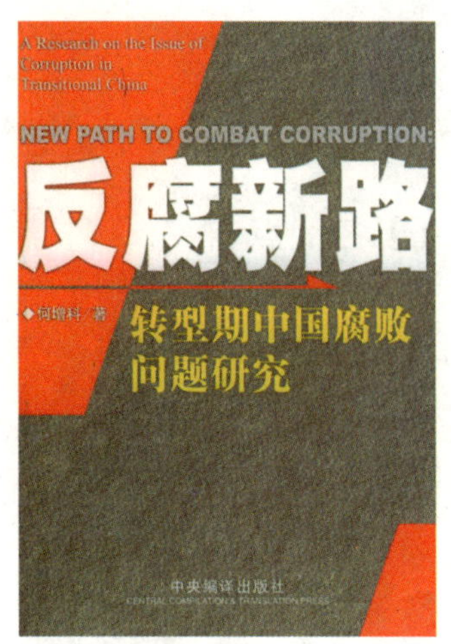

《反腐新路》书影

大了，吹捧讨好的人多了，提醒监督的人少了，恭维话听多了，也听惯了，认为在湛江只有我管别人，没有人管我，大权集中在我手中，慢慢形成了一言堂的不良作风……”从中不难看出，政治体制改革之于当代社会是何等的重要！否则，我们便难以克服“一言堂”、“家长作风”等封建主义的弊端，难以走出权力缺乏监督的怪圈，难以铲除滋生陈同庆现象的土壤，难以推进社会主义的民主法制建设，难以保证广大人民群众的主人翁地位和与生俱至的民主权利，更难形成社会各阶层、各群体和谐凝聚的局面。

不言而喻，信仰迷失也是当代滋生离散力的重要因素。一个社会，上至高官下至百姓，如果信仰迷失，便无法守住基本人格和道德底线，无从将社会的整体利益置于至高无上的地位，无力遏制非分的欲望，甚至要置社会和谐凝聚于度外，做出天怒人怨的坏事和蠢事。这一点，在大小腐败分子身上同样反映得十分清楚。

“升官不发财，请我都不来，当官不收钱，退了没本钱”，这曾经是福建政和县原县委书记，被称为“红包书记”丁仰宁的一句“名言”。号称“河北第一秘”的李真则想得更远：“与其一旦江山易手，自己万事皆空，不如权力在握之时及早做经济准备。”已被枪决的北京电子动力公司经理兼党委书记陈铭曾说了这样一句“肺腑之言”：“在地球爆炸之前，不可能实现共产主义。”可以看出，信仰迷失是他们置大义而不顾的根源。

更令人发指的是，“江苏省第一贪”、原江苏省建设厅厅长徐其耀，还以写信的方式向儿子传授了这样的处世秘诀：“一、不要追求真理，要牢记

这样的信条，对自己有利的就是正确的，可简化为上级领导提倡的就是正确的；二、不但要学会说假话，还要善于说假话，要把说假话当成一个习惯，说到自己也相信的程度；三、做人就是把自己作为一个点编织到上下左右的网中，成为这个网的一部分；四、要相信拍马屁是一种高级艺术；五、所有的法律法规、政策制度都不是必须严格遵守的，确切地说，执行起来都是可以变通的。但你要知道，这些不是人人都可以违反的。什么时候坚决遵守，什么时候偷偷违反，谁让违反，要审时而定，否则宽严皆误……”这哪里有半点崇高的信仰，完全是摘要版的“厚黑学”。可以断言，按照这种信条只能孵化出有害于社会和民众凝聚力的离散分子。

当然，在当代社会，如果在制度安排、立法执法、收入分配、国民待遇等方面，出现与“公平、公开、公正”原则相违的矛盾，同样要导致社会分裂和离散力抬头的恶果，这也是社会各界必须引以为戒的大事和要事。

专家评点

据联合国工业发展组织对100多个国家和地区经济发展数据所做的统计分析，一个国家的人均国民生产总值处于265美元至1075美元的阶段，是社会变革和社会阶层分化最激烈的阶段，也是容易滋生腐败和离散力的阶段。我国已顺利闯过这一阶段，但由于政治体制改革有待进一步深入等原因，遏制离散因素的任务依然任重道远。

民众视角

1940年2月1日，毛泽东曾在延安民众讨汪大会的讲演中说道：“这里一没有贪官污吏，二没有土豪劣绅，三没有赌博，四没有娼妓，五没有小老婆，六没有叫化子，七没有结党营私之徒，八没有萎靡不振之气，九没有人吃摩擦饭，十没有人发国难财。”这种纯洁的党风，直接推动着中国革命的胜利前进。当时，反腐败为何能举重若轻？民众认为，绝招有五：一、率先垂范，不令而行；二、预防为先，防患未然；三、政治民主，监督有效；四、严格纪律，防微杜渐；五、惩前毖后，治病救人。

大家都在关注收入分配

“散沙”何以不散

关键词　遏制离散力
孙中山　三民主义　兴中会　同盟会

孙中山先生

我们中华民族源远流长，是个极富凝聚力的伟大民族。然而近代伊始，时移势易，好景不再。伴随着帝国主义的竞相入侵，中华民族积贫积弱，每况愈下，原有的凝聚力渐次瓦解，也遭遇到离散力恶性膨胀的严重冲击。于是，“一盘散沙”四字，不仅反映出中华民族涣散不聚的游离状态，也成为引无数有识之士扼腕叹息的顽疾。庆幸的是，自从出了个孙中山，中国的“散沙”竟然不散，甚至像注入了水泥那样渐次凝结。在辛亥革命时期，中华各族人民正是凝聚在孙中山及其领导的同盟会周围，才赢得了推翻清朝、结束两千多年封建帝制在中国统治的丰功伟绩。

人们不禁要问：孙中山究竟有什么治理“散沙”的秘方？

其实，孙中山的“秘密”可以概括为三管齐下：其一为吹响感召民族的集结号，其二为重铸凝聚民族的核心，其三为释放“先行者”的魅力。

孙中山为凝心聚力、成就中华民族反帝反封的革命事业，首先吹响了激越人心的集结号——三民主义。从中华民族凝聚力的视角看，三民主义最大的优长在于以“民”为本，极具针对性地展示了“振兴中华”的政治方案，因而不能不引起各族人民的强烈共鸣。其中的民族主义，旨在建立独立自主的民族国家，对外强调反对

帝国主义的侵略，对内主张用自决和自治来解决民族问题，力求建立“合汉、满、蒙、回、藏诸地为一国，即合汉、满、蒙、回、藏诸族为一人”的和谐国家。这显然反映了中华各族人民的共同愿望。

其中的民权主义，旨在以新型的民主共和国取代陈腐的封建帝国。他曾这样解释：“大凡有团体有组织的众人，就叫做民”，“权就是力量”，“把民同权合拢起来说，民权就是人民的政治力量”。在就任中华民国南京临时政府大总统期间，他又通过《中华民国临时约法》昭示天下：“中华民国由中华人民组织之”，“中华民国之主权属于国民全体”。以国家大法的形式确认国民在新型国家的主人翁地位，必然要使各族人民感受到空前的思想解放。

孙中山手书《黄埔军官学校训词》

其中的民生主义，集中反映出孙中山试图解决社会问题的良好愿望。他指出，“民生”主义就是要解决“人民的生活——社会的生存、国民的生计、群众的生命”问题。后来，民生主义进一步充实了事涉工农大众切身利益的重要内容。鉴于农民的生活状况，他主张国家对于无地农民，“给以土地，资其耕作”；鉴于中国工人的苦痛，他又主张政府当“制定劳工法，以改良工人之生活”。这必然要获得来自方方面面的充分肯定。

就在吹响三民主义集结号的同时，孙中山又不遗余力地投入了重铸民族凝聚新核心的努力。这个核心不是别的，正是顺应时代潮流的近代化政党。1894年，他创建了中国历史上第一个具有政党性质的革命团体——兴中会。它不仅奉三民主义为纲领，而且一开始就托出了凝聚全民族的愿望。其章程宣告：“本会之设，专为联络中外有志华人”，而无地区、阶级、阶层、职业、信仰的界限。

名词点击

中国同盟会（简称同盟会），于1905年8月20日在日本东京成立，是中国清朝末年由孙中山领导和组织的一个全国性的革命政党。孙中山被推举为总理。孙中山通过同盟会，凝聚了大批的反清力量，在1912年造成大清帝国的覆亡，促成中国也是亚洲历史上第一个共和政权——中华民国的建立。

中国同盟会成立时的合影

1905年，他又组建了全国性的政党——同盟会。在讨论党组织名称时，他断然否定了“对满同盟会”这种带有种族主义偏向的意见，决定以“中国同盟会”命名。同盟会本部设于日本的东京，于国内的重庆、上海、汉口、香港、烟台分设西、东、中、南、北五个支部，于海外的新加坡、比利时京城、旧金山、檀香山分设南洋、欧洲、美洲、檀香山群岛四个支部。这种组织架构，表明它是旨在凝聚海内外中华儿女进行辛亥革命的领导核心。事实上，同盟会不负重望，在诞生后的短短六七年间，就卓有成效地将广大民众凝聚起来，使“学界、工界、商界、军人、政客、会党无不有同趋于一主义之下”，形成了埋葬清朝的巨大合力，再现了中华民族的凝聚品格。

孙中山所以能成功地将各族人民凝聚在自己的周围，还有赖于其释放了中国民主革命先行者的魅力。他的伟人魅力是令人景仰的。面对国家积贫积弱的逆境和民族投降主义、分裂主义、沙文主义、虚无主义的浊流，他呈现给世人的是炽爱祖国的情感、忧患忘我的精神、振兴中华的决心和超越传统的魄力。他说：“中国土地、人口为各国所不及，吾侪生在中国，实为幸福。”又说：帝国主义强邻四逼“实堪虑于目前”。他认定：“从前中国人的能力还要比外国人大得多”，只是现在“不及外国人”，如果能发奋图强，中国完全可以和欧美“并驾齐驱”，甚至“后来者居上”。他是一个不尚浮华的人，向来“恶虚声而图实际”；他又是一个乐观通达的人，向来坚信“乐观者，成功之源；悲观

中华民族凝聚力研究丛书
《孙中山与中华民族凝聚力》

者失败之因”。他是一个自强不息的人，向来以为“惟坚忍乃能成功”；他又是一个节俭朴实的人，向来“别无奢求”，甚至能“一连好几个星期只靠水泡饭过日子”……

显然，孙中山的魅力是如此的强劲，人格是如此的完美，无怪他的第一位同志郑士良表示，即使是赴汤蹈火也要追随左右，不离不弃；无怪原本是“散沙一盘”的芸芸众生，也乐于凝聚在他的周围。

孙中山，凝聚中华民族的世纪典范！

大總統誓詞

傾覆滿洲專制政府，鞏固中華民國，圖謀民生幸福，此國民之公意，文實遵之，以忠於國，為眾服務。至專制政府既倒，國內無變亂，民國卓立於世界，為列邦公認，斯時文當解臨時大總統之職，謹以此誓於國民。

中華民國元年元旦 孫文

1912年元旦，孙中山任临时大总统时的誓词

专家评点

诚然，作为继往开来的历史人物，孙中山在凝聚中华民族方面，不可能不存在若干不足之处。他创导的三民主义还带有浓重理想主义的色彩，他也未能从根本上解决维护各族人民整体利益的问题。但是，他致力于治理中华民族“一盘散沙”状态的努力，为后世留下了弥足珍贵的遗产，也预示了中华民族凝聚力与时俱进的基本走势。

相关链接

2005年8月20日，纪念中国同盟会成立100周年大会在日本东京举行。孙中山的孙女孙穗芳、来自海峡两岸的代表、专程赶来的台胞、旅日华人华侨和日本友人等150多人出席了纪念大会。大会通过了《东京宣言》，呼吁海峡两岸同胞和海内外中华儿女秉承孙中山遗愿，推动两岸关系朝着和平稳定的方向发展，实现孙中山先生在20世纪初提出的“振兴中华”的伟业。

丰满翱翔的翅膀

Fengmanaoxiang De Chibang

你从远古走来，巨浪荡涤着尘埃。

你向未来奔去，涛声回荡在天外。

这，是中华民族发展之历史、之必然。

中华民族的发展除了受国内各种因素的影响之外，还要受不同时代国际环境的制约。在经济全球化日渐发展的当代，国家之间的相互依存、相互合作、相互渗透、相互制约的趋势空前强化，它势必涉及每一个民族、国家的政治、经济、文化。

在这种大趋势下，中华民族要实现伟大复兴，必须以强大的凝聚力为翅膀，即既要继续传承文化、弘扬传统、强壮经济，坚定地走中国特色社会主义道路，又要坚持改革开放、自主创新、协调发展，努力地为人类作出更大贡献。一

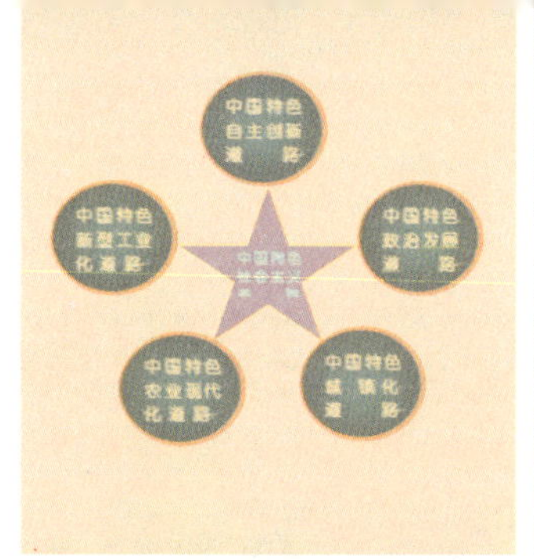

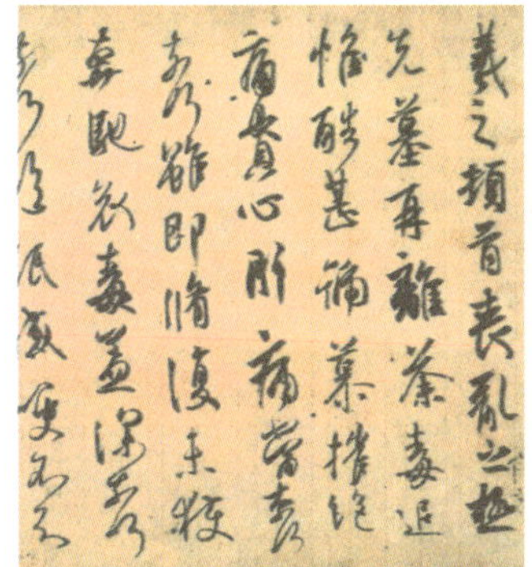

言以蔽之，就是要对内走科学发展的道路，致力于构建和谐社会；对外走和平发展的道路，致力于建设和谐世界。

中华民族唯有努力地创造并更好地利用国内外环境，才能既有效地增强自身凝聚力，实现中华民族的发展与振兴，又有效地改善国际环境，使之朝着进步、光明、公正、合作与繁荣的方向发展。

用团结巩固国土。

用力量推动时代。

这是我们增强中华民族凝聚力的目的。

丰满翱翔的翅膀。

创造美好的未来。

这是我们对民族前途和人类未来的希冀。

我们威胁了谁

关键词 发展自身

黄祸论　西方列强　中国威胁论

附：中国问题的真解决

——向美国人民的呼吁

（另一译文）

全世界的注意力现在都集中在远东，这不仅是由于俄国与日本间正在进行着的战争，而且也由于这样的事实，即：中国终究要成为那些争夺亚洲霸权的国家之间的主要斗争场所。欧洲人在非洲的属地——迄今为止，这一直是欧洲列强之间斗争的焦点——现在大体上已经划定了，因而必须寻找一块新的地方，以供增大领土和扩展殖民地；长期以来被认为是“东亚病夫”的中国，自然而然地就成了这样一块用以满足欧洲野心的地方。美国在国际政治中虽然有其传统的孤立政策，但它在这方面绝不会漠不关心，虽则在

孙中山驳斥“黄祸论”文

2008年，拉萨“3·14”严重暴力犯罪事件发生后，境外反华势力一方面不断制造事端，以暴力干扰奥运圣火传递，另一方面通过媒体歪曲报道，丑化中国形象，煽动反华情绪，使圣火传递由“和谐之旅”变成了“麻烦之旅”：

事件一：在土耳其的伊斯坦布尔，聚集在火炬传递起点附近的“疆独”分子冲出人群，喊着反动口号，欲夺取土耳其火炬手戴夫里姆·森克手中的圣火。

事件二：在英国伦敦，一名“藏独”分子试图抢走火炬，接着，两名“藏独”分子企图扑灭圣火，此后，还有数名“藏独”分子试图阻拦火炬传递。

事件三：奥运圣火在旧金山传递遭遇干扰。在直播这一新闻时，美国有线电视新闻网（CNN）主持人诬蔑道：“在过去50年里，中国人基本上一直是一帮暴民和匪徒”；英国广播公司（BBC）主持人竟数次笑出声来。

事件四：法国总统尼古拉·萨科齐将北京奥运和西藏挂钩，声称中国不和达赖谈判就杯葛北京奥运。

……

奥林匹克圣火传播着“和平、友谊、进步”的理念，是奥林匹克精神的最高象征，西方反华势力却为之上演了一幕幕令人瞠目的闹剧。透过这些闹剧，我们清

晰地感受到，正在崛起的中国深深地刺痛了西方的某些人，他们无法面对这样的现实，他们很难接受中国的强大。

臭名昭著的《黄祸图》

其实，西方反华势力对中国的傲慢与偏见由来已久。从19世纪末开始，他们一直以怀疑和焦虑的心情看待中国。当时的西方世界就一直流行着一个针对中国人的谬论——“黄祸论”，认为中国文化将从宗教、政治、道德、习俗以及民族性等方面威胁和摧毁西方文化。由于鼓吹者们都是世界近代史上的风云人物，如美国人斯陶特、麦考宾、罗杰斯、德梅隆，英国人皮尔逊，俄国人巴枯宁、俄皇尼古拉二世以及德皇威廉二世等，故而，这个谬论在西方颇有市场，流行了半个世纪之久。当时的德皇威廉二世为了使“黄祸论”更加形象化，特意请一流画家创作了一幅臭名昭著的油画——《黄祸图》。

《黄祸图》以悬崖、天河、暴风云及燃烧着的城市为背景，一端画着一位驾龙的菩萨在一团火焰中拨开一片暴风云向西方逼进，后面浓烟卷起，是一座正在燃烧着的城市，菩萨冷静地凝视着这被破坏的景象。一端画着天使长米迦勒率领着一群女神，各人带着武器在十字架的保护下迎向东方。在这里，驾龙的菩萨寓意所谓的“黄祸”——中国，那群化装成奥丁神侍婢模样的女神则是欧洲各主要国家的化身。此油画一经问世，“黄祸论”便作为西方帝国主义的一个政治口号，在全世界流传开来。

“黄祸论”正式形成于19世纪90年代，而其先导是19世纪中后期欧美殖民者和种族主义者的种种排华、反华论调。此时，西方资本主义已过渡到帝国主义阶段，如何宰割中国这块肥肉成了西方列强关注的焦点，一时间，中华大地被划成不同帝国主义国家的势力范围。事

❑ 相关资料

“黄祸论”是起源于19世纪主要针对中国的理论。一般认为，“黄祸论”的始作俑者是无政府主义创始人之一的巴枯宁（俄），他在1873年出版的《国家制度和无政府状态》一书中开了鼓噪“黄祸论”之先河，英国殖民主义者皮尔逊在他的《民族生活与民族性》一书中又进一步发挥，使这一理论基本形成。19世纪末，欧美帝国主义者为了制造侵略有理的舆论，炮制了所谓“黄祸论”，即中国威胁论。1895年，德国皇帝威廉二世亲自构思了一幅《黄祸图》，让画家纳克福斯画成油画送给俄国沙皇。随即，西方出现了一批关于“黄祸论”的文章和专著。

实是，伴随着“黄祸论”出笼的百年史，中国绝大部分时间是被欺压、被宰割的。在强权就是外交的年代，大而弱的中国，在对外关系上长期处于下风，一系列不平等条约的签订，给中华民族的自身发展带来了极为不利的影响。受其制约，中华民族凝聚力也长期处于不稳定状态。

20 世纪90 年代中叶以来，“黄祸论”阴魂不散，不愿看到中国人过上好日子的一些西方国家的某些人士又率先炮制了新版的“黄祸论”——“中国威胁论”。不仅美国、日本和欧洲，连俄罗斯、印度、印尼等国对中国崛起的误读也甚嚣尘上。他们从不同角度拼凑了多种“中国威胁论”：“中国经济挑战论”、“中国军事威胁论”、“中国极权威胁论”、“中国文明威胁论”、“中国能源威胁论”、“中国环境威胁论”、“中国知识产权威胁论”、“中国食品威胁论”、“中国粮食威胁论”、“中国产品威胁论”等。旋踵，一批另类“中国威胁论”——“中国不行论”、“中国崩溃论”、“中国发展掺水论”等，不时涌动。近年，西方又出现了“中国傲慢论”、“中国强硬论”、“中国必胜论”等。虽角度不一，却结论一致，即强大起来的中华民族会对世界造成威胁。

2005年7月，美国布鲁金斯学会高级研究员杰弗里·贝德在中日关系研讨会上对记者说：散布“中国威胁论”是错误行为，用这种方式来看待中国的发展也是错误的观点。持这一论调的人认为，中国的崛起将会对美国在世界的地位构成挑战。但我认为，中国的崛起将在很大程度上被中国的国内发展和所面临的挑战所消化。更重要的是，中国对邻国没有进行领土扩张，没有把自己的社会和经济模式强加给其他国家……当然，中国和美国之间存在一些不确定因素，但这并不等同于“中国威胁论”。

事实上，中华民族自古以来就是一个爱好和平、恭谦礼让的民族，重情谊、尚仁爱、克己敬人是中华民族的优良传统，表现在民族与国家的关系上，就是和平共处、友好往来、互助互利。中国发展经济，增强国力，增强民族凝聚力，并不是为了威胁哪个民族。相反，几千年来，中华民族在发展自己的同时，为世界作出了不可磨灭的贡献。18世纪初，德国著名哲学家莱布尼兹在研究中华文化以后感慨万千，说："我们从前谁也不信在这世界上还有比我们伦理更完善、立身处世之道更进步的民族存在，现在东方的中国，竟使我们觉醒了。"

进入21世纪，中外政治互动更趋复杂，境外反华势力与敌对势力的颠覆渗透严重威胁着中国的政治与国家安全。这种国际环境，使未来中华民族凝聚力的发展与增强面临着更为严峻的外部挑战。

形势提醒我们：要理性地发展自身，不断增强凝聚力以提高综合国力。

我们告诉世界：中华民族从不威胁别人，中华民族也从不怕别人威胁。

专家评点

西方社会19 世纪末20 世纪初兴起的"黄祸论",是有其深刻的历史、文化以及社会根源的。当时，中国深处贫弱的深渊，民族危机空前严重。在这种情况下，"黄祸论"的出现无疑是别有用心、不怀好意的。它或是西方种族、文化自大狂的写照图，或是列强企图宰割中国的自供状。它玷污了中国的国际形象，毒化了中国的国际环境。更为恶劣的是，直至今日，它仍阴魂不散，不时飘浮于世人面前。

历史纵横

2010年7月7日，中国外交部副部长傅莹女士在柏林接受德国《时代》周报专访时说："我们是主张有批评的，没有批评就不会有过去30年来的改革。"但是，我们不希望别人总是"以居高临下的姿态指责中国，总是以自己的标准来衡量中国"；"如果你们总是以自己的标准来衡量中国，如果你们总指望中国变成一个西方式的国家，那么你们总是会被这种期望所迷惑。"

中华人民共和国成立60周年庆典
行进中的群众游行方阵

走自己的路

关键词 发展道路
凝聚核心　民族复兴　中国特色社会主义道路

案例一：上世纪下半叶，前南斯拉夫是社会主义世界中率先摆脱苏联模式提出走自己道路的国家。几十年来，这一卓尔不群的形象和它在政治、经济等各个领域所取得的巨大成功吸引着东西方社会的关注。然而，在进入90年代后，其各种复杂的矛盾日益激化，继而发展为内战以至出现分裂，终于在2008年裂变为克罗地亚、斯洛文尼亚、黑山、波斯尼亚、马其顿、塞尔维亚和科索沃七个独立国家。至此，作为国名，南斯拉夫在当今的国际社会中已不复存在。

案例二：1991 年12 月25 日19 时38 分，克里姆林宫上空那面红色的苏联国旗，在苍茫暮色中黯然降下。这标志着由15个加盟共和国组成的苏维埃社会主义共和国联盟，顷刻间一分为众。作为世界上第一个社会主义国家，苏联经过70多年的发展之后，在20世纪末却因重大的政治变故，顷刻间由社会主义蜕变为资本主义。强大的苏联最终解体，也不复存在。

虽然，前南斯拉夫和前苏联分裂、解体的具体原因不尽相同，但有一点是共同的，这就是它们始终没有找到一条适合本国国情的社会主义发展道路。

中国的情况与它们正好相反，中国特色社会主义道路越走越宽广。

社会道路的选取，与决定该国发展道路的政治核心密切相关。从中华民族的发展史看，任何时期，中华民族都有一个政治核心。这个政治核心影响着中华民族凝聚力的发展状况，并制约着其未来走向。在中国古代，中央集权就曾扮演着这样的角色。鸦片战争以后，由于西方列强的侵略和封建统治的腐朽，中国逐步沦为半殖民地半封建社会，国家积贫积弱，战乱不已，生灵涂炭。中央集权也就丧失了成为民族凝聚力核心力量的资格，使得中华民族凝聚力的核心力量处于弃旧图新的重构之中。十分明显，在近代中国，谁能领导中华民族推翻帝国主义、封建主义，并使中国社会向前发展，实现中华民族伟大复兴，谁就能获得民族大众的拥护与信赖，谁就有资格成为中华民族凝聚力的核心力量。

“五四”运动（浮雕）

为了实现中华民族伟大复兴，无数仁人志士奋起寻求救国救民、振兴中华的道路。近一个世纪以来，中华大地上先后发生了三次伟大革命：

第一次革命是孙中山先生领导的辛亥革命，推翻了统治中国几千年的君主专制制度，为中华民族的进步打开了闸门。

第二次革命是中国共产党领导的新民主主义革命和社会主义革命。以毛泽东同志为代表的中国共产党人在长期的艰苦探索中，把马克思列宁主义的基本原理同中国革命的具体实践结合起来，领导中华民族推翻了帝国主义、封建主义、官僚资本主义在中国的统治，建立了新中国，确立了社会主义制度。

第三次革命是中国共产党领导的改革开放这场新的伟大革命。以邓小平为核心的中共中央引领中国人民走

相关资料

1911年（旧历辛亥年），清政府出卖铁路修筑权，激起了中国人民的反抗，四川等地爆发保路运动。1911年10月10日，武汉地区的革命团体文学社和共进会发动武昌起义，各省纷纷响应。辛亥革命旨在推翻清朝专制王朝，建立共和政体。

1919年五四运动后，无产阶级领导的，以反对帝国主义、封建主义、官僚资本主义为号角的革命（即新民主主义革命），其目标是无产阶级（通过中国共产党）彻底完成革命的任务，并及时实现由新民主主义向社会主义的过渡。

上了中国特色社会主义广阔道路，迎来中华民族伟大复兴的光明前景。经过30年的艰辛探索，新中国创造了许多"中国奇迹"，成功地开辟了前途坦荡的中国特色社会主义道路。

中国从积贫积弱走向繁荣昌盛、从温饱不足走向总体小康的事实证明：中国特色社会主义道路，是一条中国共产党团结带领人民探索和实践马克思主义中国化之路，是一条社会主义中国大踏步追赶时代发展潮流的奋进之路，是一条中华民族凝聚力实现空前增强与现代转型之路，是一条中华民族实现伟大复兴的必由之路。在这个时候、这种情况下，世人好像发现新大陆一样：原来东方还有这样一个国家走自己的路也可以强大起来。传统的西方模式没有解决好的很多世界性难题，包括消除贫困、文明冲突等，"中国模式"或曰"中国经验"却提供了很好的范式与借鉴。于是，西方开始把目光投向了中国和"中国模式"。

这是一个实事求是、开放包容的模式，这是一个得到中华民族全体成员高度认同的模式。国内外的几项民意调查显示出这样的结果：2008年7月，据美国报纸披露，国际著名调查机构美国皮尤调查中心最新调查显示，在24个被调查国家中，86%的中国人对国家经济和国家发展方向感到满意，给予肯定，比排名第二的澳大利亚高出25个百分点；而美国只有23%的受访者对本国

表示满意，其他西方国家英法德三国表示满意的也只有三成。同年11月，中国国家统计局进行了“社会各阶层思想动态调查”。调查显示，人们对党和国家发展方向、发展道路、发展政策具有很高的支持率和认同度。中国特色社会主义道路具有广泛而深厚的社会思想基础，各阶层众志成城、共克时艰、推进改革建设的信心进一步增强，全社会的向心力、凝聚力明显提升。

21世纪，中华民族的发展与未来走向，日益成为国内外广泛关注的焦点。走中国特色社会主义道路，中华儿女坚定不移。当代中华民族凝聚力的政治核心中国共产党曾在十七大报告中昭告天下：我们要高举中国特色社会主义伟大旗帜，坚持走中国特色社会主义道路，坚定不移地推进改革开放；坚持走科学发展的道路，努力实现全面建设小康社会的宏伟蓝图；坚持走和平发展的道路，致力于建设和谐世界。

这条道路的本质是和谐，显著特征是科学发展、和谐发展、和平发展。科学发展、和谐发展、和平发展，是全体中华儿女的愿望。坚持走这样一条道路，中华民族凝聚力必将越来越强，中华民族将迎来更加光明、更加广阔的前景。

名词点击

中国特色社会主义道路：在中国共产党领导下，立足基本国情，以经济建设为中心，坚持四项基本原则，坚持改革开放，解放和发展社会生产力，巩固和完善社会主义制度，建设社会主义市场经济、社会主义民主政治、社会主义先进文化、社会主义和谐社会，建设富强民主、文明、和谐、的社会主义现代化国家。

专家评点

事实证明：只有社会主义才能救中国，只有改革开放才能发展中国、发展社会主义。事实同样证明：中国人民选择中国共产党作为政治核心，选择经过新民主主义过渡到社会主义社会的革命道路，选择并成功地开辟具有中国特色的社会主义发展道路，是完全正确的。

中国特色社会主义道路的内涵

强壮我们的经济

关键词　发展经济
经济实力　市场经济　科学发展

外媒报道一：在新中国60华诞之际，《日本经济新闻》以《中国经济是世界多极化的先导》为题，推出了20个版面的中国特刊，高度评价中国经济的发展以及中国经济对世界经济的贡献，认为中国经济还有更大上升空间。

外媒报道二：2009年10月，美国《华尔街日报》网站的文章以《中国国庆阅兵展示中国实力》为题说，五颜六色的彩车展示了中国的繁荣昌盛，几十万人的盛大表演将展现中国的辉煌历史和经济实力的崛起。

发展经济是增强中华民族凝聚力的永恒主题。

古代中国有着发达的农业、先进的手工业和繁盛的商业，并曾长期领先于世界，这一切为中华民族凝聚力的发展及增强提供了雄厚的经济基础。从历史上看，凡是经济发展、社会繁荣的时期，中华民族凝聚力就得到发展与增强。历代史学家所津津乐道的“贞观之治”或“贞观盛世”正是这样一个时期。

贞观时期，唐太宗实行休养生息的政策措施，以农为本，不夺农时，推行均田制，轻徭薄赋，同时积极兴修水利。在他统治的23年间，全国的户数增加了将近一倍，生产力有了较大发展，封建经济呈现高度繁荣的局面。国家充满朝气，社会充满生机，君臣充满追求，百姓充满希望，民族充满信心。

到了宋朝，中国同样很富裕，比世界平均水平富裕一倍。外国专家指出：“只要对世界经济进行客观的考察，就会立刻发现一千年前宋代中国的主宰地位。但这一点也不新鲜。……通过分析证明至少直到1800年为止，亚洲，尤其是中国一直在世界经济中居于支配地位。由此我们可以看到，中国不仅是东亚纳贡贸易体系的中心，而且在整个世界经济中即使不是中心，也占据支配地位……这一切之所以能够发生，直接缘于中国经济和中国人民在世界市场上所具有的异乎寻常的巨大的和不断增长的生产能力、技术、生产效率、竞争力和出口能力。这是其他国家和地区都望尘莫及的，只有印度能够望其项背。”（［德］贡德·弗兰克：《白银资本——重视经济全球化中的东方》）

到了明朝永乐年间，积聚了历史成果的中国在许多方面依然领先世界。这时的中国，经过几十年的休养生息，农业、手工业水平均达到封建历史上的高峰，国力在世界上居于领先地位。经济的繁荣富庶，正是当时郑和七下西洋这样一个史无前例的伟大壮举的强有力的支撑。

当代改革开放以来，中国经济的快速发展给中国社会带来的深刻变化是举世公认的。西班牙《中国政策观察》注意到，改革开放30年来，中国GDP（国内生产总值）年均增长9.8%，世界位次由第十位上升到第三位，进出口总额增长了100多倍。作为世界上最大的发展中国家，中国的社会发展模式、经济增长速度、企业和产业竞争力等，都对国际社会产生了重大影响。实践告诉人们，中华民族之所以能达到既进行社会变革，又不断增强凝聚力的双重目的，一个根本原因就是经济实力大幅提升，民族凝聚的共同利益基础更加牢固。

1961年，英国元帅蒙哥马利访华时曾对毛泽东主席说：“再过50年，你们就了不起了！”50年尚未过去，

资料回放

在唐太宗执政的贞观年间（公元627-649），中国历史上出现了一个政治清明、经济发展、文化繁荣、社会安定、武功鼎盛、广大人民安居乐业的太平盛世。史称贞观之治。《资治通鉴》“贞观四年”记载：“是岁，天下大稔，流散者咸归乡里，斗米不过三四钱，终岁断死刑才二十九人。东至于海，南极五岭，皆外户不闭，行李不赍粮，取给于道路焉。”贞观年间经济的发展，奠定了以后一百多年唐王朝经济繁荣的基础。

唐代长安的繁华街市

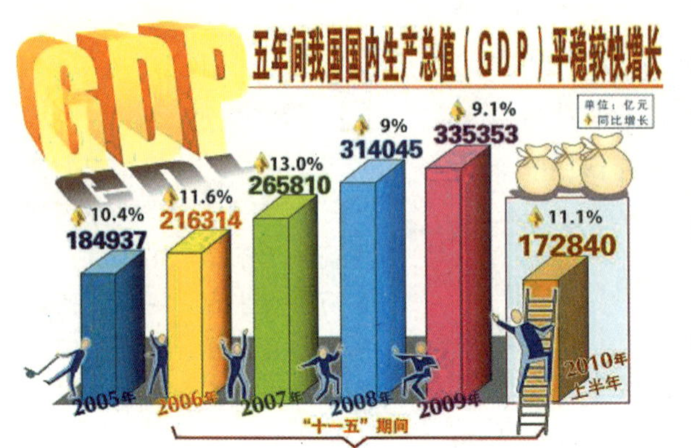

世界已经见证了这一预言的初步实现。如今，国际社会对被视为世界经济主要推动力之一的中国是刮目相看的，也对中华民族的领路人——中国共产党有了进一步认识。

国际舆论注意到，中国共产党切实履行了“利为民所谋”的承诺。几十年来，中国共产党通过发展经济，给百姓带来了生活上的富足，极大地改善了民生，这正是中国共产党深得民心的重要法宝。对于中国共产党在中国发展建设中的作用，瑞典国际问题研究所专家拉格奎斯特由衷感慨：“从某种程度上说，中共的执政能力甚至是世界上最好的。”

改革开放是中华民族新时期最鲜明的特点，也是建设中国特色社会主义的基本途径。30多年来，我们改掉了什么？改掉了极左路线，改掉了计划经济体制，改掉了“一大二公三纯”的所有制等。也就是说，我们改掉了那些不符合中国国情的东西，改掉了那些不符合经济和社会发展客观规律的东西，走上了建设中国特色社会主义的道路。

历史启示我们，前进道路从来不是一帆风顺的。我们前进的道路上，还有许多新问题、新挑战、新的不确定因素，还需要克服许多困难。我们要实现小康目标，还需作出艰苦的努力。正因为如此，以胡锦涛为总书记的党中央提出了具有根本性意义的科学发展观。树立科学的发展观，是坚持以人为本，全面协调可持续的发展观；是经济、政治、文化全面发展的发展观；是统筹城乡、统筹区域、统筹经济、社会发展、统筹人和自然和谐发展、统筹国内发展和对外开放的发展观；是人口自然环境相协调，可持续发展的发展观。科学发展观也必然是以经济建设为中心的发展观。科学发展观的贯彻实

施，将使中国走上加快转变经济发展方式，调整优化经济结构，大力推动经济进入创新驱动、内生增长的发展轨道。

中国经济的发展离不开世界经济的全球化发展，中国要坚持走和平发展的道路。对于世界来说，中国经济实力的增强是机遇不是威胁。中国的崛起，将为其他国家提供一个不可多得的战略机遇，从而使中华民族对全人类作出新的更大的贡献。

专家评点

经济是提升民族凝聚力的基础。一个民族的物质生产越是充分、物质生活越是丰富、经济基础越是坚实，就越能增强和提升该民族的凝聚力，这是一个普遍规律。党的十一届三中全会作出了以经济建设为中心的决策，邓小平进一步强调“搞社会主义，一定要使生产力发达，贫穷不是社会主义”，这在理论和决策层面为提升中华民族凝聚力注入了强大的动力。

新中国成立以来主要国民经济与社会发展指标

指标	单位	1952年	2008年	增长倍数
国内生产总值	亿元	679.0	300670.0	76.8
外汇储备	亿美元	1.39	19460.3	13999.2
城乡居民储蓄存款年底余额	亿元	8.6	217885.4	25334.5

相关链接

我国“十二五”期间发展社会经济的基本要求：坚持把经济结构战略性调整作为加快转变经济发展方式的主攻方向；坚持把科技进步和创新作为加快转变经济发展方式的重要支撑；坚持把保障和改善民生作为加快转变经济发展方式的根本出发点和落脚点；坚持把建设资源节约型、环境友好型社会作为加快转变经济发展方式的重要着力点；坚持把改革开放作为加快转变经济发展方式的强大动力。

我国应对未来国际经济发展变化的战略对策：主动融入经济全球化进程，促进我国经济快速增长；提高我国宏观经济的稳定性，增强应对国际经济波动的缓冲能力；积极实施创新型国家建设，推动经济增长方式转变；普遍提高劳动者技能，为我国经济发展提供充足的人力资本；完善环境治理框架，实现我国经济可持续发展。

我们距离现代化有多远

关键词 自主创新
中国制造 中国创造 现代化

数据一：2009年，中国以5.2万亿美元的国内生产总值，排名世界第二，但是，人均GDP（国内生产总量）只有3315美元，世界排名第106位。

数据二：1997年，中国城市化水平只有32%，低于高收入国家78%的平均水平46个百分点，低于世界平均水平14个百分点，尚未达到中低收入国家42%的平均水平。2005年，我国城镇化水平为43%，而世界城市化平均水平1998年已为55%。

数据三：2004 年，中国高新技术产品出口占总出口的27.9%，其中，“三资”企业就占了87.3%。2006 年世界最佳品牌100强中，中国竟无一家；在世界品牌500强中，中国只占12个靠后的位子。中国出口企业拥有自有商标的不到20%，占出口额不足10%。

如果从“洋务运动”算起，中国的现代化已经走过100多年的历程。尽管实现现代化的道路是艰辛而曲折的，但一直以来，它成为中华民族独立自主、实现民族振兴的巨大动力，成为民族凝聚力不断发展的源泉。中国的革命也好、建设也好、改革也好，归根到底都是为了实现这个目标。可以说，实现现代化是漫长的岁月中凝聚中华民族全体成员的永恒主题。

中华人民共和国成立后，中国的现代化开始进入一个新的历史发展时期。改革开放以来，中国社会与世界

阶段	时期	大致时间	历史阶段	社会发展新特点	社会转型	国际地位
现代化起步 清朝末年	启蒙	1840—1860	鸦片战争	引进科学知识	无	下降
	准备	1861—1894	洋务运动	现代运输和教育	无	下降
	起步	1895—1911	维新新政	现代教育和卫生	起步	下降
局部现代化 民国时期	探索	1912—1927	北洋政府时期	现代教育的发展	比较慢	下降
	探索	1928—1936	国民政府早期	交通运输和教育	比较慢	下降
	探索	1937—1949	战争时期	局部社会现代化	比较慢	下降
全面现代化 新中国	探索	1949—1977	计划时期	教育、卫生和福利	比较慢	相对上升
	城市化	1978—2001	改革时期	城市化和社会改革	比较快	相对上升
	全球化	2002—至今	追赶时期	新城市化和全球化	比较快	相对上升

中国社会现代化的阶段

先进水平的差距开始缩小，现代化建设逐步走上理性发展的轨道。进入21世纪以来，虽然我国的经济发展保持了较高的增长水平，但是，因为发展中国家以及独有国情的局限，我国社会现代化发展的总体水平还不高，与发达国家的差距仍然较大。上述三组数据就比较直观地反映出这一点。

2008年，中国的经济总量虽名列世界第三，可仅相当于美国的25%。有专家分析说："由于'中国制造'基本不赚钱，于是就形成'中国制造'遍天下的局面，而很多产品是'贴牌'生产的。"服装业是中国出口创汇大户，全球每3件出口服装中就有1件是"中国制造"。但这些服装的价格却十分低廉，"8亿条裤子仅能换一架飞机"；占全球市场份额30%的中国领带，利润却不到全球领带利润总额的5%；占全球总产量80%的中国手表，平均出口价格为1.3美元，而瑞士手表的平均出口价格却高达329美元。低价，一直被视为中国出口的"法宝"，正是靠着这一法宝，"中国制造"才得以成就"最大灯饰生产基地"、"打火机全球第一"、"电脑配件全球份额第一"等光环。

然而，事实是无情的。中国与世界先进水平的绝对差距在扩大。2009年3月14日，国务院总理温家宝在人民大会堂金色大厅会见中外记者并回答德新社记者提问时

❑ 资料回放

2007年，美国凯托研究所贸易政策研究中心（Cato Institute's Center for Trade PolicyStudies） 主任 Dan Griswold说："寄希望于中国出产的先进技术还为时尚早。中国的高科技仍仅限于DVD 和便携式电脑。中国要成为设计市场的领导者还需要相当长的时间。"

“中国制造”成了廉价的代名词

说：“我们要实现小康目标还需要作出艰苦的努力；要建成一个中等发达的国家，至少要到本世纪中期；要真正实现现代化，还要上百年的时间以至更长。”

作为一个大国，为什么我们在长达30多年的快速增长里没有培养出具有全球竞争力的企业？

作为一个大国，为什么我们总是不能在科技领域里拿到诺贝尔奖？

科技投入强度不高、科技投入总量不足、自主创新能力不强、产业结构不合理，正是导致中国企业国际竞争力下降的主要因素。

目前，“中国制造”的背后潜藏着很大的危机，缺乏知识产权的“中国制造”终将受制于人，以劳动力和原材料换取产品最低利润的加工模式不可能使中国的经济走得更远。只有实现由“中国制造”向“中国创造”的跨越，才能使中国的经济在国际竞争中赢得主动和胜利，而要实现这一战略目标的关键环节就是工业设计。专家们在经过大量细致的研究后表示：21世纪前50年，中国经济现代化建设必须突破经济质量、经济结构和国际经济竞争力三大瓶颈。

海尔集团执行总监张瑞敏在回答如何面对“日本制造”的挑战时，说过一句意味深长的话：“如果仅是‘中国制造’，就一定会被打败！但如果是‘中国创造’，就一定不会败！”

要凝聚力量，致力创新。而力量的凝聚，既要有凝聚点，又要有黏合剂。科技创新是一个很好的凝聚点，其黏合剂则应该是经济实力。没有强大的经济实力作支撑，中华民族凝聚力就如同建立在沙滩上的高楼大厦，根基不牢固。

要有经济实力，就得提高现代化水平。时至今日，我们必须深刻认识到

现代化发展水平对国家利益、民族福祉和力量凝聚的极端重要性，必须紧紧抓住新科技革命这个难得的历史机遇，把科技进步与创新真正置于国民经济发展的优先地位，把增强自主创新能力、建设创新型国家作为我们的历史责任，作为国家发展战略的核心和提高综合国力的关键，努力形成与我国大国地位相适应的科技实力和自主创新能力。

我们呼唤“中国创造”，我们期待民族经济再创“四大发明”的辉煌。因为这关系到中华民族凝聚力的未来发展，关系到中华民族的未来走向。

专家评点

如果把人均GDP和经济结构的综合年代差理解为中国现代化水平与其他国家的年代差距，那么，2001年中国现代化水平的国际差距十分显著。要达到世界经济的中等水平和先进水平，我们还需进行长期艰巨的经济现代化建设。同时，我们还需清醒地看到，经历了30余年在发展经济方面的单兵突进后，我们必须注重经济与社会的可持续发展，走均衡发展、科学发展的强国之路。

相关链接

我们当前及今后相当长一个历史时期的主要任务是什么？一句话，就是搞现代化建设。能否实现四个现代化，决定着我们国家的命运、民族的命运。

——邓小平

建设创新型国家，加快转变经济发展方式，赢得发展先机和主动权，最根本的是要靠科技的力量，最关键的是要大幅提高自主创新能力。我们必须把握机遇，审时度势，科学谋划，顺势而为，全力建设创新型国家。

——胡锦涛

	第一次现代化		第二次现代化		综合现代化水平	
	实现程度（%）	世界排名	指数	世界排名	指数	世界排名
2007年	88	–	–	–	–	–
2006年	87	56	40	51	38	59
2005年	86	56	40	51	38	55
2004年	86	55	39	51	35	59
2003年	82	60	33	55	33	62
2002年	81	60	32	56	33	60
2001年	78	60	31	59	32	60
2000年	76	62	31	58	31	61

2000—2007年中国现代化指数与排名

第三届语言与国家高层论坛
“祖国，母语”专场演出
（2009年5月9日）

母语，你为何受冷落

关键词　传承中华文化
民族　民族文化　全球化　西方强势文化

观点一：民族文化是一个民族国家所特有的，是这个民族的灵魂和精神支柱,是这个民族的理想信仰、价值取向、精神追求、情感寄托的文化凝结，是这个民族之所以是这个民族的本质特征和内在规定，失去了民族文化，该民族就失去了根和本，也就失去了该民族本身。

观点二：在全球化浪潮中，保护各民族的传统文化或民族性较强的文化，对保护世界文化的多样性具有十分重要的意义。世界上任何民族，如果抛弃本民族文化传统，就没有任何特色，在世界民族之林中就会失去地位，在国际政治中也会失去影响力。因此，保护中国各民族的传统文化，具有十分重要的现实意义。

上面的观点揭示了这样一个道理：民族文化是一个民族自立于世界民族之林的身份证。在全球化时代，面对西方强势文化的冲击，我们必须坚守我们民族的文化，这是中华民族确认自己身份的需要，也是增强中华民族凝聚力的需要。

因为，中华民族凝聚力是以文化认同为本原的。从根本上说，中华民族凝聚力就是中华民族文化的凝聚力。中华民族文化源远流长，博大精深，是一种平和、稳定的文化。这种以和谐为价值追求的文化，几千年来在不断丰富中华民族的物质生活和精神生活，从而为中华民族凝聚力的发展提供了取之不尽、用之不竭的源泉。

中华文化永远是我们的根。一代学术宗师任继愈先生曾精辟地指出："中国地域辽阔，民族众多，方言隔阻，如果不是靠文化思想和文字为联系纽带，中国不知道将要分裂成多少个独立小朝廷。"他说："汉字和伦理道德规范直到今天还是海内外中华民族的主要凝聚因素。"

但是，随着全球化的漫延，西方强势文化正借助其强大的物质技术力量（如互联网、卡通片、电影等）迅速冲出国境，将他们的文化价值、意识形态推向世界，这就给中华民族文化造成了巨大的冲击和压力。《当代学生》2005年第12期刊载一篇题为《母语，你为何受冷落》的报道严峻指出：今天，我们在看到"学英语热"、"学英语狂"、"学英语潮"的同时，还看到某些方面语文教学被忽视、被扭曲、被僵化的现象。如果说，中学生对英语、语文还算一视同仁的话，那么大学生的表现就不容乐观了。大学生在四年学习生活中，大部分时间都在为英语四、六级证书而奋斗。现在，这种情况正在部分中学生中蔓延，在中学阶段，很多学生就开始了"永不言败"的英语考级，而母语却受到了最不应有的冷落。不仅如此，许多富有民族特色的信仰、节日、服饰、习俗、仪式、典礼也正在趋于淡化，有的甚至在消失。

一位学者这样来描述中华民族文化正在被西方强势文化无情"支配着"的情形：今天的孩子吃的是麦当劳，喝的是可口可乐，玩的是美国游戏，看的是欧美大片，听的是欧美音乐，穿的是Pierre Cardin（皮尔·卡丹），说的是ABC。他们的脑子里没有传统神话，只有唐老鸭、变形金刚、侏罗纪、狮子王之类的文化符号。不仅如此，就连西方的一些节日，如情人节、圣诞节，在中国也渐成"气候"，在中国扎下了根。不少人不知道圣诞节的具体内容是什么，但照样跟着别人热热闹闹

❑ 资料介绍

《文化中国》是纪实频道于2006年初推出的一档以弘扬中华民族传统文化、提升民众人文素质为宗旨的文化纪实类节目，它由故事、现实场景、图片、文史影像资料，和部分情景再现等多种文化元素和纪实手法组合而成。主持人讲述生动、有趣、有文化内涵的历史故事，通过专家、学者对故事的生动诠释，让观众观看一个故事，记住一段历史，感悟一种智慧，启迪一个哲理。该节目自开办以来，创造了纪实频道同类节目收视率的新高。

萧启宏教授潜心研究20余年的杠鼎之作《汉字世界》，是为弘扬中华文化、恢复汉字尊严、启迪人类文明、实现社会和谐的巨著

过。相反，中华民族自己的具有丰富文化内涵的传统节日却在受到冷落，甚至被遗忘。

有专家指出：传统节日是民族生活和民族精神的典礼和仪式，它在潜移默化中增强着人们的民族认同感和民族凝聚力。因此，作为传统文化的一个部分，传统节日的复兴不仅关系到中华民族优秀传统文化的承继，更关系到中华民族身份的认同及国家统一大业。著名历史学家陈寅恪在他的著作中反复强调了这样一种观点：对一个族群的民族身份的认定来说，文化特征较之于人种特征更具决定性作用，只要主观上认同或客观上接受了某个民族的文化，即为该民族的成员。

当代中华民族凝聚力的政治核心——中国共产党已充分认识到：当今世界，文化与经济、政治相互交融，文化在综合国力竞争中的地位和作用越来越突出，其力量深深熔铸在民族的生命力、创造力和凝聚力中。文化的兴衰，关系到国家、民族的兴衰，关系到中华民族凝聚力的增强与发展。因此，面对全球化浪涛的侵袭与荡涤，中华民族要保持自己的存在与发展，就必须坚守和发扬自己的优秀文化传统，护住中华民族文化的血脉和未来，捍卫民族文化的独立性。基于此，在中央电视台举办的两年一届青年歌手大奖赛中，新增的各民族原生态歌曲得到了亿万观众的共鸣和热捧。

因为，文化越具有民族性，才越具有生命力。

专家评点

中华文化可分为两个方面：一是无形文化方面，如华夏民族祖先的德性，或者说是仁爱的精神。它有利于消除其他部族的敌意，产生感化和潜移默化的凝聚作用。二为有形文化方面，即“车同轨”、“书同文”、“行同伦”之类，它源于人们共同的经济生活、精神生活，有利于人们互相认同。因此，只有无形文化、有形文化并重，才能充分发挥中华民族文化的凝聚功能。

精彩文萃

我爱祖国，我爱母语
我的母语是热血一般的黄河的波涛
我的母语是群星一般的祖先的谜
我的母语是春蚕口中吐出的丝绸古道
我的母语是春鸟舌尖跳动的民歌中国
我的母语是丁香凝结的雨巷
我的母语是傲雪绽放的红梅
我的母语是浓得化不开的乡愁啊
我的母语是划开天幕的雷电、奏响黎明的号角
我的母语是一种连接　我的母语是一种文明
我的母语是一种财富　我的母语是一种骄傲

我爱祖国，我爱母语
我的母语是小学课本里的看图说话
我的母语是儿时镀满月光的摇篮
我的母语是祖国版图最南端曾母暗沙的屏
我的母语是珠穆朗玛地球最高离太阳最近的地方
我的母语是遨游太空发出的问候
我的母语是奥运升旗奏响的国歌
我的母语是每天新闻联播的准确时间
我的母语是每次放飞白鸽的我的共和国的生日
我的母语是一种血缘　我的母语是一种凝聚
我的母语是一种标志　我的母语是一种精神
我爱母语！我爱祖国！

——佚名《我爱母语》

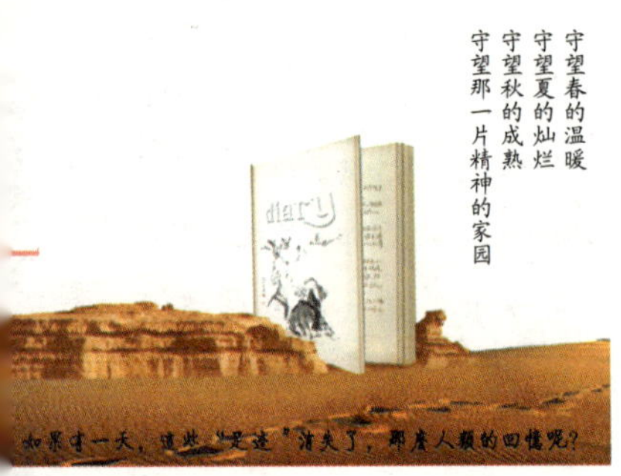

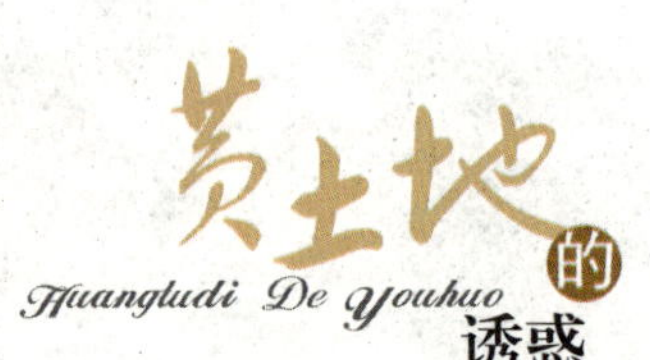

守望精神家园

关键词　弘扬中华文化
归属感　民族意识　精神家园

材料一：日据时期，汉语在台湾是被禁止使用的，但是，广大民众仍不顾禁令，在各种场合坚持用汉语交流，许多台胞坚持不读日文。民族运动领导者林献堂终身不学日语，以示不屑与同化论者同流合污之高风亮节。

材料二：在日本统治下，连横（原国民党主席连战的祖父）目睹了奴化教育对台湾人民的毒害，为唤起台湾人民的民族意识，他致力于研究台湾的历史文化。1918年起，他呕心沥血写下不朽名著《台湾通史》和其他诗文、著作，为的是要让台湾人民永远记住自己的祖国和民族以及台湾宝岛被日本割占的历史。

材料三：台湾高中生除了《高中国文》，还有另外两种国文教材《中国文化基本教材》和《国学概要》。同《高中国文》一样，《中国文化基本教材》也是高中生的必修课，该教材的全部内容就是“四书”——以《论语》、《孟子》为主，以《大学》、《中庸》为辅。教材在启发学生汲取传统文化精髓的同时，十分注意将它与现代社会生活相结合。为便于理解，编者将“四书”的内容重新分类，比如将《论语》细划为“论道德”、“论修养”、“论仁爱”等单元，每“论”之后还有别出心裁的“问题与讨论”。

台湾与祖国同根同源，甲午战争以后台湾同胞对中

华文化的坚守，就是为了保持中华儿女特有而强烈的民族意识、认同感和归属感。他们心灵深处固有的文化基因使他们难以忘记中华文化是自己的精神家园。守住民族文化基因，就守住了中华精神家园。在与祖国大陆隔离之后，正是中华文化为他们提供了一种精神凝聚、心理认同。

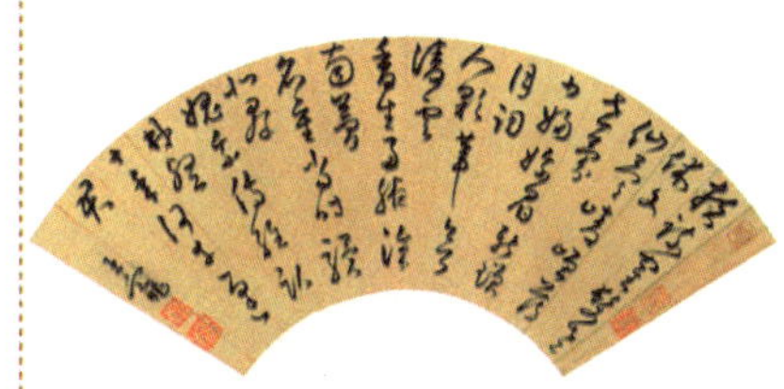

2009年5月，大陆艺术家在台北发现的明代书画家王宠真迹

放眼天下，每一个民族都有它共有的家园，这既包括地域概念上的家园，也包括它的精神家园——民族文化。一个民族如果丧失了自己的文化，这个民族必然成为没有精神家园的漂泊者，等待它的将是被其他民族同化的命运；而一个民族即使失去了地域上的家园，只要它的文化火种尚在，这个民族就不会灭亡。

日据时期，尽管日本人强迫台湾同胞学日语，穿和服，但这一家人仍然暗中穿着中国传统服饰合影

遥想当年，日本殖民者占领台湾时期（1895—1945），大力推行殖民教育和所谓的“皇民化运动”，蓄意抹杀台湾人民的民族记忆，淡化和泯灭台湾人民的民族认同与民族意识，妄图使台湾人民“同化”到大和民族中去，以便从精神上征服台湾人民。但是，日本殖民者的阴谋并没有得逞。其中一个最重要的原因，就是台湾人民坚守着中华文化，他们冒着生命危险，以各种形式传承中华文化，抵制殖民文化。那时候，台湾同胞的抗日斗争始终贯穿着一条主线，即台湾是中国的领土，台湾同胞是中华民族大家庭中的一员。正如杨肇嘉所说：“台湾人民永远不会忘记祖国，也永远不会丢弃民族文化。在日本人强暴的统治下，度过了艰辛苦难的五十年之后，我们全体台湾人民终以纯洁的中华血统归还给祖国，以纯洁的爱国心奉献给祖国。”

不过，由于台湾孤悬海上，长期以来台湾人民很少与祖国直接接触。“所谓祖国，仅仅是一种古远的芬芳”。如果把大陆比作母亲，那么台湾就是游子。那种

读此书可见台湾人民的文化认同与寻根意识

漂泊无依的心结成了台湾同胞心中永远的痛。这种精神的漂泊源于家园感的丧失。所以在他们心灵上留下了难以磨灭的精神创伤。正因为如此，乡愁、家园意识、民族认同成了台湾同胞魂牵梦绕、挥之难去的浓郁情结。台湾著名诗人余光中认为，乡愁的滋味是“醉酒的滋味”，乡愁的烧痛是“沸血的烧痛”，乡愁的等待是“家信的等待”，乡土的芬芳是“母亲的芬芳”（《乡愁四韵》）。这是他带泪的诗行，这是他切肤的感受。

在台湾文学中，思乡恋乡情结是重要的文学主题，是普遍的文化现象，更是作家的生命体验。民族情、宗族情、故乡情、敬祖归宗情凝结在一起，形成坚不可摧的文化情结，把海峡两岸人民的心紧紧地联在一起。1979 年6 月11 日，台湾《中国时报》发表了题为《乡土·血统·根》的文章，内中一语中的：“台湾是我们直接的根，而这根嵌含在更大的根里，那便是中国。”

我们都有一个家，名字叫中国。对于中华民族来说，中国就是我们共同地域上的家园，中华文化就是我们民族千百年来绵延传承的文化根基和精神家园。直至今天，不论你在天涯海角，只要是中华儿女，就会将自己的心灵家园牢牢同祖国母亲、中华文化紧紧联系在一起。强烈的中国意识、祖国情结散发着超然的迷人魅力。

中华民族几千年的文明历史，靠中华文化传承。中华民族凝聚力的不断发展与增强，靠中华文化哺育与维系。中华文化是中华儿女共同的精神家园，是中华民

炎黄子孙不忘本
两岸兄弟一家亲
二〇〇九年四月六日 宋楚瑜

亲民党主席宋楚瑜先生手书

族的精神支柱、精神根基和精神寄托，是中华民族安身立命之所在。我们要全面认识祖国的传统文化，取其精华，去其糟粕，大力弘扬具有中国风格、中国气派的优秀文化，不断增强中华文化的民族性、包容性和时代性，使中华文化与当代社会相适应、与现代文明相协调，使中华文化成为当代亿万中华儿女的心灵故乡，从而进一步增强中华儿女的民族认同感、归宿感、自豪感和凝聚力。

专家评点

五千年的中华传统文化精华是中华民族生生不息、一脉相随的精神纽带，是中华民族面临各种复杂环境而屹立不屈、历经劫难而百折不挠的力量源泉,是全中华民族普遍认同、普遍接受的精神家园，为中华民族提供了精神憩息的舒适场所。通过这个共有精神家园,海内外中华儿女可以找到共同的文化认同、精神归属、理想目标和价值原则，这正是提高民族亲和力与凝聚力的重要保证。

相关资料

创立于1992年的中华文化促进会（简称“文促会”），是注册于中华人民共和国、由文化部主管的全国性联合性社会组织。创会宗旨：弘扬中华文化，促进国际交流。会员遍及31个省市自治区、港澳台地区和16个主要华侨华人居住国，由海内外成就杰出的文艺家、学者、企业家和文化活动家组成。2004年获得“全国先进民间组织”称号的文促会，是目前国内最有影响力的文化NGO组织。

心声重放

家和中国就在每一个中国人的心里！中国，中国人！这多么荣耀，又多么沉重的名词呀！中国，这闪烁着过去荣耀和未来许诺的名词。中国不应该只是一个地理名词，中国不只是一个政治体系，中国是历史，是传统，中国是黄帝子孙、孔孟李杜，中国是一种精神，一种默契，中国就在你我的心里，有中国人的地方就是中国，有说中国话的地方就是中国，中国是亿万中国人对自由民主、人性理性的希望和向往。

——丛甦《中国人》

中国华文教育基金会会徽

泱泱中华有容乃大

关键词 文化开放
西方 中外文化交流 马克思主义

资料一：0、1、2、3、4、5、6、7、8、9，这是我们现在日常生活中每天都要使用的计数符号。但是，知道这个计数符号是由印度人发明、由阿拉伯人传到中国的却不多。

资料二：佛教在传入中国的过程中，创造了许多赋予新意义的新词语，如真如、无明、法界、众生、因缘、果报、涅槃、般若、瑜伽、刹那等等，据学者统计，其总数达3.5万多个。这些新词语的形成，不仅丰富了我国的语言词汇，也丰富了我国语言的表现力，其积极作用是不言而喻的。

中华文化之所以经几千年而不中断、不衰微，至今仍然保持着旺盛的生命力，一个非常重要的原因就在于她具有极强的吸收力与融会力，善于吸纳外来文化的优长，促使自身不断地丰富和提升，从而不断地发展、创新，最终为中华民族凝聚力的发展与增强提供既源源不竭又与时俱进的动力。

事实上，中华文化从来就没有自我陶醉、故步自封。她从未因为自身文化体系的源远流长、仪态万方而排斥异域文明，而总是以豁达、宽阔的胸怀，迎接八面来风，吸纳新鲜空气，使自身获得愈益丰富的养料，也使中华民族获得愈益丰富的精神食粮。作为中华文化载体的中华民族，即使处于逆境，也能清醒地认识自身，

虚心地学习他人的长处，并勇于扬优汰劣迎接时代的挑战。正因为中华文化及承载她的中华民族具有这种进取的品格，中华民族凝聚力才能随着历史的演进而更具理性、更具活力。

两汉时期，张骞打通了中国通往西域的通道，基于这一“凿空”壮举，中华民族在物质文化层面获得了一次盛况空前的大繁荣：来自中亚和西亚地区的毛皮、马匹、香料等源源不断地输往中国内地。与此同时，西方的幻术、音乐，印度的犍陀罗艺术、佛教等精神文化产品也开始传入中国。

隋唐时期，由于国力强盛和开放政策，中外经济、文化的交流达到了一个新的顶点：西亚的宗教如祆教、景教、摩尼教、伊斯兰教等，印度、拜占庭、阿拉伯的科学知识如天文、医药、建筑式样、制糖法等，均开始传到中国。这一切，都对中国的社会生活产生了重大影响。

随着佛教在中国的传播进入鼎盛时期，中国僧人也开始了西行求法的艰难历程。法显、玄奘、义净等就是其中的佼佼者。他们历经千辛万苦到达印度后，遍访名僧，虚心求学，最后带回卷帙浩繁、门类甚多的佛教经典，从而较为准确地将佛教哲学介绍到中国，使中国哲学乃至于整个文化学术界都从佛教中得到深刻的启迪，使中华文化的思想体系得到进一步完善。作为一种外来文化，佛教自从传入中国后，就逐渐渗透到中国

佛教丰富了中国和世界文化艺术宝库

❑ 相关链接

汉武帝时代，统治者有意识地引进外来文明，使许多有益的物质和精神文明被大规模地吸收进来。……在短短几十年中，由西域传入中原的，不仅有芝麻、胡麻、无花果、石榴、绿豆、大葱、胡萝卜、大蒜、番红花、胡荽、酒林藤、玻璃、海西布（呢绒）、宝石、药剂和罗马胶等物产，而且还有音乐、舞蹈、杂技等艺术以及后来传入的佛教等产生于异域的文化。这些文明的引进多是自觉的、大规模的，而非偶然的、零星的。……如此大规模地吸收外来文明，正是使秦汉时代中华民族文明突飞猛进发展的原因之一。

——林剑鸣主编：《秦汉社会文明》

意大利人郎世宁带来了西洋绘画技法（其代表作《百骏图》局部）

社会生活的各个领域，成为中华文化的一个重要组成部分，对哲学、文学、艺术等其他文化形态产生了广泛而深远的影响。

两宋、元、明、清时期，中华文化虽一度受到“闭关政策”的约束，但从总体上看，仍然秉承了前代的传统，继续平和大度地与异域文化彼此沟通，进行器物的互换、技艺的切磋、制度的借鉴、风俗的渗透和观念的激荡，使自身的生命力的空间向度不断拓展。

中国自近代以后，最重要的一个外来文化就是马克思主义。马克思主义在中国的传播，使古老的中华民族迎来了一次脱胎换骨的历史巨变。中国共产党凭借其高超的政治智慧和对中华民族前途命运的把握，很快就成为中华民族凝聚力前所未有的核心力量。此后，中国共产党始终站在时代的最前列，为探索和开辟建设中国特色社会主义道路进行了不懈努力。社会主义制度的建立，是中华民族历史上最深刻最伟大的社会变革，是中华民族及其凝聚力继续进步和发展的基础。

探索中国特色社会主义道路的过程也就是马克思主义中国化的过程。在这个过程当中，马克思主义与中国国情相结合、与时代发展同进步、与中华民族共命运，形成了具有鲜明中国特色的理论体系——中国特色社会主义理论，并焕发出强大的生命力、创造力、感召力，使中华民族大踏步赶上时代潮流，迎来了伟大复兴的光明前景。

早在100多年前，一代伟人孙中山先生就告诫我们：“世界潮流，浩浩荡荡，顺之则昌，逆之则亡。”在当今世界全球化步伐加快之时，文化越来越成为民族凝聚力和创造力的重要源泉，越来越成为综合国力竞争的重

要因素。面对机遇与挑战，中华文化应在继承平和大度、兼收并蓄等优良传统的基础上，以更加积极的姿态参加到全球化的进程中去。

中华文化孕育了中华民族凝聚力，中华民族凝聚力的未来发展，有赖于中华文化在世界多元文化的交融中不断创新、不断增强其生命力与国际影响力。

专家评点

中华文化历来是博采众长、兼收并蓄的文化。在经济全球化条件下，中华文化的繁荣和发展，更离不开与世界各种文化的对话与交流。中华文化应抓住这个机遇，建立具有民族性和开放性兼备的文化机制，积极学习借鉴各国优秀文化成果，吸纳百家优长，为中华民族精神家园增添更多亮丽的风景线。

2008年11月7日，第十届上海国际艺术节“中外文化交流社区行”在莘庄镇文化活动中心举行

中华民族凝聚力研究丛书《当代马克思主义的发展与民族凝聚力的提升》

资料回放

第一次世界大战震动了全世界。俄国人举行了十月革命，创立了世界上第一个社会主义国家。过去蕴藏在地下为外国人所看不见的伟大的俄国无产阶级和劳动人民的革命精力，在列宁、斯大林领导之下，像火山一样突然爆发出来了，中国人和全人类对俄国人都另眼相看了。这时，也只是在这时，中国人从思想到生活，才出现了一个崭新的时期。中国人找到了马克思列宁主义这个放之四海而皆准的普遍真理，中国的面目就起了变化了。

——毛泽东《论人民民主专政》

中国第一所海外孔子学院
2004年11月21日在韩国首都挂牌

拥抱世界

关键词　贡献人类
四大发明　郑和　亚洲文明　世界文明

事例一：600多年前，郑和下西洋，将中华文明传播到东南亚、欧洲、非洲，至今仍闪耀着光芒。在印度尼西亚巴厘岛上，由于郑和下西洋，将印度尼西亚前总统瓦希德与中国福建省的一个村庄联系在了一起，衍生出一个瓦希德在中国寻根问祖的动人故事。原来，瓦希德的祖先陈金汉，是郑和船队的成员。

事例二：2008年5月10日，正在日本访问的国家主席胡锦涛在奈良会见日本奈良县知事荒井正吾，并赠送鉴真塑像。1200多年前，鉴真大师来到奈良，在中日两国人民间建立了友好交往的桥梁。

在人类文明的历史长河中，中华文化不仅以其博大精深、光辉灿烂成为世界上最具影响力、最有生命力的文化体系之一，而且以自己的优秀成果影响着周边的国家与地区，对世界文明的发展作出了举世瞩目的贡献。

由于特殊的历史、地理关系，中华文化对亚洲，特别是朝鲜、日本和越南的影响更为深入和持久。从公元742年起，扬州大明寺方丈鉴真和尚率众东渡传教，在经历了五度渡海失败后，最终在753年成功到达日本传扬佛法。鉴真和尚不仅为日本带去了佛经，还促进了中国文化向日本的传播。随他东渡的还有80多个艺术、雕塑、工艺、建筑和医学人才，所以，在佛教、医药、书法等方面，鉴真对于日本都有深远的影响，为日本带来了复兴。现在，鉴真一手兴建的唐招提寺已经被确定为日本国宝和世界文化遗产，成为一个融中华文化和日本文化为一体的活化石。1991年5月，日本前首相中曾根康弘感慨道："从历史角度看，日本属于中国文化圈，和中国的文化交流非常密切。"

中华文化是一种辐射性的平和文化，它在为亚洲地区带来安定与繁荣的同时，也为世界文明的发展做出了巨大的贡献。英国著名学者贝尔纳在其所著《历史上的科学》一书中，经过多方考证后指出："中国许多世纪以来，一直是人类文明和科学的巨大中心之一。"我们祖先发明的"十进位制"是世界上最早的开平方、开立方法则；魏晋时期祖冲之推算出的圆周率是当时最精确的数值，比西方早了一千多年；中国古文献中有世界上最早的一次哈雷彗星记录；世界上第一台测天仪器（浑天仪）、第一台观测地震的仪器（地动仪）都诞生在中国。此外，在地理学、医学、陶瓷等方面，中华民族也做出了杰出贡献。中华文化中的这些精华，早在春秋战国前后就开始通过各种渠道与途径源源不断地传播到世界各地，影响了许许多多的国家、地区与民族。

浑天仪

地动仪

在中华民族所有传播于世的科学技术中，对人类文明影响最大、最深远、最持久的，当属举世公认的"四大发明"，即造纸术、印刷术、火药和指南针。"四大发明"不仅大大加快了中华文化的发展，同时也大大促进了世界文明的进步。特别是印刷术、火药和指南针传到西方后，对欧洲资本主义的成长壮大起到十分巨大的作用。马克思曾精辟地指出："火药、指南针、印刷术——这是预告资产阶级社会到来的三大发明。火药把骑士阶层

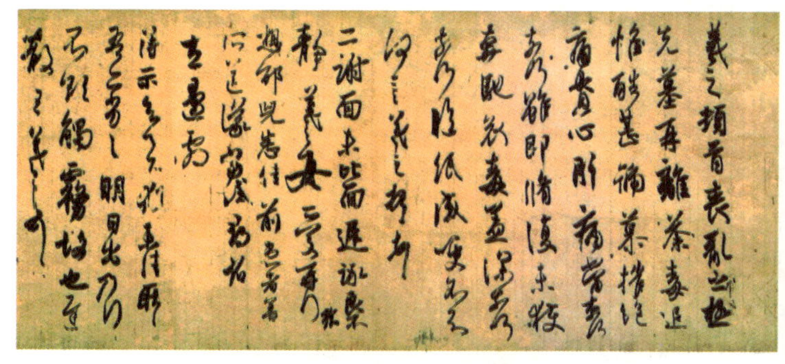

奈良时期由遣唐使传入日本的王羲之"丧乱帖"

香港2005年8月18日发行的“中国古代四大发明”特别邮票

炸得粉碎，指南针打开了世界市场并建立了殖民地，而印刷术则变成新教的工具，总的来说变成科学复兴的手段，变成对精神发展创造必要前提的最强大的杠杆。”“四大发明”不仅是中华民族智慧的结晶，而且是古老而又富于创新精神的中华民族对人类的重大贡献。

除了科学技术，中国的哲学思想、审美理念等对18世纪欧洲的启蒙运动也产生了不可忽视的影响，对当时欧洲的政治思想、艺术创作及审美观点等产生了较大的冲击。

明朝，郑和七下西洋不仅是中国和世界航海史上的伟大壮举，而且更是一种多元的文化交流。郑和下西洋，在广袤的海域开创了各种文明交流的先例。郑和是一位带着中华文明宽广胸怀拥抱了这个世界其他文明的人。

中华文明一路播撒，一路璀璨，打动了世界。直至今天，中华民族历史上所开创的人类文明史上不同国家、不同宗教、不同文化背景条件下的和平共存、睦邻友好的范例，依然被传为美谈，在爱和平、求发展的世界各国人民中产生了强烈共鸣。这一切不仅为不同历史时期中华民族及其凝聚力的发展创造了一个良好的周边环境与国际环境，更为可贵的是，它为当代中华民族及其凝聚力的发展与强化奠定了坚实的历史文化基础。

历史证明，中华民族以博大精深的文化为世界做出了贡献。这一文化贡献使世界变得更加美好。

进入21世纪以来，随着中国综合国力和在国际事务中的作用的日益增强，中华文化深邃的思想、丰富的内容、诱人的影响力，日益受到各国朋友的关注与

欢迎。据最新资料统计，中国迄今已在全球88个国家和地区建立282所孔子学院和272个孔子课堂（主要在中学建立），海外约有4000万人在学习汉语。2009年10月28日，美国众议院通过决议，纪念孔子诞辰2560周年，特别认可孔子为世界哲学和社会政治思想作出的巨大贡献。这更是一个生动的例子。

中华文化走向世界必将引领中华民族走向未来。未来中华民族凝聚力也必将更加展现出中华民族的善良本质和博大胸襟，展现出中华民族对全人类文明进步的促进作用。因为，扬帆出海、走向世界、造福人类，一直是几千年来中华民族与中华文化的境界与追求。

专家评点

中国优秀的文化在启蒙运动澎湃展开的时代，曾给莱布尼茨的古典思辨哲学、伏尔泰的自然神教和魁奈、杜尔哥的重农派学说以丰富的养料，催促了近代欧洲文明的诞生。中国人将自己的文化奉献给世界，不是要征服世界，而是要丰富文明，惠及人类，使明天的世界更加美好。

域外视角

弗兰西斯·培根：（指南针、印刷术和火药）这三种发明已经改变了全世界的面貌和一切事物的状态，又从而产生了无数的变化；看来没有一个帝国，没有一个宗教，没有一个显赫人物，对人类事业曾经比这些机械的发现施展过更大的威力和影响。

美国众议院网站2009年10月29日报道，美国众议院28日通过的纪念孔子诞辰2560周年的决议指出，孔子《论语》中所说的“己所不欲，勿施于人”和“己欲立而立人，己欲达而达人”是一种道德品行的典范，也能促进人类和谐。

中华民族凝聚力研究丛书
《全球化与中华民族凝聚力问题研究》

走向未来

关键词 走向未来
自信 综合国力 民族复兴

结论一：中华民族的整体利益始终是中华民族凝聚力生发的基础。

结论二：源远流长的中华文化和优秀的民族精神为中华民族凝聚力提供了牢固的支撑。

结论三：社会经济及综合国力的发展是中华民族凝聚力源源不竭的动力。

结论四：坚强的政治核心是中华民族凝聚力不断发展与增强的重要前提。

结论五：中华民族凝聚力与民族、国家的发展有着密切的互动关系，并且在经历各种内忧外患的长期磨难中不断走向自觉。

结论六：中华民族总是在反对离散力中不断增强着自身的凝聚力。

……

这是几千年来中华民族在发展、奋斗中得出的宝贵经验，也是新中国成立60年的沧桑巨变给我们的启迪。

2009年10月1日这一天，在北京天安门广场，中华民族蕴藏的巨大凝聚力得以展示：36个方阵、60辆彩车，18万名各界群众，56根民族团结柱、60只大红灯笼、6万只和平鸽……这是一幅党心、民心和祖国发展相互交融并凝聚无限活力的宏伟画卷！

虽然这些画面已经成为历史的瞬间，但它们将永远定格在每一个中国人的心坎里。当胡锦涛总书记在天安门城楼上向世人宣告“今天，一个面向现代化、面向世界、面向未来的社会主义中国巍然屹立在世界东方”时，世界见证了每一个中国人的自豪感和自信心，见证了中华民族的大团结。这一天，国际舆论给予中国高度评价：“新中国60周年的庆典让人对中华民族的古老文明感到敬慕，中国恢复了在殖民屈辱中丧失的自信。”

这种自豪感和自信心来自对发展道路的选择与认同——

走中国特色社会主义道路，这是一种主体的、理性的、智慧的抉择。60年来，发展社会主义、发展马克思主义，中国特色社会主义道路越走越宽广，这是当代中华民族腾飞的动力源泉。60年来，中国人民在中国共产党的带领下，走过了其他国家几百年的现代化发展历程，演绎了民族史册上自强不息的传奇。它将一百多年的苦难和落后、几代人的迷茫和彷徨甩到了身后，也将对一个新生国家的封锁和围堵、对一种新兴制度的质疑和敌视甩到了身后，中华民族凝聚力得到前所未有的增强。古老的中国，在中国特色社会主义道路上，迎来了民族复兴的曙光。

这种自豪感和自信心来自民族精神的弘扬与提升——

抗击雪灾、地震、干旱、洪水，展现的是中国人民克服万难的决心；五星红旗在国际赛场上频频升起，展现的是中国人民坚忍不拔的意志；“两弹一星”发射、太空漫步、“嫦娥”飞天，展现的是中国人民开拓创新的精神……“艰难困苦，玉汝于成”，“多难兴邦”，砥砺担当，被60年来当代中华民族精神的屡屡高扬所证明。中华民族历经磨难而信念愈坚，饱尝艰辛而斗志更强，民族精神与时代精神得到进一步升华。

中国经济迈向伟大复兴的趋势不可阻挡

资料回放

2005年12月11日，台湾国民党前主席连战在香港中文大学发表演讲时说道：“就在今年，我在阔别大陆60年后，两次访问了大陆，面对大陆发展的辉煌成就，感触很多。我在离开香港近40年后，再次来到香港，亲眼看到了这颗东方之珠所聚集的巨大能量。中华民族面临着前所未有的发展契机，中华民族长久以来所渴望的富裕生活和社会繁荣，绝不是遥不可及的梦想。我感到振奋，似乎看到了‘新天地’的出现。”

與時俱進

这种自豪感和自信心来自经济实力的不断增强——

60年来，中国建设现代化的成就，令所有了解历史的人惊叹——1949年，中国连铁钉、火柴、煤油都全是“洋玩意儿”，现在，中国每五天创造的经济总量就相当于1952年一年的经济总量。今天，经济总量世界第三、人均GDP超过3000美元的中国，不再是那个积贫积弱的国度。

这种自豪感和自信心来自中国国际地位的不断提高——

从饱受欺凌到“站起来了”，从世界的边缘走向世界舞台的中央，中国正日益成为促进世界和平与发展的重要力量。中国在用“和谐社会”理念为自身发展寻求空间的同时，也确实让世人懂得“和谐世界”的理念，理解世界繁荣稳定离不开中国。西方学者评论说：“中国的经济增长不仅让发展中国家获益巨大……更重要的是将来，中国倡导的政治价值观、社会发展模式和对外政策，会进一步在世界公众中产生共鸣和影响力。”中国用行动回答了世界的疑问，一个与世界共荣、与各国共赢的负责任大国与合作者的形象跃然而出。

这种自豪感和自信心来自各族人民对领导核心的高度信任和热切期望——

没有共产党就没有新中国，只有中国共产党才能把人民带入一个繁荣富强的现代化国家。从毛泽东主席的“全心全意为人民服务”，到邓小平同志的“我是中国人民的儿子”，到江泽民总书记的“代表中国最广大人民的根本利益”，到胡锦涛总书记的“以人为本”、

“执政为民”，新中国的几代领导集体始终以中华民族伟大复兴为己任，把亿万人民的愿望以及对社会主义现代化的共识，凝聚为国家意志，塑造了中国现代化波澜壮阔的画卷，使中华民族赶上时代潮流，使中国人民走上幸福的康庄大道，使社会主义中国更加自信地面向现代化、面向世界、面向未来。这一切，成为中华民族在现代化道路上奋进的最强大的凝聚剂。

莫道今年春将尽，明年春色倍还人。

“到我们党成立100年时，要建成惠及十几亿人口的更高水平的小康社会；到新中国成立100年时，要基本实现现代化，建成富强民主文明和谐的社会主义现代化国家。”这就是深得人民信赖、被寄予厚望的中华民族领导核心描绘的伟大复兴的阶段性宏伟蓝图。

我们正站在一个新的历史起点上。过去，高歌猛进；未来，前途无量。

过去的历程凝聚成宝贵的经验：前进道路从来不是一帆风顺的，但掌握了自己命运、团结起来的人民必将战胜一切艰难险阻，不断创造历史伟业。

过去的历程凝聚成宝贵的启示：综合国力越强，民族就越自信，民族凝聚力就更理性、更自觉、更强韧，全民族的共同愿景就越辉煌。

全国各族人民热切期待：未来，中华民族不仅是现代化的追赶者，也可以成为现代化的引领者！

权威解读

胡锦涛总书记在庆祝中华人民共和国成立60周年大会上旗帜鲜明地重申了实现中华民族伟大复兴所要坚持的基本道路、基本理论、基本路线、基本纲领、基本经验。总书记的讲话是激励全党和全国各族人民不断开创中国特色社会主义事业新局面、谱写人民美好生活新篇章的纲领性文献。要创造中国无限美好的发展前景，就得坚持“五个坚定不移”，即必须坚定不移地坚持中国特色社会主义道路，必须坚定不移地深化改革开放，必须坚定不移地推动科学发展，必须坚定不移地促进社会和谐，必须坚定不移地坚持独立自主的和平外交政策，坚持和平发展道路。

专家评点

新中国成立60周年庆典，既是祖国复兴和走向强大的展示，也是党心、民心和祖国发展相互交融并凝聚无限活力的展示，更是中华民族为推动自身的伟大复兴和全世界和平进步所具有的巨大信心的展示。

并非尾声

1999年9月15日，一个普通而又特别的日子。

这一天，首都北京，金秋送爽。

这一天，全国政协，喜气洋洋——常委楼迎来了全国人大常委会原副委员长雷洁琼、副委员长许嘉璐，中央统战部常务副部长刘延东，中国国家图书馆馆长任继愈，中华全国文联副主席杨伟光，中央电视台副台长李东生，中央社会主义学院副院长王钧广以及来自中国社会科学院、北京大学、中国人民大学、北京师范大学、中央民族大学、中央社会主义学院、中国文物研究所等单位的知名专家学者吴江、戴逸、王钟翰、丁守和、王俊义等80余人。他们，正是他们，用热情、坦诚、独到、客观，玉成了这次由广东中华民族凝聚力研究会与中国社会科学出版社联袂召开的《中华民族凝聚力学》出版座谈会：

“中华民族凝聚力，孕育于中华民族几千年的历史和文化，是中华民族能够成为有机整体并不断发展的内在动力。它是我们中华民族的生命力所在，是我们爱国统一战线的灵魂、支柱。”刘延东副部长如是说。

“中华民族凝聚力是一种客观存在。十年前，广东组织研究会专门研究这个问题；十年后，广东对中华民族凝聚力的研究正以《中华民族凝聚力学》的出版为标志，进入了一个新的阶段。”许嘉璐副委员长如是说。

1999年9月15日，《中华民族凝聚力学》在北京举行出版座谈会，参加会议的有王钟翰、任继愈、郑群、刘延东、许嘉璐、雷洁琼、杨伟光、张树相、戴逸、吴江等。

“在党中央和全国上下都在关心、重视民族凝聚力的今天，创建中华民族凝聚力这样一门学科很有必要，问题抓得早，抓得好。《中华民族凝聚力学》的筚路蓝缕、前驱先路之功是不可没的。”中国社会科学出版社王俊义教授如是说。

“这本专著从多层次、多角度，对中华民族凝聚力问题进行了分析，既有纵的叙述，又有横的剖析，史论结合，功力深厚。从总体上看，是一部好书或者说比较好的书。”中国社会科学院丁守和研究员如是说。

“全书详细地论述了中华民族凝聚力的对象、结构、功能、要素等，内容充实，构思严谨，可以说初步形成了一个独立学科的体系。”中国国家图书馆馆长任继愈先生如是说。

……

人们也许要问：中华民族凝聚力是什么？《中华民族凝聚力学》是一本什么样的书？为什么如许政要、学者都如此津津乐道？

民族凝聚力是民族团结力，是民族赖以生存、统一、发展、进步的动力。中华民族凝聚力是一种不容置疑的客观存在。几千年来，中华民族饱经忧患，历尽沧桑，却始终百折不挠、生生不息，就是巨大的民族凝聚力使然。而今，虽然政治多极化、经济全球化、文化多元化、信息网络化的世界发展趋势对民族性形成了强大的冲击和挑战，但是，在任何时候、任何形势下，“只有民族的才是世界的”不可逆转，“只有增强凝聚力才能振兴民族和国家”不可忽视。

正是基于这样的认识，著名社会学专家费孝通先生感慨“民族贵在有凝聚力”；著名历史学家胡绳先生认为“改革开放是增强中华民族凝聚力的新的动力”；学界泰斗季羡林先生指出“增强中华民族凝聚力是建设社会主义的当务之急”；国家图书馆馆长任继愈先生呼吁“凝聚中华，振兴国家”。

正是基于这样的认识，上世纪90年代初，在省委统战部部长郑群先生的发起与组织下，广东成立了中华民族凝聚力研究会，展开了对中华民族凝聚力的全面系统的研究。感于这一开山之举，中国佛教协会会长赵朴初先生欣然命笔：

出题能令亿民思，九派群科念在兹。
功德日增凝聚力，灵根长发万年枝。

正是基于这样的认识，从事于中华民族凝聚力研究的广东学人孜孜矻矻，锲而不舍，毕十年之功，尽己有之能，撰写了理论专著《中华民族凝聚力学》（以下简称《学》）。时任广东省委书记林若认为，这本书是“中华民族生存发展内在动力的理论升华”。

在社会各界对《学》给予充分肯定的同时，“始生之物，有待完善”、“有待深化”、“尚需进一步学理化”、“作为学科建设，路子还很长”等另类音符引起了该书编撰者的高度重视。

由此，编撰者对《学》又开启了艰难而漫长的修订过程：广泛地征求读者们的意见；诚恳地祈请著名专家学者吴江、丁守和、郝时远、吴雄丞、唐绍明等提出具体修改建议；不厌其烦地开会聚商，以消化吸收各方建言，并对《学》的修订进行探讨、琢磨、推敲……

于是，几度寒暑、几经反复、几易书稿之后，2008年12月，《学》的修订本从中国社会科学出版社问世了。该书在简要论述中华民族凝聚力的研究对象、基本范畴、研究方法和学科意义之后，系统地阐释了中华民族凝聚力的结构功能、生发基础、发展轨迹、核心支柱、悖逆因素、外部条件、运动规律、未来走向以及中华民族内部关系的协调整合、中华民族凝聚力的量化测评体系，初步建立了中华民族凝聚力学的理论框架。

1999年9月15日，中央电视台记者采访广东中华民族凝聚力研究会领导

在新修订的《学》迅速走向社会后，我们又听到了这样的声音：

“这本《学》比原来的那本更完善了。”

“这可算是中华民族凝聚力研究的一本力作。”

“这本书好是好，可我没有时间和精力读它。”

“这本书很理论，好些地方我没办法看懂。”

的确，对于洋洋洒洒40万字的鸿篇巨制，晨昏于政务的公务员、搏击于商海的企业家无暇尽阅。的确，对于闳中肆外、如切如磋的理论专著，就座于课堂的稚子、忙碌于工厂的工人无法毕读……

毕竟，人们不能都靠咀嚼高深的理论去工作和生活。况且，任何一种理论的永恒不在于它如何高深，而在于能得到普遍运用。

曾记得，英国著名历史学家汤恩比说过：“几千年来，中国比世界上任何民族都成功地把几亿民众从政治、文化上团结起来。他们显示出这种在政治、文化上统一的本领，具有无与伦比的成功经验。”这一“本领”和“经验”无疑体现于全方位地增强中华民族凝聚力。

民族凝聚力是以一种观念形态（感情、愿望、理想、价值观等）蕴藏在每一个民族成员之中的。然而，一个团结、统一、发展、进步的民族不是任何个人可以造就出来的，而是要靠民族的全体成员凝心聚力，共同奋斗。可见，增强民族凝聚力就是普罗大众的事了。因而，从事中华民族凝聚力的研究者应将“团结就是力量”的学理通俗化，以引导初识文理或步履匆匆的现代人走近中华民族凝聚力，了解中华民族凝聚力，致力于增强中华民族凝聚力。

于是，“通俗化！”“普及化！”“社会化！”这一发自中华民族凝聚力研究者们的心底共识，便成了本书的催生剂。

2007年9月，《学》的通俗读本（《黄土地的诱惑》）写作班子搭成。虽然，我们这个写作班子的成员所学专业各异，对中华民族凝聚力的理论认识也尚未达到最高水平，但是，有一点却是共同的：我们都想着如何让读者能普遍接受中华民族凝聚力的理论观点并且将努力增强它作为自觉的行为目标。这是一个崇高而又神圣的愿望。在这一愿望面前，一切差别（专业、性格、爱好）都消解了，一切努力（调研、探索、求征、撰制）在进行中……

进行中，我们作了悉心求证：中华民族凝聚力的发展史，是我们求证的重要平台；广东中华民族凝聚力研究会出版的系列丛书（尤其是《中华民族凝聚力论纲》、《中华民族凝聚力学》的初版和修订本）以及其他有关研究书籍和文章，是我们求证的主要对象；报纸、杂志、互联网上各有关中华民族凝聚力的文章、信息、资料、图片也纷纷进入了我们的视野……

进行中，我们作了具体分工：《它从远古走来》（陈载舸），《奔流不息的河》（陈载舸、陈剑安、萧承罡），《生于斯长于斯》（冯颖红），《刚直的脊梁》（萧承罡、陈剑安、陈载舸），《黄土地的诱惑》（陈载舸），《向日葵情思》（刘季冬），《总有春风拂面时》（殷丽萍），《逆向的浊流》（陈剑安），《丰满翱翔的翅膀》（萧承罡），《并非尾声》（陈载舸）。

进行中，我们难免会有错漏。这，也许是因为我们才疏学浅，也许是因为我们认识偏颇。但无论如何，我们是审慎的，是认真的，是努力的。

可以说，为了达到通俗、普及的目的，我们全体撰写人员三推六问、焚膏继晷，付出了很多很多，但我们不追求掌声，只需要效果。正如英国作家D·H·劳伦斯所言："我们的需要并非是任何私人的需要——并非是我们之中任何一个个人的需要。我们需要的不是荣誉，不是自我的满足；我们需要的是一种万众一心的巨大驱动力。"这"万众一心的巨大驱动力"就是强大的民族凝聚力。有了强大的民族凝聚力，我们就能造就一个伟大的民族；有了强大的民族凝聚力，我们就能造就一个伟大的国家。

但愿我们的需要能成为全体中华儿女的共识；

但愿全体中华儿女的共识能变为自觉的行动；

但愿——

但愿……

《中华民族凝聚力学》1999年8月初版（红）和2008年2月修订版（黄）

鸣　谢

本书在撰制出版过程中得到很多师友的关心、鼓励和帮助：广东中华民族凝聚力研究会会长郑群先生，副会长兼秘书长孔庆榕教授，副会长余少波教授和章权才、黄振位研究员等曾给予本书方向乃至具体写法上的指导；广东省社会主义学院统一战线理论研究室主任陈伟群教授、暨南大学历史系张永春老师参加了本书初始的部分工作；广东省出版集团、广东人民出版社以及广州市友间文化传播有限公司等，为本书的编辑、出版付出了辛勤的劳动。在此，我们一一深表谢忱。

还应强调的是，根据体例的需要，本书采用了大量的图片（表）等资料。对于图片（表）等资料版权所有者，我们表示衷心的感谢。

由于我们无法与所有的图片（表）等资料撰制者一一取得联系，故而请相关图片（表）等资料版权所有者看到本书后，与我们联系，以便支付稿酬。

广东中华民族凝聚力研究会

2010年10月6日